第4版

運行管理者試験

JN025869

合格教本

貨物

行政書士
高橋 幸也
著

技術評論社

はじめに

　運行管理者とは、自動車運送事業者（トラックによる貨物運送、バスやタクシーによる旅客運送）において、運行の管理を行う者として選任が義務付けられている重要な職務であり、いわば"運行管理のスペシャリスト"です。

　日々発展を続ける物流業界において、運行管理者の重要性は高まり、責任も重い極めて重要なポジションですが、運行管理者になるには、一定期間の実務経験を積むか、運行管理者試験という国家試験に合格しなければなりません。

　近年の運行管理者試験の合格率は30％前後で推移していますが、令和3年度より筆記試験が廃止され、試験方法がCBT試験※に全面移行されるため、今後の難易度は未知数です（※CBT試験とは、問題用紙やマークシートを使用せず、パソコンの画面に表示される問題に対しマウス等を用いて解答する試験方法です）。

　ただ、CBT試験に変更されたからといって、問題用紙（紙）が問題画面（パソコン画面）に変わっただけで、学習方法が大きく変わるわけではありません。「条文理解」と「問題演習」が重要です。

　本書は、これまで試験対策講座を開催し、多くの合格者を輩出してきた筆者が培った試験対策ノウハウをまとめた試験合格のための必勝バイブルです！

　難解な条文をなるべくわかりやすく解説し、また、多くの問題演習に取り組めるよう、前著より過去問題や一問一答問題を増量しました。

　さらに、付録のWebアプリによりCBT試験を疑似体験することもでき、より充実した内容となっています。

　本書を有効活用することで合格に必要な知識が確実に習得できます！

　"継続は力なり"です。しっかりと学習を継続し、ぜひとも合格というゴールテープを切ってください！

　皆様の合格を心よりお祈りしております！

令和3年6月

行政書士　高橋 幸也

■ 目　次

目　次

運行管理者試験＜貨物＞案内

1 運行管理者とは

　運行管理者は、法律に基づき、事業用自動車の運転者の乗務割の作成、休憩・睡眠施設の保守管理、運転者の指導監督、点呼による運転者の疲労・健康状態等の把握や安全運行の指示等、事業用自動車の運行の安全を確保するための業務を行います。

　自動車運送事業者（貨物軽自動車運送事業者を除く。）は、一定の数以上の事業用自動車を有している営業所ごとに、一定の人数以上の運行管理者を選任しなければなりません。

※国土交通省HP（https://www.mlit.go.jp/about/file000064.html）より引用

2 運行管理者試験の実施概要

　運行管理者試験の実施概要は次のとおりです。

　なお、令和3年8月に実施される令和3年度第1回試験より、筆記試験が廃止され、試験方法はCBT試験のみとなりました。

実施時期	第1回試験：8月　第2回試験：翌年3月
試験方式	CBT試験※
問題数	30問
試験時間	90分
受験手数料	6,000円（この他に所定の手数料が必要な場合があります）

注）令和3年4月時点の情報です。

※CBT試験とは、問題用紙やマークシートを使用せず、パソコンの画面に表示される問題に対しマウス等を用いて解答する試験です。受験者は、複数の試験実施日時や試験会場の中から、受験する会場と日時を選択することができます（詳細については、必ず試験センターのホームページでご確認ください）。

③ 科目別出題数および合格基準

運行管理者試験の科目別出題数と合格基準は、次のとおりです。

▼科目別出題数

出題分野	出題数
① 貨物自動車運送事業法関係	8問
② 道路運送車両法関係	4問
③ 道路交通法関係	5問
④ 労働基準法関係	6問
⑤ 実務上の知識および能力	7問
合　計	30問

▼合格基準（※次のAとBの両方の条件を満たすことが必要です！）

A	原則として、総得点が満点の60％（30問中18問）以上であること
B	上記科目別出題数①～④の各出題分野ごとに正解が1問以上であり、⑤については正解が2問以上であること

④ 最近の合格率

運行管理者試験は、以前は合格率が50％を超えるような比較的易しい試験でしたが、事業用自動車による社会的影響の大きい重大事故が多発している状況の中、運行管理者が行う運行管理業務の重要性は高まっており、近年の試験では難易度が上昇しています。また、合格率にバラつきがあるのも特徴です。

年　度	受験者数	合格者数	合格率
平成29年度第2回試験（H30.3実施）	29,063人	9,605人	33.0%
平成30年度第1回試験（H30.8実施）	35,619人	10,220人	28.7%
平成30年度第2回試験（H31.3実施）	29,709人	9,743人	32.8%
令和元年度第1回試験（R1.8実施）	36,530人	11,584人	31.7%
令和2年度第1回試験（R2.8実施）	39,630人	12,166人	30.7%
令和2年度第2回試験（R3.3実施）	32,575人	14,295人	43.9%

※令和元年度第2回試験は、新型コロナウイルス感染拡大の影響により中止

5 受験資格

運行管理者試験を受験するためには、次のいずれかに該当する必要があります。

(1) 実務経験1年以上

試験日の前日において、自動車運送事業（貨物軽自動車運送事業を除く）の用に供する事業用自動車または特定第二種貨物利用運送事業者の事業用自動車（緑色のナンバーの車）の運行の管理に関し、1年以上の実務の経験を有する者。

(2) 基礎講習修了

国土交通大臣が認定する講習実施機関※において、平成7年4月1日以降に実施した「基礎講習」を修了した者。

> ※ 従来の実施機関は自動車事故対策機構（NASVA）のみでしたが、現在は一部の自動車教習所や運送会社などでも実施しています。

(3) 基礎講習修了見込み

国土交通大臣が認定する講習実施機関が実施する「基礎講習」を修了する予定の者（試験日の前日までに基礎講習を終了予定の者）。

6 お問い合わせ先

(1) 本試験に関する事項

● (公財) 運行管理者試験センター 試験事務センター
TEL：0476-85-7177　FAX：0476-48-1040
Webサイト：https://www.unkan.or.jp/

(2) 基礎講習に関する事項

● (独) 自動車事故対策機構（NASVA）
TEL：03-5608-7560　FAX：03-5608-8610
Webサイト：https://www.nasva.go.jp/

注意) 本書の情報は令和3年3月時点のものであり、変更される場合があります。受験される方は、必ず、運行管理者試験センターの発表する最新情報をご確認ください。

本書の構成

　本書は、運行管理者試験（貨物）で出題される全5分野の学習項目（テキスト）、練習問題（○×問題）、テーマ別過去問、重要数字まとめ、そして実践模擬試験で構成されています。

（1）学習項目（テキスト）

　5分野全48節で構成されています。

　学習する条文の重要度を★マークの数（★～★★★）で表しており、★の数が多いほど重要度が高い条文です。また、試験問題を解く際に正誤判断のポイントとなるキーワードや数字については、色を変えて目立たせています。

（2）練習問題（○×問題）・テーマ別過去問

　随所に『一問一答形式の練習問題』と『テーマ別過去問』を掲載しています。理解度を深めるため、何度も繰り返し解いてみてください。

　なお、テーマ別過去問は、平成29年度第2回試験（平成30年3月実施）～令和2年度第1回試験（令和2年8月実施）の中から重要度が高いものをピックアップして掲載しています。

（3）重要数字まとめ

　1章～4章の章末には、覚えるべき重要な数字を一覧にした『重要数字まとめ』を掲載しています。運行管理者試験で効率的に正解数を増やすには、数字暗記が非常に重要です。ぜひ有効活用してください。

（4）実践模擬試験

　巻末には、運行管理者試験の出題パターンを熟知した筆者が作成したオリジナルの『実践模擬試験』を掲載しています。「勉強したことが身についているか」や「自分の得意・不得意科目」を確認できるので、効果的に実力診断ができます。

（5）追加コンテンツのダウンロード

　本書では、過去問の解説など一部の追加コンテンツをインターネットからダウンロードにより提供しています。ダウンロードのURL、IDとパスワードについては、p.359をご覧ください。

CBT試験ソフトDEKIDAS-Webについて

　本書の読者の方の購入特典として、DEKIDAS-Webを利用できます。DEKIDAS-Webは、パソコンやスマートフォンからアクセスできる、問題演習用のWebアプリです。DEKIDAS-Webは、実際の運行管理者試験のCBT試験で表示される画面とは、画面レイアウトなどは異なります。しかし、パソコンで問題を解く練習は、試験に慣れるという意味では重要です。

　DEKIDAS-Webは、弱点を分析したり、誤答や未解答の問題だけを演習したりすることができます。また、特定のジャンル、たとえば「貨物自動車運送事業法」の問題だけを解く、という利用法もあります。

　本ソフトウェアには、問題に対する解答のみで、解説はありません。問題を解いていて間違った場合は、書籍を読んで復習しましょう。

■ご利用方法

　運行管理者試験は、パソコンで行いますので、パソコンの使用をお勧めします。また、図が入った問題が見やすいという理由もあります。

　パソコンの場合は、以下のページから登録してください。

> https://entry.dekidas.com/　　認証コード　km03kfsaiuHtQNmf

　スマートフォン・タブレットで利用する場合は、右のQRコードを読み取り、エントリーページにアクセスしてください。

　なおログインの際にメールアドレスが必要になります。

　エントリーが終了したら、下記のページにアクセスし、メールアドレスとパスワードを入力してご使用ください。

　スマートフォンで認証して、パソコンからWebアプリを使用するという使い方もできます。

> https://dekidas.com/

■有効期限

　本書の読者特典のDEKIDAS-Webは、2024年6月21日まで利用できます。

注）本書の内容は、原則として、令和3年3月1日時点の法令等に基づいています。

貨物自動車運送事業法

　貨物自動車運送事業法は、運送事業者のルールを定めた法律であり、いわば「運送会社のルールブック」です。試験での出題数は【30問中8問】と全科目中最も多く、最重要科目といえます。『1-5 点呼』、『1-11 運行管理者の業務』、『1-12 事故報告』に関する問題は必ず出題されます。

1-1 法の目的、用語の定義

まずは貨物自動車運送事業法の目的と用語の定義から学習します。用語の定義については、なるべく正確に覚えておきましょう。特に「貨物自動車運送事業」の定義は試験でよく出題されています。

1 貨物自動車運送事業法の目的　　重要度 ★★

　貨物自動車運送事業法は、貨物自動車運送事業の運営を適正かつ合理的なものとするとともに、貨物自動車運送に関するこの法律およびこの法律に基づく措置の遵守等を図るための民間団体等による自主的な活動を促進することにより、輸送の安全を確保するとともに、貨物自動車運送事業の健全な発達を図り、もって公共の福祉の増進に資することを目的としています。

2 貨物自動車運送事業とは　　重要度 ★★★

　「貨物自動車運送事業」とは、一般貨物自動車運送事業、特定貨物自動車運送事業および貨物軽自動車運送事業の3種類をいいます。

▼貨物自動車運送事業の種類

※ 特別積合せ貨物運送は一般貨物自動車運送事業の業務の一部であり、貨物自動車利用運送は一般貨物自動車運送事業や特定貨物自動車運送事業の業務の一部です。

3 その他の用語の定義　　重要度 ★★

①「一般貨物自動車運送事業」とは、他人の需要に応じ、有償で、自動車（三輪以上の軽自動車および二輪の自動車を除く。②⑥も同じ）を使用して貨物を運送する事業であって、特定貨物自動車運送事業以外のものをいいます。
②「特定貨物自動車運送事業」とは、特定の者の需要に応じ、有償で、自動車を使用して貨物を運送する事業をいいます。

③「貨物軽自動車運送事業」とは、他人の需要に応じ、有償で、三輪以上の軽自動車または二輪の自動車を使用して貨物を運送する事業をいいます。

④「自動車」とは、道路運送車両法上の自動車をいいます。

●道路運送車両法上の自動車とは？

　これから学習する貨物自動車運送事業法でいう「自動車」とは、「道路運送車両法上の自動車」を意味します。道路運送車両法上の自動車は、①普通自動車、②小型自動車、③軽自動車、④大型特殊自動車、⑤小型特殊自動車の5種類に分類されており（p.88「2. 自動車の種別」参照）、道路交通法上の区分（p.129「1. 自動車の種別」参照）とは異なります。

　そのため、道路交通法上は大型自動車や中型自動車に該当する大きさの自動車であっても、貨物自動車運送事業法や道路運送車両法上は普通自動車として扱われます。

【例】「車両総重量が11,000kg以上または最大積載量が6,500kg以上の自動車」の場合、道路交通法上は大型自動車に該当するが、貨物自動車運送事業法や道路運送車両法上は普通自動車に分類されるということ。

---

⑤「特別積合せ貨物運送」とは、一般貨物自動車運送事業として行う運送のうち、営業所その他の事業場において集貨された貨物の仕分を行い、集貨された貨物を積み合わせて他の事業場に運送し、当該他の事業場において運送された貨物の配達に必要な仕分を行うものであって、これらの事業場の間における当該積合せ貨物の運送を定期的に行うものをいいます（例：宅配便など）。

⑥「貨物自動車利用運送」とは、一般貨物自動車運送事業または特定貨物自動車運送事業を経営する者が他の一般貨物自動車運送事業または特定貨物自動車運送事業を経営する者の行う運送（自動車を使用して行う貨物の運送に係るものに限る）を利用してする貨物の運送をいいます。

■ポイント

・貨物自動車運送事業とは、一般貨物**自動車運送事業**、特定貨物**自動車運送事業**、貨物軽**自動車運送事業**の3種類であることを覚えておくこと。

➡練習問題1-1（○×問題）は、p.21をご覧ください。

1　貨物自動車運送事業法

1-2 貨物自動車運送事業

貨物自動車運送事業を開始する際は、国土交通大臣の許可が必要です。また、貨物自動車運送事業者は、事業計画に従って業務を行わなければならず、事業計画を変更する場合には、変更内容に応じた手続きが必要です。

1 一般貨物自動車運送事業の許可　　　重要度 ★★

　一般貨物自動車運送事業を経営しようとする者は、国土交通大臣の許可を受けなければなりません。

　なお、国土交通大臣は、一般貨物自動車運送事業の許可を受けようとする者が、「一般貨物自動車運送事業の許可の取消しを受け、その取消しの日から5年を経過しない者」であるときは、その許可をしてはなりません（欠格期間）。

2 許可の申請　　　重要度 ★

　一般貨物自動車運送事業の許可を受けようとする者は、所定の事項を記載した申請書を国土交通大臣に提出しなければならず、申請書には、事業用自動車の運行管理の体制その他の国土交通省令で定める事項を記載した書類を添付しなければなりません。

3 許可の基準　　　重要度 ★★

　国土交通大臣は、許可の申請において、その事業の計画が過労運転の防止、事業用自動車の安全性その他輸送の安全を確保するため適切なものであること等、法令で定める許可の基準に適合していると認めるときでなければ、その許可をしてはなりません。

4 貨物軽自動車運送事業の届出　　　重要度 ★

　貨物軽自動車運送事業を経営しようとする者は、所定事項を国土交通大臣に届け出なければなりません。届出をした事項を変更しようとするときも同様です。

▼運送事業の開始

<一般貨物自動車運送事業>　国土交通大臣　<貨物軽自動車運送事業>

5 事業の休止・廃止　　　　　　　重要度 ★

　一般貨物自動車運送事業者（以下、「事業者」という）は、その事業を休止し、または廃止しようとするときは、その30日前までに、その旨を国土交通大臣に届け出なければなりません。

6 事業計画　　　　　　　　　　重要度 ★

　事業者は、その業務を行う場合には、事業計画に定めるところに従わなければなりません。国土交通大臣は、事業者が事業計画に従って業務を行っていないと認めるときは、事業者に対し、事業計画に従い業務を行うべきことを命ずることができます。

7 事業計画の変更　　　　　　　重要度 ★★★

（1）事業計画の変更（原則）

　事業者は、事業計画の変更（（2）に規定するものを除く）をしようとするときは、国土交通大臣の認可を受けなければなりません。

> ● 認可を受けなければならない事業計画の変更（※一部抜粋）
> ・「自動車車庫の位置および収容能力」の変更
> ・「事業用自動車の運転者および運転の補助に従事する従業員の休憩・睡眠のための施設の位置および収容能力」の変更　…など

（2）事業計画の変更（その他）

　事業者は、下記Aに該当する事業用自動車に関する事業計画の変更をするときは、あらかじめその旨を、Bに該当する軽微な事項に関する事業計画の変更をしたときは、遅滞なくその旨を、国土交通大臣に届け出なければなりません。

1 貨物自動車運送事業法

●変更内容によって届出の時期が異なるので、それぞれを正確に覚える！

A. あらかじめ届け出る事業計画の変更

・「各営業所に配置する事業用自動車の種別ごとの数」の変更（増車・減車）（<u>変更後の車両数が一定の基準に該当しないおそれのある場合</u>※を除く）

　※「変更後の車両数が5両を下回る場合」など。なお、このような変更の場合には、事業計画の変更の原則どおり認可を受ける必要がある！

・「各営業所に配置する運行車（特別積合せ貨物運送に係る運行系統に配置する事業用自動車）の数」の変更

B. 変更後に遅滞なく届け出る軽微な事業計画の変更

・「<u>主たる事務所</u>※の名称および位置」の変更

　※ いわゆる会社本店（本社）のこと。運送業務を行う「営業所」のことではない！

・「営業所または荷扱所の名称」の変更

・「営業所または荷扱所の位置」の変更（貨物自動車利用運送のみに係るものおよび地方運輸局長が指定する区域内におけるものに限る）

▼事業計画の変更における届出のタイミング

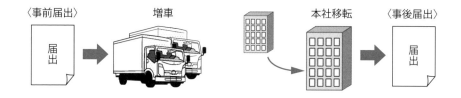

〈事前届出〉　　増車　　　　　　　　　　本社移転　〈事後届出〉
届出　→　　　　　　　　　　　　　→　届出

8 運送約款　　　　　　　　　重要度 ★★★

　事業者は、<u>運送約款</u>※を定め、またはこれを変更しようとするときは、国土交通大臣の認可を受けなければなりません。　※運送契約の内容を事前に定めたもの

●適正な運賃・料金の収受について

　運送約款には、国土交通省令で定める特別の事情がある場合を除き、運送の対価としての運賃と<u>運送以外の役務</u>※または特別に生ずる費用に係る料金とを区分して収受する旨が明確に定められていなければなりません。

　　　　　　　　　　　　　　※客先での荷待ちや荷役作業など

9　標準運送約款　　　　　　　　　　　重要度 ★★

　国土交通大臣が標準運送約款を定めて公示した場合において、事業者が、標準運送約款と同一の運送約款を定め、または現に定めている運送約款を標準運送約款と同一のものに変更したときは、その運送約款については、国土交通大臣の認可を受けたものとみなされます（＝認可を受けたことと同じように扱われる）。

▼試験によく出題される手続きのまとめ

許可	一般貨物自動車運送事業を経営するとき	
認可	（1）自動車車庫の位置および収容能力の変更 （2）休憩睡眠のための施設の位置および収容能力の変更 （3）運送約款の制定または変更	
届出	あらかじめ届出	事業用自動車の種別ごとの数の変更
	変更後に遅滞なく届出	主たる事務所の名称および位置の変更

10　運賃・料金の届出　　　　　　　　　重要度 ★★

　事業者は、運賃・料金を定め、または変更したときは、運賃・料金の設定または変更後30日以内に、所定の事項を記載した運賃料金設定（変更）届出書を、所轄地方運輸局長に提出しなければなりません。

11　運賃・料金、運送約款等の掲示　　　重要度 ★★

　事業者は、運賃・料金（個人を対象とするものに限る）、運送約款その他国土交通省令で定める事項を主たる事務所その他の営業所において公衆に見やすいように掲示しなければなりません。

12　点検整備　　　　　　　　　　　　　重要度 ★

　事業者は、事業用自動車の構造・装置および運行する道路の状況、走行距離その他事業用自動車の使用の条件を考慮して、定期に行う点検の基準を作成し、これに基づいて点検をし、必要な整備をしなければなりません。

　また、事業者は、事業用自動車の使用の本拠ごとに、事業用自動車の点検・清掃のための施設を設けなければなりません。

1

貨物自動車運送事業法

13　自動車車庫の位置　　　　　　　　重要度　★★

　事業者は、事業用自動車の保管の用に供する自動車車庫を営業所に併設しなければなりません。

　ただし、営業所に併設して設けることが困難な場合において、営業所から法令に規定する距離を超えない範囲で設けるときは、この限りではありません。

14　事業の適確な遂行　　　　　　　　重要度　★★

　事業者は、①事業用自動車を保管することができる自動車車庫の整備・管理に関する事項、②法令の定めるところにより納付義務を負う保険料等の納付その他の事業の適正な運営に関する事項等に関し国土交通省令で定める基準を遵守しなければなりません。

15　名義の利用等の禁止　　　　　　　重要度　★

　事業者は、その名義を他人に一般貨物自動車運送事業または特定貨物自動車運送事業のため利用させてはならず、また、事業の貸渡しその他いかなる方法をもってするかを問わず、一般貨物自動車運送事業または特定貨物自動車運送事業を他人にその名において経営させてはなりません。

16　許可の取消し等　　　　　　　　　重要度　★

　国土交通大臣は、事業者が貨物自動車運送事業法または同法に基づく命令等に違反したときは、6ヵ月以内において期間を定めて自動車その他の輸送施設の使用の停止もしくは事業の全部もしくは一部の停止を命じ、または運送事業の許可を取り消すことができます。

■ポイント

・事業計画の変更手続き（認可または事前届出または事後届出）を正確に覚える。
・運送約款を定めるときは、国土交通大臣の認可を受けなければならない。

練習問題 1-1（○×問題）

① 貨物自動車運送事業とは、一般貨物自動車運送事業、特定貨物自動車運送事業および貨物自動車利用運送事業をいう。

② 一般貨物自動車運送事業とは、他人の需要に応じ、有償で、自動車（三輪以上の軽自動車および二輪の自動車を除く）を使用して貨物を運送する事業であって、特定貨物自動車運送事業以外のものをいう。

練習問題 1-2（○×問題）

③ 国土交通大臣は、一般貨物自動車運送事業の許可を受けようとする者が、一般貨物自動車運送事業の許可の取消しを受け、その取消しの日から5年を経過しない者であるときは、その許可をしてはならない。

④「事業用自動車の運転者および運転の補助に従事する従業員の休憩または睡眠のための施設の位置および収容能力」の事業計画の変更をしようとするときは、国土交通大臣の認可を受けなければならない。

⑤「各営業所に配置する事業用自動車の種別ごとの数」の事業計画の変更をしたときは、遅滞なくその旨を、国土交通大臣に届け出なければならない。

⑥「主たる事務所の名称および位置」の事業計画の変更をしたときは、遅滞なくその旨を、国土交通大臣に届け出なければならない。

⑦ 運送約款を定め、またはこれを変更しようとするときは、あらかじめその旨を、国土交通大臣に届け出なければならない。

解答

① ×　貨物自動車運送事業とは、一般貨物自動車運送事業、特定貨物自動車運送事業および貨物軽自動車運送事業をいう。

② ○

③ ○

④ ○

⑤ ×　「各営業所に配置する事業用自動車の種別ごとの数」の事業計画の変更をするときは、あらかじめその旨を届け出なければならない。

⑥ ○

⑦ ×　運送約款を定め、または変更しようとするときは、国土交通大臣の認可を受けなければならない。

1

貨物自動車運送事業法

1-3 輸送の安全

運送事業において、輸送の安全を確保することは最重要といっても過言ではありません。ここでは、輸送の安全の確保に関する義務について学習しますが、頻繁に法令改正もされており、重要な項目です。

1 輸送の安全性の向上　　　　　　　　　　　　重要度 ★

　事業者は、輸送の安全の確保が最も重要であることを自覚し、絶えず輸送の安全性の向上に努めなければなりません。

2 安全管理規程　　　　　　　　　　　　　　　重要度 ★★

　事業者（その事業の規模が国土交通省令で定める規模未満であるものを除く）は、輸送の安全を確保するための事業の運営の方針に関する事項など事業者が遵守すべき所定の事項を定めた安全管理規程を定め、国土交通大臣に届け出なければなりません。これを変更しようとするときも同様です。

> ● 安全管理規程を定めなければならない事業者の規模
> 　事業用自動車（被けん引自動車を除く）の保有車両数が200両以上の事業者をいいます。

　なお、上記の規定により安全管理規程を定めなければならない事業者は、安全統括管理者を選任しなければならず、安全統括管理者を選任したときは、遅滞なく、その旨を国土交通大臣に届け出なければなりません。

3 運行管理規程　　　　　　　　　　　　　　　重要度 ★★

　事業者は、運行管理者の職務・権限および事業用自動車の運行の安全の確保に関する業務の処理基準に関する運行管理規程を定めなければなりません。
　前述2の安全管理規程と混同しないよう注意しましょう。

4 輸送の安全　　重要度 ★★★

(1) 輸送の安全に関する基準の遵守

　事業者は、次に掲げる事項に関し国土交通省令で定める基準を遵守しなければなりません。

① 事業用自動車の数、荷役その他の事業用自動車の運転に附帯する作業の状況等に応じて必要となる員数の運転者およびその他の従業員の確保、事業用自動車の運転者がその休憩または睡眠のために利用することができる施設の整備・管理、事業用自動車の運転者の適切な勤務時間・乗務時間の設定その他事業用自動車の運転者の過労運転を防止するために必要な事項

② 事業用自動車の定期的な点検・整備その他事業用自動車の安全性を確保するために必要な事項

(2) 医学的知見に基づく措置

　事業者は、事業用自動車の運転者が疾病^{しっぺい}※により安全な運転ができないおそれがある状態で事業用自動車を運転することを防止するために必要な医学的知見に基づく措置を講じなければなりません。　　　　　　　　　　　※病気のこと

(3) 過積載運送の禁止

　事業者は、過積載※による運送の引受け、過積載による運送を前提とする事業用自動車の運行計画の作成および事業用自動車の運転者その他の従業員に対する過積載による運送の指示をしてはなりません。　　※最大積載量を超える積載

5 輸送の安全の確保を阻害する行為の禁止　　重要度 ★

　事業者は、貨物自動車利用運送を行う場合にあっては、その利用する運送を行う事業者が貨物自動車運送事業法の規定または安全管理規程を遵守することにより輸送の安全を確保することを阻害する行為をしてはなりません。

6 輸送の安全にかかわる情報の公表　　重要度 ★★

　事業者は、輸送の安全を確保するために講じた措置および講じようとする措置その他の国土交通省令で定める輸送の安全にかかわる情報を公表しなければなりません。

　なお、事業者は、毎事業年度の経過後100日以内に、以下の事項について、インターネットの利用その他の適切な方法により公表しなければなりません。

1

貨物自動車運送事業法

●**事業者が公表すべき輸送の安全に係る事項**
(1) 輸送の安全に関する基本的な方針
(2) 輸送の安全に関する目標およびその達成状況
(3) 自動車事故報告規則2条に規定する事故（p.61「2.「重大な事故」とは」参照）に関する統計

　また、事業者は、国土交通大臣から貨物自動車運送事業法の規定に基づく処分（輸送の安全に係るものに限る）を受けたときは、遅滞なく、処分の内容・処分に基づき講じた措置および講じようとする措置の内容をインターネットの利用その他の適切な方法により公表しなければなりません。

7 適正な取引の確保　　重要度 ★★

　事業者は、①運送条件が明確でない運送の引受け、②運送の直前または開始以降の運送条件の変更、③荷主の都合による集貨地点等における待機※、④運送契約によらない附帯業務の実施に起因する運転者の過労運転または過積載による運送、⑤その他の輸送の安全を阻害する行為を防止するため、荷主と密接に連絡し、協力して、適正な取引の確保に努めなければなりません。

※いわゆる荷待ち時間

8 荷主の責務　　重要度 ★★

　荷主は、事業者が貨物自動車運送事業法または貨物自動車運送事業法に基づく命令を遵守して事業を遂行することができるよう、必要な配慮をしなければなりません。

■**ポイント**
・ 事業用自動車の保有車両数が200両以上の事業者は、安全管理規程を定めなければならない。
・ 上記「8. 荷主の責務」は、令和元年7月の法改正により新設された規定である。

➡練習問題1-3（〇×問題）は、p.28をご覧ください。

1-4 過労運転の防止

過労運転は、法令違反となるだけでなく、重大事故を引き起こす危険があります。事業者には、運転者の過労運転を防止するためのさまざまな義務が課されています。試験での出題頻度も高いのでしっかり学習しましょう。

1 過労運転の防止　　　　　　　　重要度 ★★★

(1) 運転者の選任

　事業者は、事業計画に従い業務を行うに必要な員数の運転者を常時選任しておかなければなりません。

　この場合、選任する運転者は、①日々雇い入れられる者、②2ヵ月以内の期間を定めて使用される者、③試みの使用期間中の者（14日を超えて引き続き使用されるに至った者を除く）であってはなりません。

▼運転者の選任

選任

事業者　　　　　　　　　　運転者

(2) 休憩・睡眠施設の整備・管理・保守

　事業者は、乗務員※が有効に利用することができるように、休憩に必要な施設を整備し、乗務員に睡眠を与える必要がある場合にあっては睡眠に必要な施設を整備し、これらの施設を適切に管理し、保守しなければなりません。

※「運転者」と「運転の補助に従事する従業員」の総称

▼休憩・睡眠施設の整備等

整備・管理・保守

事業者　　　　　　　　　　休憩・睡眠設備

1 貨物自動車運送事業法

●「有効に利用することができる施設」に該当しないケース

　①乗務員が実際に休憩、睡眠を必要する場所に設けられていない施設、②寝具等必要な設備が整えられていない施設、③施設・寝具等が、不潔な状態にある施設は、<u>有効に利用することができる施設に該当しません</u>。

●「適切に管理」とは…

　ここでいう「適切に管理」とは、施設の状態について、常に良好であるように計画的に運行管理者に施設を管理させることをいいます。

(3) 勤務時間・乗務時間の設定

　事業者は、休憩・睡眠のための時間および勤務が終了した後の休息のための時間が十分に確保されるように、国土交通大臣が告示で定める基準に従って、運転者の勤務時間・乗務時間を定め、運転者にこれらを遵守させなければなりません。

▼勤務時間・乗務時間の設定

事業者
勤務時間・乗務時間の設定　→

運転者

●「一の運行」に係る勤務時間の基準

　運転者が<u>一の運行</u>※における最初の勤務を開始してから最後の勤務を終了するまでの時間（ただし、勤務中にフェリーに乗船する場合（p.226「5. フェリー乗船の特例」参照）における休息期間を除く）は、144時間を超えてはなりません。　　　　　　　　※所属営業所を出発してから当該営業所に帰着するまで

(4) 酒気帯び状態の乗務員の乗務禁止

　事業者は、酒気を帯びた状態にある乗務員を事業用自動車に乗務させてはなりません。

●「酒気を帯びた状態」とは…
　ここでいう「酒気を帯びた状態」とは、アルコールの程度（量）を問わず、「身体にアルコールを保有している状態」のことをいいます。つまり、わずかでも身体にアルコールを保有しているような場合、乗務させてはならないということです。

（5）健康状態に不安のある乗務員の乗務禁止
　事業者は、乗務員の健康状態の把握に努め、疾病、疲労、睡眠不足その他の理由により安全な運転をし、またはその補助をすることができないおそれがある乗務員を事業用自動車に乗務させてはなりません。

（6）交替運転者の配置
　事業者は、運転者が長距離運転または夜間の運転に従事する場合であって、疲労等により安全な運転を継続することができないおそれがあるときは、あらかじめ、当該運転者と交替するための運転者を配置しておかなければなりません。

（7）特別積合せ貨物運送における乗務に関する基準
　特別積合せ貨物運送を行う事業者は、当該特別積合せ貨物運送に係る運行系統であって起点から終点までの距離が100キロメートルを超えるものごとに、
① 主な地点間の運転時分・平均速度、
② 乗務員が休憩・睡眠をする地点・時間、
③ 交替するための運転者を配置する場合にあっては、運転を交替する地点について事業用自動車の乗務に関する基準
を定め、かつ、当該基準の遵守について乗務員に対する適切な指導・監督を行わなければなりません。

■ポイント
・いずれの規定もよく試験に出題されているが、(1) 運転者の選任、(2) 休憩・睡眠施設の整備・管理・保守、(3) 勤務時間・乗務時間の設定は、**特に重要度が高い**。

練習問題1-3（○×問題）

① 事業用自動車の保有車両数が100両以上の事業者は、安全管理規程を定めて国土交通大臣に届け出なければならない。

② 事業者は、事業用自動車の運転者が疾病により安全な運転ができないおそれがある状態で事業用自動車を運転することを防止するために必要な医学的知見に基づく措置を講じなければならない。

③ 事業者は、過積載による運送の引受け、過積載による運送を前提とする事業用自動車の運行計画の作成および事業用自動車の運転者その他の従業員に対する過積載による運送の指示をしてはならない。

練習問題1-4（○×問題）

④ 事業用自動車の運転者として選任される者は、日々雇い入れられる者、3ヵ月以内の期間を定めて使用される者または試みの使用期間中の者であってはならない。

⑤ 事業者は、運転者の勤務日数および乗務距離を定め、当該運転者にこれらを遵守させなければならない。

⑥ 運転者が一の運行における最初の勤務を開始してから最後の勤務を終了するまでの時間は、168時間を超えてはならない。

⑦ 事業者は、乗務員の健康状態の把握に努め、疾病、疲労、睡眠不足その他の理由により安全な運転をし、またはその補助をすることができないおそれがある乗務員を事業用自動車に乗務させてはならない。

⑧ 事業者は、運転者が長距離運転または夜間の運転に従事する場合であって、疲労等により安全な運転を継続することができないおそれがあるときは、あらかじめ、交替運転者を配置しておかなければならない。

解答 ••

① × 安全管理規程を定めなければならないのは事業用自動車の保有車両数が200両以上の事業者である。

② ○　③ ○

④ × 事業用自動車の運転者として選任される者は2ヵ月以内の期間を定めて使用される者であってはならない。

⑤ × 事業者が定めるのは運転者の勤務時間および乗務時間である。

⑥ × 一の運行における最初の勤務を開始してから最後の勤務を終了するまでの時間は144時間を超えてはならない。

⑦ ○　⑧ ○

1-5 点呼

点呼とは、乗務前後や乗務途中に、運転者に対して所定事項の報告や確認を行うことです。試験で必ず出題される項目なのでしっかり学習しましょう。なお、点呼の実施については、第5章でも学習します（p.266参照）。

1 点呼等   重要度 ★★★

（1）乗務前の点呼

事業者は、事業用自動車の乗務を開始しようとする運転者に対し、対面（運行上やむを得ない場合は電話その他の方法）により点呼を行い、次の（1）～（3）の事項について報告を求め、および確認を行い、ならびに事業用自動車の運行の安全を確保するために必要な指示をしなければなりません。

●**乗務前点呼における確認・報告事項**
（1）酒気帯びの有無
（2）疾病、疲労、睡眠不足その他の理由により安全な運転をすることができないおそれの有無（＝運転者の健康状態）
（3）道路運送車両法の規定による点検（＝日常点検）の実施またはその確認

（2）乗務後の点呼

事業者は、事業用自動車の乗務を終了した運転者に対し、対面（運行上やむを得ない場合は電話その他の方法）により点呼を行い、次の（1）（2）の事項について報告を求め、酒気帯びの有無について確認を行わなければなりません。

●**乗務後点呼における報告事項**
（1）当該乗務に係る事業用自動車、道路および運行の状況
（2）他の運転者と交替した場合にあっては交替した運転者に対して行った法令の規定による通告（p.44「3. 運転者の遵守事項」の⑤参照）

なお、（2）は、乗務を終了して他の運転者と交替するときに、交替運転者に対して行う「当該乗務に係る事業用自動車、道路および運行の状況についての通告」のことであり、乗務途中に他の運転者と乗務を交替した運転者に対しては、乗務後の点呼で、交替運転者に対して行った通告について報告を求めます。

▼交替運転者への通告

(3) 中間点呼

　事業者は、乗務開始前および乗務終了後の点呼のいずれも対面で行うことができない乗務を行う運転者に対し、当該点呼のほかに、乗務の途中において少なくとも1回電話その他の方法により点呼を行い、次の (1) (2) の事項について報告を求め、および確認を行い、ならびに事業用自動車の運行の安全を確保するために必要な指示をしなければなりません。

> ●**中間点呼における確認・報告事項**
> (1) 酒気帯びの有無
> (2) 疾病、疲労、睡眠不足その他の理由により安全な運転をすることができないおそれの有無 (＝運転者の健康状態)

▼中間点呼が必要となるケース (例：2泊3日の運行)

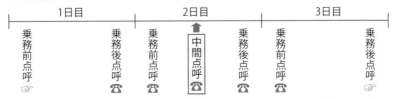

> ※2泊3日の長距離運行を行うような場合、2日目は乗務前および乗務後の点呼のいずれも対面で行うことができないので中間点呼が必要となる！

(4) アルコール検知器による酒気帯びの有無の確認

　事業者は、アルコール検知器※を営業所ごとに備え、常時有効に保持するとともに、酒気帯びの有無について確認を行う場合には、運転者の状態を目視等で確認するほか、運転者の属する営業所に備えられたアルコール検知器を用い

て行わなければなりません（⇒「目視等＋アルコール検知器」による確認）。

※ 呼気に含まれるアルコールを検知する機器であって、国土交通大臣が告示で定めるもの

(5) 点呼の記録（点呼記録簿）

　事業者は、点呼を行い、報告を求め、確認を行い、および指示をしたときは、運転者ごとに点呼を行った旨、報告、確認および指示の内容ならびに次の事項を記録し、かつ、その記録を1年間保存しなければなりません。

① 点呼を行った者および点呼を受けた運転者の氏名
② 点呼を受けた運転者が乗務する事業用自動車の自動車登録番号その他の当該事業用自動車を識別できる表示
③ 点呼の日時
④ 点呼の方法
⑤ その他必要な事項

▼点呼種類別 確認・報告事項一覧

	乗務前	乗務後	中間
酒気帯びの有無	○	○	○
運転者の健康状態※	○	×	○
日常点検の実施またはその確認	○	×	×
事業用自動車、道路および運行の状況	×	○	×
交替運転者への通告	×	○	×

※「疾病、疲労、睡眠不足その他の理由により安全な運転をすることができないおそれの有無」

2 対面点呼の例外　　　　　　　　　重要度 ★★

　乗務前および乗務後の点呼は対面で行うのが原則ですが、輸送の安全の確保に関する取組が優良であると認められる営業所においては、対面による点呼と同等の効果を有するものとして国土交通大臣が定めた機器による点呼（＝いわゆるIT点呼）を行うことができます（詳しくは、p.271「8. IT点呼」参照）。

■ポイント

・試験で必ず出題される**項目である**。「5-5 点呼の実施」(p.266)と併せて読むとよい。

➡練習問題1-5（○×問題）は、p.37をご覧ください。

1
貨物自動車運送事業法

1-6 運行に係る記録

乗務記録、運行指示書、運転者台帳など事業用自動車の運行に関する記録については、試験での出題頻度も高く、重要な項目です。それぞれの記録の保存期間（1年または3年）は必ず覚えておきましょう。

1 乗務等の記録（運転日報） 　　重要度 ★★★

事業者は、事業用自動車に係る運転者の乗務について、乗務を行った運転者ごとに次の事項を記録させ、かつ、その記録を1年間保存しなければなりません。

① 運転者の氏名
② 乗務した事業用自動車の自動車登録番号その他の当該事業用自動車を識別できる表示
③ 乗務の開始・終了の地点、日時、主な経過地点および乗務した距離
④ 運転を交替した場合には、その地点および日時
⑤ 休憩または睡眠をした場合には、その地点・日時（※10分未満の休憩は省略可能）
⑥ 車両総重量8トン以上または最大積載量5トン以上の普通自動車である事業用自動車に乗務した場合には、次の事項

> ● 車両総重量8トン以上または最大積載量5トン以上の事業用自動車に乗務した場合に記録しなければならない事項
> (1) 貨物の積載状況
> (2) 集貨地点等（荷主の都合により集貨・配達を行った地点）で30分以上待機した場合は、次の事項（荷待ち時間等の記録）
> ・ 集貨地点等
> ・ 集貨地点等への到着日時を荷主から指定された場合は、当該日時
> ・ 集貨地点等に到着した日時
> ・ 集貨地点等における荷役作業（積込み・取卸し）の開始・終了の日時
> ・ 集貨地点等で、附帯業務（貨物の荷造り・仕分など）を実施した場合は、附帯業務の開始・終了の日時
> ・ 集貨地点等から出発した日時

(3) 集貨地点等で、荷役作業等（荷役作業・附帯業務）を実施した場合は、次の事項（荷役作業等の記録）※荷主との契約書に実施した荷役作業等のすべてが明記されている場合は、荷役作業等に要した時間が1時間以上の場合のみ

・ 集貨地点等※
・ 荷役作業等の開始・終了の日時※
・ 荷役作業等の内容
・ 上記3点の事項について荷主の確認が得られた場合は、荷主が確認したことを示す事項、確認が得られなかった場合は、その旨

　※上記（2）に該当している場合は、すでに記録事項に含まれているため記録不要

⑦ 道路交通法に規定する交通事故（＝死傷事故・物損事故）もしくは自動車事故報告規則2条に規定する事故（p.61「2.「重大な事故」とは」参照）または著しい運行の遅延その他の異常な状態が発生した場合には、その概要および原因
⑧ 安全規則9条の3第3項の指示（p.35「4. 運行指示書による指示等」の（3）参照）があった場合には、その内容

　なお、乗務等の記録として記録すべき事項は、運転者ごとに記録させることに代え、次の2.に規定する運行記録計により記録することができます。この場合において、記録すべき事項のうち「運行記録計により記録された事項以外の事項」を運転者ごとに運行記録計による記録に付記させなければなりません。

2 運行記録計（タコグラフ）による記録　　重要度 ★★★

　事業者は、次の事業用自動車に係る運転者の乗務について、当該事業用自動車の「瞬間速度」、「運行距離」、「運行時間」を運行記録計により記録し、かつ、その記録を1年間保存しなければなりません。

① 車両総重量7トン以上または最大積載量4トン以上の普通自動車である事業用自動車
②「①に該当する被けん引自動車」をけん引するけん引自動車である事業用自動車
③ 特別積合せ貨物運送に係る運行系統に配置する事業用自動車（運行車）

③ 事故の記録（事故記録簿）　　　　　重要度　★★★

　事業者は、事業用自動車に係る事故が発生した場合には、次の事項を記録し、その記録を当該事業用自動車の運行を管理する営業所において3年間保存しなければなりません。

① 乗務員の氏名
② 事業用自動車の自動車登録番号その他の当該事業用自動車を識別できる表示
③ 事故の発生日時・場所
④ 事故の当事者（乗務員を除く）の氏名
⑤ 事故の概要（損害の程度を含む）
⑥ 事故の原因
⑦ 再発防止対策

> ●「事故の記録」として記録しなければならない事故とは…
> 　車両等の交通による人の死傷または物の損壊があったもの（死傷事故・物損事故）、自動車事故報告規則第2条に規定する事故（p.61「2.「重大な事故」とは」参照）をいいます。

④ 運行指示書による指示等　　　　　重要度　★★★

（1）運行指示書の作成

　事業者は、乗務開始および乗務終了の点呼のいずれも対面で行うことができない乗務を含む運行ごとに、次の事項を記載した運行指示書を作成し、これにより事業用自動車の運転者に対し適切な指示を行い、運行中はこれを運転者に携行させなければなりません。

① 運行の開始・終了の地点および日時
② 乗務員の氏名
③ 運行の経路および主な経過地における発車・到着の日時
④ 運行に際して注意を要する箇所の位置
⑤ 乗務員の休憩地点および休憩時間（休憩がある場合）
⑥ 乗務員の運転または業務の交替の地点（運転または業務の交替がある場合）
⑦ その他運行の安全を確保するために必要な事項

(2)「運行指示書の作成を要する運行」の途中における運行内容の変更

　事業者は、(1)のような「運行指示書の作成を要する運行」の途中において、「運行の開始・終了の地点および日時」、または、「運行の経路および主な経過地における発車・到着の日時」に変更が生じた場合には、運行指示書の写しに変更の内容を記載し、これにより運転者に対し電話その他の方法により変更の内容について適切な指示を行い、および運転者が携行している運行指示書に当該変更の内容を記載させなければなりません。

(3)「運行指示書の作成を要しない運行」の途中における運行内容の変更

　事業者は、「運行指示書の作成を要しない運行」の途中において、運転者に「乗務前および乗務後の点呼のいずれも対面で行うことができない乗務」を行わせることとなった場合には、当該乗務以後の運行について、運行指示書を作成し、これにより運転者に対し電話その他の方法により適切な指示を行わなければなりません。

　なお、この指示を受けた運転者は、指示の内容を「乗務等の記録」に記録しなければなりません（p.33「1. 乗務等の記録（運転日報）」の⑧参照）。

> ●運行変更の指示内容を「乗務等の記録」に記録する場合とは…
> 　たとえば、当初1泊2日の予定だった運行（＝1日目の乗務前点呼や2日目の乗務後点呼は対面で行うため「運行指示書の作成を要しない運行」となる）が、運行途中で2泊3日の運行（＝2日目が「乗務前および乗務後の点呼のいずれも対面で行うことができない乗務」になる）に変更された場合、運転者は運行指示書を携行していないので、指示内容を「乗務等の記録」に記録します。

(4) 運行指示書の保存

　事業者は、運行指示書およびその写しを運行の終了の日から1年間保存しなければなりません。

5　運転者台帳　　重要度 ★★

　事業者は、運転者ごとに、次の事項を記載し、かつ、作成前6ヵ月以内に撮影した単独、上三分身、無帽、正面、無背景の写真をはり付けた一定様式の運

転者台帳を作成し、これを当該運転者の属する営業所に備えて置かなければなりません。

① 作成番号・作成年月日

② 事業者の氏名・名称

③ 運転者の氏名・生年月日・住所

④ 雇入れの年月日、運転者に選任された年月日

⑤ 運転免許証の番号および有効期限、運転免許の年月日および種類、運転免許に条件が付されている場合は当該条件

⑥ 事故を引き起こした場合または道路交通法の規定による通知 (p.160 「5. 公安委員会による違反内容の通知」参照) を受けた場合は、その概要

⑦ 運転者の健康状態

⑧ 特別な運転者に対する指導 (p.39 「2. 特別な運転者に対する特別な指導」参照) の実施および適性診断の受診の状況

> ●運転者台帳の作成における注意点
>
> 　運転者台帳は、上記①〜⑧すべての事項が記載された一定様式のものである必要があるので、たとえば、<u>採用時に提出させた履歴書を運転者台帳として使用することは適切ではありません。</u>

⑥ 運転者でなくなった者に係る運転者台帳　重要度 ★★★

　事業者は、運転者が転任、退職その他の理由により運転者でなくなった場合には、直ちに、当該運転者に係る運転者台帳に運転者でなくなった年月日および理由を記載し、これを3年間保存しなければなりません。

■ポイント

- 乗務等の記録の**記録事項、特に**車両総重量8トン以上または最大積載量5トン以上の事業用自動車に乗務した場合の記録事項**については、頻繁に法改正もされており重要度が高い。**
- 運行指示書についても、よく試験に出題されている。
- それぞれの保存期間 (1年または3年)は必ず覚えておくこと。

練習問題1-5（〇×問題）

① 乗務前の点呼では、「酒気帯びの有無」、「疾病、疲労、睡眠不足その他の理由により安全な運転をすることができないおそれの有無」、「道路運送車両法の規定による日常点検の実施またはその確認」について報告を求めなければならない。

② 乗務後の点呼では、当該乗務に係る運転者の健康状態、道路および運行の状況について報告を求めなければならない。

③ 乗務前および乗務後の点呼のいずれも対面で行うことができない乗務を行う運転者に対しては、当該点呼のほかに、乗務の途中において少なくとも1回電話等により中間点呼を行わなければならない。

④ 乗務終了後の点呼における運転者の酒気帯びの有無については、運転者からの報告と目視等による確認で酒気を帯びていないと判断できる場合は、アルコール検知器を用いての確認は実施する必要はない。

⑤ 点呼を行い、報告を求め、指示をしたときは、運転者ごとに点呼を行った旨、報告および指示の内容並びに所定の事項を記録し、かつ、その記録を3年間保存しなければならない。

⑥ 乗務前の点呼は対面により行わなければならないが、輸送の安全の確保に関する取組が優良であると認められる営業所においては、対面による点呼と同等の効果を有するものとして国土交通大臣が定めた機器による点呼を行うことができる。

練習問題1-6（〇×問題）

⑦ 車両総重量が8トン以上または最大積載量が5トン以上の普通自動車である事業用自動車に係る乗務については、当該乗務を行った運転者ごとに「貨物の積載状況」を「乗務等の記録」に記録させ、かつ、その記録を1年間保存しなければならない。

⑧ 車両総重量が7トン以上または最大積載量が4トン以上の普通自動車である事業用自動車に係る乗務については、当該事業用自動車の瞬間速度、運行距離および運行時間を運行記録計により記録し、かつ、その記録を1年間保存しなければならない。

⑨ 事業用自動車に係る事故が発生した場合には、所定の事項を記録し、その記録を当該事業用自動車の運行を管理する営業所において1年間保存しなければならない。

⑩ 「事故の記録」として記録しなければならない事故とは、死者または負傷者を生じさせたものと定められており、物損事故については、記録をしなければならないものに該当しない。

⑪ 事業者は、乗務前および乗務後の点呼のいずれも対面で行うことができない乗務を含む運行ごとに、所定の事項を記載した運行指示書を作成し、これにより事業用自動車の運転者に対し適切な指示を行い、およびこれを当該運転者に携行させなければならない。

⑫ 事業者は、運行指示書の作成を要する運行の途中において、「運行の開始および終了の地点および日時」に変更が生じた場合には、運行指示書の写しに変更の内容を記載し、運転者に対し電話その他の方法により、変更の内容について適切な指示を行わなければならない。この場合、運転者が携行している運行指示書については、変更の内容を記載させることを要しない。

⑬ 運行指示書は、運行を計画した日から1年間保存しなければならない。

⑭ 運転者が転任、退職その他の理由により運転者でなくなった場合には、直ちに、当該運転者に係る運転者台帳に運転者でなくなった年月日および理由を記載し、これを1年間保存しなければならない。

解答

① ○

② × 乗務後の点呼で報告を求めなければならないのは、当該乗務に係る事業用自動車、道路および運行の状況である。

③ ○

④ × 酒気帯びの有無については必ずアルコール検知器を用いて確認しなければならない。

⑤ × 「点呼の記録」は1年間保存しなければならない。

⑥ ○

⑦ ○

⑧ ○

⑨ × 「事故の記録」は3年間保存しなければならない。

⑩ × 物損事故も記録しなければならない。

⑪ ○

⑫ × この場合、運転者が携行している運行指示書に変更内容を記載させなければならない。

⑬ × 「運行指示書」は運行を終了した日から1年間保存する。

⑭ × 「運転者でなくなった運転者台帳」は3年間保存しなければならない。

1-7 従業員に対する指導・監督

従業員に対しては、適切な指導・監督を行わなければなりません。なお、事故惹起運転者や初任運転者など特別な運転者に対しては、特別な指導の実施や適性診断の受診が義務付けられています。

1 運転者等に対する指導・監督　　　重要度 ★★

(1) 運転者に対する指導・監督

事業者は、国土交通大臣が告示で定めるところにより、貨物自動車運送事業に係る主な道路の状況その他の事業用自動車の運行に関する状況、その状況の下において事業用自動車の運行の安全を確保するために必要な運転の技術および法令に基づき自動車の運転に関して遵守すべき事項について、運転者に対する適切な指導・監督をしなければなりません。

この場合においては、所定事項を記録し、かつ、その記録を営業所において3年間保存しなければなりません。

(2) 非常信号用具等の取扱いに対する指導

事業者は、事業用自動車に備えられた非常信号用具（＝発炎筒など）および消火器の取扱いについて、乗務員に対する適切な指導をしなければなりません。

(3) 輸送の安全に関する基本的な方針の策定等

事業者は、従業員に対し、効果的かつ適切に指導・監督を行うため、輸送の安全に関する基本的な方針の策定その他の国土交通大臣が告示で定める措置を講じなければなりません。

2 特別な運転者に対する特別な指導　　　重要度 ★★★

事業者は、国土交通大臣が告示で定めるところにより、特別な運転者（①事故惹起運転者、②初任運転者、③高齢運転者）に対して、事業用自動車の運行の安全を確保するために遵守すべき事項について特別な指導を行い、かつ、国土交通大臣が告示で定める適性診断を受けさせなければなりません。

(1) 特別な指導の内容・時間

●事故惹起運転者に対する特別な指導

※事故惹起運転者とは…

　「死者または重傷者を生じた交通事故を引き起こした運転者」および「軽傷者を生じた交通事故を引き起こし、かつ、当該事故前の3年間に交通事故を引き起こしたことがある運転者」をいいます。

　運転者として常時選任するために新たに雇い入れた場合には、自動車安全運転センターが交付する無事故・無違反証明書や運転記録証明書等により事故歴を把握し、事故惹起運転者に該当するかを確認します。

事故惹起運転者に対する特別な指導の内容・時間は、次の通りです。

① 事業用自動車の運行の安全の確保に関する法令等

② 交通事故の事例の分析に基づく再発防止対策

③ 交通事故に関わる運転者の生理的および心理的要因
　　ならびにこれらへの対処方法　　　　　　　　　　　　　合計6時間
　　　　　　　　　　　　　　　　　　　　　　　　　　　　以上実施

④ 交通事故を防止するために留意すべき事項

⑤ 危険の予測および回避

⑥ 安全運転の実技 ──────────────────→ 可能な限り実施

⇒つまり、事故惹起運転者に対する特別な指導は、安全運転の実技を除いた所定の事項について、合計6時間以上実施しなければならず、安全運転の実技は可能な限り実施することが望ましいということ！

●初任運転者に対する特別な指導

※初任運転者とは…

　「運転者として常時選任するために新たに雇い入れた者」をいいますが、「当該事業者において初めて事業用自動車に乗務する前3年間に他の事業者等によって運転者として常時選任されたことがある者」は除かれます。つまり、直近3年間に他の事業者で運転者としての経験がある者は、特別な指導の対象となる初任運転者には該当しません。

初任運転者に対する特別な指導の内容・時間は、次の通りです。

① 貨物自動車運送事業法その他の法令に基づき運転者が
遵守すべき事項、事業用自動車の運行の安全を確保する
ために必要な運転に関する事項等 ⎫ 15時間以上実施

② 安全運転の実技 ──────────→ 20時間以上実施

▼事故惹起運転者・初任運転者に対する特別な指導の時間

※安全運転の実技以外	※安全運転の実技
事故惹起運転者：6時間以上	事故惹起運転者：可能な限り実施
初任運転者　　：15時間以上	初任運転者　　：20時間以上

●高齢運転者（65歳以上の運転者）

　高齢運転者に対する特別な指導については、適性診断の結果を踏まえ、個々の運転者の加齢に伴う身体機能の変化の程度に応じた事業用自動車の安全な運転方法等について運転者が自ら考えるよう指導します。

(2) 特別な指導の実施時期

●事故惹起運転者

　事故惹起運転者に対する特別な指導は、当該交通事故を引き起こした後、再度事業用自動車に乗務する前に実施します。ただし、やむを得ない事情がある場合には、再度乗務を開始した後1ヵ月以内に実施します。

　なお、外部の専門的機関における指導講習を受講する予定である場合は、この限りではありません。

原則	当該交通事故を引き起こした後、再度事業用自動車に乗務する前
例外	やむを得ない事情がある場合は、再度乗務を開始した後1ヵ月以内

●初任運転者

　初任運転者に対する特別な指導は、当該事業者において初めて事業用自動車に乗務する前に実施します。ただし、やむを得ない事情がある場合は、乗務を開始した後1ヵ月以内に実施します。

| 原則 | 当該事業者において初めて事業用自動車に乗務する前 |
| 例外 | やむを得ない事情がある場合は、乗務を開始した後1ヵ月以内 |

▼事故惹起運転者、初任運転者への指導の実施時期

＜原則：初めてトラックに乗務する前＞　　例外：乗務開始後1ヵ月以内

●高齢運転者

　高齢運転者に対する特別な指導は、適性診断の結果が判明した後1ヵ月以内に実施します。

(3) 適性診断の受診

●事故惹起運転者

　事故惹起運転者に対しては、当該交通事故を引き起こした後、再度事業用自動車に乗務する前に、事故惹起運転者のための適性診断として国土交通大臣が認定した特定診断を受診させます。ただし、やむを得ない事情がある場合は、再度乗務を開始した後1ヵ月以内に受診させます。

●初任運転者

　初任運転者に対しては、当該事業者において初めて事業用自動車に乗務する前に初任運転者のための適性診断として国土交通大臣が認定した初任診断を受診させます。ただし、やむを得ない事情がある場合は、乗務を開始した後1ヵ月以内に受診させます。

●高齢運転者

　高齢運転者に対しては、高齢運転者のための適性診断として国土交通大臣が認定した適齢診断を運転者が65歳に達した日以後1年以内に1回、その後3年以内ごとに1回受診させます。

(4) 指導内容の運転者台帳への記載等

特別な指導を実施した場合は、指導を実施した年月日・指導の具体的内容を運転者台帳に記載するか（p.36「5. 運転者台帳」の⑧参照）、または、指導を実施した年月日を運転者台帳に記載したうえで指導の具体的内容を記録した書面を運転者台帳に添付することとされています。

3 その他の指導　　　　　　　　　　重要度　★

(1) 過積載の防止

事業者は、過積載による運送の防止について、運転者その他の従業員に対する適切な指導・監督を怠ってはなりません。

(2) 異常気象時等における措置

事業者は、異常気象その他の理由により輸送の安全の確保に支障を生ずるおそれがあるときは、乗務員に対する適切な指示その他輸送の安全を確保するために必要な措置を講じなければなりません。

(3) 運行管理者の指導・監督

事業者は、運行管理者の業務の適確な処理および運行管理規程の遵守について、運行管理者に対する適切な指導・監督を行わなければなりません。

貨物自動車運送事業法

■ポイント

- 運転者に対する指導監督の記録の**保存期間は3年間である。**
- 事故惹起運転者に対する特別な指導**については、原則として、事故を引き起こ**こした後、再度事業用自動車に乗務する前**に実施する。**
- 初任運転者に対する特別な指導**は、安全運転の実技以外について**15時間以上、**安全運転の実技について**20時間以上**実施する。**

➡練習問題1-7（○×問題）は、p.47をご覧ください。

乗務員・運転者の遵守事項

「乗務員」とは、「運転者」と「運転の補助に従事する従業員」の総称です。つまり、運転者の場合、本節に書かれていることをすべて遵守しなければならないということです。

1 運行の安全の確保　　　　　　　重要度 ★

　事業用自動車の運転者および運転の補助に従事する従業員は、運行の安全を確保するため、国土交通省令で定める事項を遵守しなければなりません。

2 乗務員の遵守事項　　　　　　　重要度 ★★

　乗務員は、事業用自動車の乗務について、次の事項を遵守しなければなりません。
① 酒気を帯びて乗務しないこと。
② 過積載をした事業用自動車に乗務しないこと。
③ 貨物を積載するときは、偏荷重※が生じないように積載し、貨物が運搬中に荷崩れ等により事業用自動車から落下することを防止するため、貨物にロープまたはシートを掛けること等必要な措置を講じること。
※極端に荷台の前後または左右どちらかに偏った積み方
④ 事業用自動車の故障等により踏切内で運行不能となったときは、速やかに列車に対し適切な防護措置をとること。

3 運転者の遵守事項　　　　　　　重要度 ★★★

　運転者は、乗務員の遵守事項のほか、事業用自動車の乗務について、次の事項を遵守しなければなりません。
① 酒気帯び状態にあるときは、その旨を事業者に申し出ること。
② 疾病、疲労、睡眠不足その他の理由により安全な運転をすることができないおそれがあるときは、その旨を事業者に申し出ること。
③ 道路運送車両法の規定による日常点検を実施し、またはその確認をすること。
④「乗務を開始しようとするとき」、「乗務前および乗務後の点呼のいずれも対面で行うことができない乗務の途中」、「乗務を終了したとき」は、法令に規

定する点呼を受け、所定の事項について報告をすること。

⑤ 乗務を終了して他の運転者と交替するときは、交替する運転者に対し、当該乗務に係る事業用自動車、道路および運行の状況について通告すること。

⑥ 他の運転者と交替して乗務を開始しようとするときは、当該他の運転者から⑤の規定による通告を受け、事業用自動車の制動装置、走行装置その他の重要な装置の機能について点検をすること。

> ● **交替運転者による装置の点検は必ず行う!**
> 　交替運転者による「事業用自動車の制動装置など重要な装置の機能についての点検」は、点検の必要性の有無などにかかわらず、必ず行う必要があります(※点検の必要性があると認められる場合に行えばよいわけではない)。

⑦ 乗務等の記録 (p.32「1. 乗務等の記録 (運転日報)」参照) をすること。

⑧ 運行指示書の携行が必要な乗務を行う場合には、運行指示書を乗務中携行し、運行内容に変更が生じたことで運行指示書の記載事項に変更が生じた場合には、携行している運行指示書に当該変更の内容を記載すること。

⑨ 踏切を通過するときは、変速装置を操作しないこと。

▼**運転者の遵守事項**

| 運転者 |
| 乗務員 |

※「乗務員」とは、「運転者」と「運転の補助に従事する従業員」のことをいうので、運転者は乗務員の一員である。
したがって、運転者は、「乗務員の遵守事項」と「運転者の遵守事項」のどちらも守らなければならないということである!

> ■**ポイント**
> ・ **他の運転者と交替して乗務を開始しようとするときは、**事業用自動車の装置の点検**をしなければならない。**

➡練習問題1-8 (〇×問題) は、p.48をご覧ください。

貨物自動車運送事業法

1

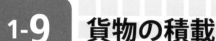

1-9　貨物の積載

貨物の積載については、貨物自動車運送事業者として知っておくべき重要な内容です。偏荷重や過積載が生じないようにしなければなりません。また、荷主への勧告（荷主勧告制度）についてもしっかり理解しておきましょう。

1　貨物の積載方法　　　　　重要度　★★★

　事業用自動車に貨物を積載するときは、偏荷重が生じないように積載し、貨物が運搬中に荷崩れ等により事業用自動車から落下することを防止するため、貨物にロープまたはシートを掛けること等必要な措置を講じなければなりません。

2　通行の禁止または制限等違反の防止　　　　　重要度　★★

　事業者は、道路法47条第2項の規定（車両でその幅、重量、高さ、長さ、最小回転半径が政令で定める最高限度を超えるものは、道路を通行させてはならない。）に違反し、または政令で定める最高限度を超える車両の通行に関し道路管理者※が付した条件（通行経路、通行時間等）に違反して事業用自動車を通行させることを防止するため、運転者に対する適切な指導・監督を怠ってはなりません。　　　　　※国土交通大臣、都道府県、市町村（道路の種類によって異なる）

3　荷主への勧告　　　　　重要度　★★★

（1）荷主勧告制度

　国土交通大臣は、事業者が過積載による運送など輸送の安全に関する違反行為を行ったことにより、貨物自動車運送事業法の規定による命令・処分をする場合において、命令・処分に係る違反行為が荷主の指示に基づき行われたことが明らかであると認められ、かつ、事業者に対する命令・処分のみによっては違反行為の再発を防止することが困難であると認められるときは、違反行為を指示した荷主に対しても、違反行為の再発の防止を図るため適当な措置を執るべきことを勧告※することができます。

　　　　　※一定の措置をとることをすすめ、または促す行為（法的な拘束力はない）

▼荷主への勧告

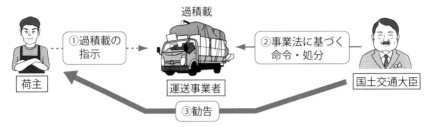

過積載

①過積載の指示 → ②事業法に基づく命令・処分

荷主　運送事業者　国土交通大臣

③勧告

(2) 荷主の公表

国土交通大臣は、(1) の勧告をしたときは、その旨を公表します。

1

貨物自動車運送事業法

■ポイント

- 荷主への勧告 (荷主勧告制度) は近年法改正もされており、重要度が高い。

練習問題1-7 (○×問題)

① 事業者は、事業用自動車の運行の安全を確保するために必要な運転の技術および法令に基づき自動車の運転に関して遵守すべき事項について、運転者に対する適切な指導・監督をしなければならず、この場合においては、所定の事項を記録し、かつ、その記録を営業所において3年間保存しなければならない。

② 特別な指導を要する事故惹起運転者とは、死者または重傷者を生じた交通事故を引き起こした運転者および軽傷者を生じた事故を引き起こし、かつ、当該事故前の3年間に交通事故を引き起こしたことがある運転者をいう。

③ 事故惹起運転者に対する特別な指導は、やむを得ない事情がある場合を除き、当該交通事故を引き起こした後、再度事業用自動車に乗務を開始した後1ヵ月以内に実施する。

④ 初任運転者に対する特別な指導は、法令に基づき運転者が遵守すべき事項、事業用自動車の運行の安全を確保するために必要な運転に関する事項等について20時間以上、安全運転の実技について15時間以上実施する。

⑤ 初任運転者に対する特別な指導は、当該事業者において初めて事業用自動車に乗務する前に実施する。ただし、やむを得ない事情がある場合は、乗務を開始した後1ヵ月以内に実施する。

⑥ 事業者は、高齢運転者のための適性診断として国土交通大臣が認定した適齢診断を運転者が65才に達した日以後1年以内に1回受診させ、その後3年以内ごとに1回受診させること。

練習問題1-8（〇×問題）

⑦ 運転者は、酒気を帯びた状態にあるとき、または疾病、疲労、睡眠不足その他の理由により安全な運転をすることができないおそれがあるときは、その旨を事業者に申し出なければならない。

⑧ 他の運転者と交替して乗務を開始しようとする運転者は、事業用自動車の制動装置、走行装置その他の重要な装置の機能について点検の必要性があると認められる場合には、これを点検しなければならない。

練習問題1-9（〇×問題）

⑨ 事業用自動車（車両総重量が8トン以上または最大積載量が5トン以上のものに限る。）に、貨物を積載するときは、貨物が運搬中に荷崩れ等により落下することを防止するため、必要な措置を講じなければならない。

⑩ 国土交通大臣は、事業者が過積載による運送を行ったことにより、貨物自動車運送事業法の規定による命令または処分をする場合において、当該命令または処分に係る過積載による運送が荷主の指示に基づき行われたことが明らかであると認められ、かつ、当該事業者に対する命令または処分のみによっては当該過積載による運送の再発を防止することが困難であると認められるときは、当該荷主に対しても、当該過積載による運送の再発の防止を図るため適当な措置を執るべきことを勧告することができる。

解答

① 〇

② 〇

③ ×　やむを得ない事情がある場合を除き、当該交通事故を引き起こした後、再度事業用自動車に乗務する前に実施する。

④ ×　法令に基づき運転者が遵守すべき事項等について15時間以上、安全運転の実技について20時間以上実施する。

⑤ 〇

⑥ 〇

⑦ 〇

⑧ ×　重要な装置の点検は点検の必要性の有無にかかわらず行う。

⑨ ×　車両総重量が8トン以上または最大積載量が5トン以上のものに限られない。

⑩ 〇

1-10 運行管理者等の選任

事業用自動車の運行を管理する営業所では、運行管理者資格者証の交付を受けている者のうちから、一定数の運行管理者を選任しなければなりません。また、統括運行管理者や補助者の選任についても重要です。

1 運行管理者　　　　重要度 ★★

事業者は、事業用自動車の運行の安全の確保に関する業務を行わせるため、運行管理者資格者証の交付を受けている者のうちから、運行管理者を選任しなければなりません。なお、運行管理者を選任または解任したときは、遅滞なく、その旨を国土交通大臣に届け出なければなりません。

● 運行管理者の選任等の届出

　運行管理者を選任または解任の届出をしようとするとき（運行管理者資格者証の返納命令を受けた場合など解任以外の理由で運行管理者でなくなったときを含む）は、所定事項を記載した運行管理者選任（解任）届出書を提出しなければなりません。

2 運行管理者等の選任　　　　重要度 ★★★

（1）運行管理者の選任

　事業者は、事業用自動車（被けん引自動車を除く）の運行を管理する営業所ごとに、当該営業所が運行を管理する事業用自動車の数を30で除して得た数（その数に1未満の端数は切り捨て）に1を加算して得た数以上の運行管理者を選任しなければなりません。

● 必要な運行管理者数（※小数点以下は切り捨て）

{事業用自動車の数（※被けん引自動車を除く）÷30}＋1

事業用自動車の数	1～29両	30～59両	60～89両	90～119両
必要な運行管理者数	1名	2名	3名	4名

※以降も車両数が30両増すごとに運行管理者1名を加算する。

　ただし、5両未満の事業用自動車の運行を管理する営業所であって、地方運輸局長が当該事業用自動車の種別、地理的条件その他の事情を勘案して<u>当該事業用自動車の運行の安全の確保に支障を生ずるおそれがないと認めるもの</u>※については、運行管理者を選任することを要しないとされています。

　　　※霊きゅう自動車や一般廃棄物の収集運搬車の運行のみを管理する営業所など

（2）統括運行管理者の選任

　一の営業所において複数の運行管理者を選任する事業者は、統括運行管理者を選任しなければなりません。

（3）補助者の選任

　事業者は、運行管理者資格者証を有する者または国土交通大臣の認定を受けた基礎講習を修了した者のうちから、補助者を選任することができます。

③　運行管理者資格者証　　　　　　　　重要度　★★

　国土交通大臣は、①運行管理者試験に合格した者、または、②事業用自動車の運行の安全の確保に関する業務について<u>国土交通省令で定める一定の実務の経験その他の要件を備える者</u>※に対し、運行管理者資格者証を交付します。

※事業用自動車の運行の管理に関し5年以上の実務の経験を有し、その間に国土交通大臣が認定する講習（p.51「6. 運行管理者の講習」の（2）参照）を5回以上（うち少なくとも1回は基礎講習を含む必要がある）受講した者をいう。

▼運行管理者資格者証の交付要件

④　運行管理者資格者証の返納　　　　　重要度　★★

　国土交通大臣は、運行管理者資格者証の交付を受けている者が貨物自動車運送事業法もしくは同法に基づく命令またはこれらに基づく処分に違反したときは、その運行管理者資格者証の返納を命ずることができます。

　また、運行管理者資格者証の返納を命ぜられ、その日から5年を経過しない者に対しては、運行管理者資格者証の交付を行わないことができます。

5 運行管理者資格者証に関する手続き 重要度 ★

交付申請	交付申請書に所定の書類を添付して提出しなければなりません。なお、運行管理者資格者証の交付の申請は、運行管理者試験に合格した者にあっては、合格の日から3ヵ月以内に行わなければなりません。
訂正	氏名に変更を生じたときは、運行管理者資格者証の訂正申請を行い、運行管理者資格者証の訂正を受けなければなりません。なお、この場合において、運行管理者資格者証の訂正に代えて、運行管理者資格者証の再交付を受けることもできます。
返納	運行管理者資格者証を失ったために運行管理者資格者証の再交付を受けた者は、失った運行管理者資格者証を発見したときは、遅滞なく、発見した運行管理者資格者証をその住所地を管轄する地方運輸局長に返納しなければなりません。

6 運行管理者等の講習 重要度 ★★

(1) 講習の義務

事業者は、国土交通大臣が告示で定めるところにより、次の運行管理者に対して、国土交通大臣の認定を受けた運行の管理に関する講習を受けさせなければなりません。

① 死者・重傷者が生じた事故を引き起こした事業用自動車の運行を管理する営業所、または輸送の安全に係る行政処分の原因となった違反行為が行われた営業所において選任している者
② 運行管理者として新たに選任した者
③ 最後に国土交通大臣が認定する講習を受講した日の属する年度の翌年度の末日を経過した者

(2) 講習の種類

基礎講習	運行管理を行うために必要な法令、業務等に関する基礎的な知識の習得を目的とする講習
一般講習	運行管理を行うために必要な法令、業務等に関する最新の知識の習得を目的とする講習
特別講習	自動車事故または輸送の安全に係る法令違反の再発防止を目的とした講習

（3）受講の時期等

① 新たに選任した運行管理者に対する講習

　　選任届出をした日の属する年度（やむを得ない理由がある場合は、その翌年度）に基礎講習または一般講習（基礎講習を受講していない運行管理者には基礎講習）を受講させます。

② 死者・重傷者が生じた事故を引き起こした事業用自動車の運行を管理する営業所、または輸送の安全に係る行政処分の原因となった違反行為が行われた営業所に属する運行管理者に対する講習

　　事故または行政処分があった日の属する年度および翌年度に基礎講習または一般講習を受講させます。ただし、やむを得ない理由がある場合には、翌年度および翌々年度、①～③の規定によりすでに当該年度に基礎講習または一般講習を受講させた場合には翌年度に受講させます。

　　さらに、事故または行政処分あった日から1年（やむを得ない理由がある場合は1年6ヵ月）以内にできる限り速やかに特別講習を受講させます。

③ 運行管理者に対する定期的な講習

　　運行管理者には、①または②の規定により最後に基礎講習または一般講習を受講させた年度の翌々年度以後2年ごとに基礎講習または一般講習を受講させます。つまり、すでに選任されている運行管理者に対しては2年ごとに基礎講習または一般講習を受講させるということです。

■■ポイント

- **必要な運行管理者の数は、「運行を管理する事業用自動車の数÷30＋1」で求めることができる（※被けん引自動車は数に含めず、小数点は切り捨てる）。**

➡練習問題1-10（〇×問題）は、p.59をご覧ください。

1-11 運行管理者の業務

運行管理者の業務の多くは、法令が事業者に課している義務のうち「運行管理に関するもの」を事業者の代わりに運行管理者が行うとイメージすると学習しやすいです。試験で必ず出題される項目なのでしっかり覚えましょう。

1 運行管理者等の義務　　　重要度 ★★★

　運行管理者は、誠実にその業務を行わなければならず、事業者は、運行管理者に対し、運行管理者の業務を行うため必要な権限を与えなければなりません。

　また、事業者は、運行管理者がその業務として行う助言を尊重しなければならず、事業用自動車の運転者その他の従業員は、運行管理者がその業務として行う指導に従わなければなりません。

2 運行管理者の業務　　　重要度 ★★★

重要

※ 表題の説明にもあるように、運行管理者の業務の多くは、**法令が事業者に課している義務のうち「運行管理に関するもの」を運行管理者が代わりに行うこと**（＝事業者に課されている義務のうち、運行管理に関する業務を実際に行うのが運行管理者）だとイメージしましょう。これまで学習してきた事業者の義務の多くは、実際には運行管理者が行うということです！

　運行管理者は、次の3.〜5.の業務を行わなければなりません。

3 一般的な運行管理者の業務　　　重要度 ★★★

A.　過労運転の防止に関する業務

① 事業者により運転者として選任された者以外の者に事業用自動車を運転させないこと。

● 事業者の義務との比較：運転者を選任するのは事業者！

　運行管理者の業務は「事業者により選任された運転者以外の者に事業用自動車を運転させないこと」です。つまり、「運転者を選任すること」は事業者が行う業務であり、運行管理者の業務ではありません。

▼事業者の義務との比較①

② 乗務員が休憩・睡眠のために利用することができる施設を適切に管理すること。

● 事業者の義務との比較：休憩・睡眠施設の整備・保守を行うのは事業者！

　休憩・睡眠施設については、事業者に対し「整備」・「管理」・「保守」という3つの義務が課されていますが（p.25「1. 過労運転の防止」の（2）参照）、そのうち「管理」に関する業務のみ、事業者の代わりに運行管理者が行います（※「整備」や「保守」については事業者が行う業務であり、運行管理者の業務ではありません）。

▼事業者の義務との比較②

※ 整備・管理・保守業務のうち、管理業務を実際に行うのが運行管理者！

③ 勤務時間・乗務時間の範囲内において乗務割を作成し、これに従い運転者を事業用自動車に乗務させること。

●**事業者の義務との比較：勤務時間・乗務時間を定めるのは事業者！**
　運行管理者の業務は「勤務時間・乗務時間の範囲内で乗務割を作成し、これに従い運転者を乗務させること」です。「勤務時間・乗務時間を定めるのこと」は事業者が行う業務であり、運行管理者の業務ではありません。

▼**事業者の義務との比較③**

事業者

勤務時間・乗務時間の設定 →

運行管理者

乗務割を作成し、乗務させる →

運転者

④ 酒気を帯びた状態にある乗務員を事業用自動車に乗務させないこと。
⑤ 乗務員の健康状態の把握に努め、疾病、疲労、睡眠不足その他の理由により安全な運転をし、またはその補助をすることができないおそれがある乗務員を事業用自動車に乗務させないこと。
⑥ 運転者が長距離運転または夜間の運転に従事する場合であって、疲労等により安全な運転を継続することができないおそれがあるときは、あらかじめ、当該運転者と交替するための運転者を配置すること。

B.　積載・通行制限等における指導・監督に関する業務
⑦ 過積載による運送の防止について、従業員に対する指導・監督を行うこと。
⑧ 貨物の積載方法について、従業員に対する指導・監督を行うこと。
⑨ 通行の禁止または制限等違反の防止について、運転者に対する指導・監督を行うこと。

C.　点呼に関する業務
⑩ 運転者に対して点呼を行い、報告を求め、確認を行い、指示を与え、記録し、その記録を保存し、アルコール検知器を常時有効に保持すること。

1

貨物自動車運送事業法

D.　運行に係る記録等に関する業務

⑪ 運転者の乗務について、当該乗務を行った運転者ごとに所定事項を記録させ、およびその記録を保存すること。

⑫ 運行記録計を管理し、およびその記録を保存すること。

⑬ 運行記録計による記録が義務付けられている事業用自動車 (p.33「2. 運行記録計 (タコグラフ) による記録」参照) について、運行記録計により記録することのできないものを運行の用に供さないこと。

⑭ 事業用自動車に係る事故が発生した場合に、所定事項を記録し、およびその記録を保存すること。

⑮ 運行指示書を作成し、およびその写しに変更の内容を記載し、運転者に対し適切な指示を行い、運行指示書を運転者に携行させ、および変更の内容を記載させ、ならびに運行指示書およびその写しの保存をすること。

⑯ 運転者ごとに運転者台帳を作成し、営業所に備え置くこと。

E.　従業員に対する指導・監督に関する業務

⑰ 貨物自動車運送事業に係る主な道路の状況、事業用自動車の運行に関する状況、運行の安全を確保するために必要な運転の技術、自動車の運転に関して遵守すべき事項について、運転者に対する適切な指導・監督を行うとともに、所定事項を記録し、かつ、その記録を営業所において保存すること。また、事業用自動車に備えられた非常信号用具および消火器の取扱いについて、当該事業用自動車の乗務員に対する適切な指導を行うこと。

⑱ 特別な運転者 (事故惹起運転者、初任運転者、高齢運転者) に対して、事業用自動車の運行の安全を確保するために遵守すべき事項について特別な指導を行い、かつ、国土交通大臣が認定する適性診断を受けさせること。

⑲ 異常気象等その他の理由により輸送の安全の確保に支障を生ずるおそれがあるときは、乗務員に対する適切な指示その他輸送の安全を確保するために必要な措置を講ずること。

⑳ 事業者により選任された補助者 (p.50「2. 運行管理者等の選任」(3) 参照) に対する指導・監督を行うこと。

㉑ 自動車事故報告規則5条の規定により定められた事故防止対策 (p.64「5. 事故警報」参照) に基づき、事業用自動車の運行の安全の確保について、従業員に対する指導・監督を行うこと。

4 特別積合せ貨物運送を行う一般貨物自動車運送事業の運行管理者の業務 　重要度 ★★★

　特別積合せ貨物運送を行う一般貨物自動車運送事業の運行管理者は、「3 一般的な運行管理者の業務」に定めるもののほか、当該特別積合せ貨物運送に係る運行系統であって起点から終点までの距離が100キロメートルを超えるものごとに、①主な地点間の運転時分・平均速度、②乗務員が休憩または睡眠をする地点・時間、③交替運転者を配置する場合にあっては、運転を交替する地点について、事業用自動車の乗務に関する基準を定め、かつ、その基準の遵守について乗務員に対する適切な指導・監督を行わなければなりません。

5 事業者への助言 　重要度 ★★★

　運行管理者は、事業者に対し、事業用自動車の運行の安全の確保に関し必要な事項について助言を行うことができます。

▼運行管理者の業務一覧

●**参考：運行管理者の業務ではないもの**

　以下は、運行管理者の業務の正誤を問う問題で、よくひっかけ選択肢として出題されるものです。すべて運行管理者の業務ではありません！

① 事業計画に従い業務を行うに必要な員数の事業用自動車の運転者を常時選任しておくこと。

② 乗務員が有効に利用することができるように、休憩に必要な施設を整備し、睡眠を与える必要がある場合にあっては睡眠に必要な施設を整備し、ならびにこれらの施設を適切に管理し、および保守すること。

③ 国土交通大臣が告示で定める基準に従って、運転者の勤務時間・乗務時間を定め、運転者にこれらを遵守させること。

④ 運行管理規程を定めること。

⑤ 従業員に対し、効果的かつ適切に指導・監督を行うため、輸送の安全に関する基本的な方針の策定その他の国土交通大臣が告示で定める措置を講じること。

⑥ 事業用自動車の保管の用に供する自動車車庫を営業所に併設し、管理すること。

⑦ 事業用自動車の日常点検の結果に基づき、運行の可否を決定すること。

　※ ①〜⑤…事業者の義務
　※ ⑥…「車庫を営業所に併設すること」は事業者の義務、「車庫を管理すること」は整備管理者の業務
　※ ⑦…整備管理者の業務（後述p.101「7. 整備管理者の権限等」も参照）

⑧ 運転者に対して点呼を行い、報告を求め、確認を行い、指示を与え、記録し、その記録を保存し、アルコール検知器を備え置くこと。

　（⇒運行管理者の業務は、アルコール検知器を「常時有効に保持すること」である！）

⑨ 運行管理者資格者証を有する者または基礎講習を修了した者のうちから、運行管理者の業務を補助させるための者（補助者）を選任することおよびその者に対する指導・監督を行うこと。

　（⇒運行管理者の業務は「事業者が選任した補助者に対して指導・監督を行うこと」であり、「補助者を選任すること」は運行管理者の業務ではない！）

⑩ 自動車事故報告規則5条の規定により定められた事故防止対策に基づき、事業用自動車の運行の安全の確保について、事故を発生させた運転者に限り、指導・監督を行うこと。
（⇒指導監督は、<u>事故を発生させた運転者に限らず、すべての従業員が対象！</u>）

⑪ 事業者に対し、事業用自動車の運行の安全の確保に関し緊急を要する事項に限り助言を行うこと
（⇒事業者への助言は、<u>緊急を要する事項に限られるわけではない！</u>）

1

貨物自動車運送事業法

■ポイント

・ 試験で必ず出題される**項目である**。数が多く大変だが、必ず目を通しておくこと。

練習問題 1-10（○×問題）

① 事業用自動車（被けん引自動車を除く。）70両を管理する営業所においては、2人以上の運行管理者を選任しなければならない。

② 一の営業所において複数の運行管理者を選任する事業者は、統括運行管理者を選任することができる。

練習問題 1-11（○×問題）

③ 事業者は、運行管理者がその業務として行う助言を尊重しなければならず、事業用自動車の運転者その他の従業員は、運行管理者がその業務として行う指導に従わなければならない。

④「運行管理者の職務および権限並びに事業用自動車の運行の安全の確保に関する業務の処理基準に関する運行管理規程を定めること」は、運行管理者が行わなければならない業務である。

⑤「業務を行うに必要な員数の事業用自動車の運転者を常時選任しておくこと」は、運行管理者が行わなければならない業務ではないが、「運転者として選任された者以外の者に事業用自動車を運転させないこと」は、運行管理者が行わなければならない業務である。

⑥「乗務員が休憩または睡眠のために利用することができる施設を適切に管理すること」は、運行管理者が行わなければならない業務である。

⑦「国土交通大臣が告示で定める基準に従って、運転者の勤務時間および乗務時間を定め、運転者にこれらを遵守させること」は、運行管理者が行わなければならない業務である。

⑧「運転者に対して点呼を行うことおよび国土交通大臣が告示で定めるアルコール検知器を備え置くこと」は、運行管理者が行わなければならない業務である。

⑨「従業員に対し、効果的かつ適切に指導および監督を行うため、輸送の安全に関する基本的な方針を策定すること」は、運行管理者が行わなければならない業務である。

⑩「事故惹起運転者など特定の運転者に対し、適性診断を受けさせること」は、運行管理者が行わなければならない業務である。

⑪「異常気象その他の理由により輸送の安全の確保に支障を生ずるおそれがある場合において、乗務員に対する適切な指示その他輸送の安全を確保するために必要な措置を講ずること」は、運行管理者が行わなければならない業務である。

⑫「事業者により選任された補助者に対する指導および監督を行うこと」は、運行管理者が行わなければならない業務である。

⑬「事業者に対し、事業用自動車の運行の安全の確保に関して緊急を要する事項に限り、遅滞なく、助言を行うこと」は、運行管理者が行わなければならない業務である。

解答

① × 70÷30＋1≒3で3人以上の運行管理者の選任が必要。
② × 一の営業所で複数の運行管理者を選任する事業者は統括運行管理者を選任しなければならない。
③ ○
④ × 事業者の義務である。
⑤ ○
⑥ ○
⑦ × 事業者の義務である。
⑧ × 運行管理者の業務はアルコール検知器を常時有効に保持することである。
⑨ × 事業者の義務である。
⑩ ○
⑪ ○
⑫ ○
⑬ × 運行管理者が行う助言は緊急を要する事項に限られない。

1-12 事故報告

事業用自動車が一定の重大な事故を起こしてしまった場合、自動車事故報告規則という省令に基づき、事故の概要を国土交通大臣に報告しなければなりません。試験で必ず出題される項目なので正確に理解しましょう。

1 事故の報告 　　　重要度 ★★

　事業者は、事業用自動車が転覆し、火災を起こし、その他自動車事故報告規則で定める「重大な事故」を引き起こしたときは、遅滞なく、事故の種類、原因その他自動車事故報告規則で定める事項を国土交通大臣に届け出なければなりません。

2 「重大な事故」とは 　　　重要度 ★★★

　国土交通大臣への報告が必要な重大な事故とは、次のいずれかに該当する自動車の事故をいいます。

① 自動車が転覆し、転落し、火災 (積載物品の火災を含む) を起こし、または鉄道車両と衝突・接触したもの

● 「転覆」「転落」とは…？

・転覆：道路上において路面と 35 度以上傾斜したとき
・転落：道路外に転落した場合で、その落差が 0.5m 以上のとき

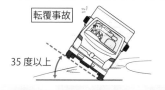

35 度以上

0.5 メートル以上

転覆事故 ・ 転落事故

---

② 10 台以上の自動車の衝突または接触を生じたもの
③ 死者または重傷者を生じたもの

●重傷とは…？

・ 大腿・下腿※・脊柱・上腕・前腕の骨折、内臓の破裂

　※大腿…脚の付け根からひざまでの部分　下腿…ひざから足首までの部分

・ 14日以上病院に入院することを要する傷害

・ 病院に入院することを要する傷害で医師の治療を要する期間が30日以上
　のもの(例：2日入院し、退院後も通院による治療を行い、トータルの治
　療期間が30日のような場合)

入院

※ 腕などの骨折・内臓の破裂以外の場合、大前
　提として「入院すること」が条件となる。
⇒医師の治療を要する期間がいくら長期間であ
　っても「通院だけ」では重傷者には該当しない。

④ 10人以上の負傷者を生じたもの

⑤ 自動車に積載された危険物、火薬類、高圧ガス、核燃料物質、放射性物質、毒物、
　可燃物等の全部または一部が飛散・漏えいしたもの

⑥ 自動車に積載されたコンテナが落下したもの

⑦ 酒気帯び運転、無免許運転、大型自動車等無資格運転(p.158「1. 自動車の使
　用者の義務等」⑤参照)または麻薬等運転を伴うもの

⑧ 運転者の疾病により、事業用自動車の運転を継続することができなくなっ
　たもの

●これも報告が必要な「重大な事故」！

　「運転者の疾病(持病や突発的な病気の発作等)により、事業用自動車の運
転を継続することができなくなったもの」も「重大な事故」として定義され
ています。事故というイメージがないので注意が必要です！

　なお、「運転者が運転を継続することができなくなった
もの」が対象となるので、交替運転者の派遣等により運行
自体が継続されたとしても、報告が必要な「重大な事故」
となります。

⑨ 救護義務(p.156「8. 交通事故の場合の措置」参照)違反があったもの

⑩ 道路運送車両法で定める自動車の装置の故障により、自動車が運行できな
　くなったもの

⑪ 車輪の脱落、被けん引自動車の分離を生じたもの（故障によるものに限る。）

⑫ 橋脚、架線その他法令に定める鉄道施設を損傷し、3時間以上本線において鉄道車両の運転を休止させたもの

⑬ 高速自動車国道または自動車専用道路において、3時間以上自動車の通行を禁止させたもの

⑭ その他国土交通大臣が特に必要と認めて報告を指示したもの

3　事故報告書の提出　　　　重要度　★★

　事業者は、使用する自動車について、上記①〜⑭に該当する重大な事故があった場合には、事故があった日（⑨については事業者が救護義務違反があったことを知った日、⑭については国土交通大臣からの指示があった日）から30日以内に、事故ごとに自動車事故報告書3通を自動車の使用の本拠の位置を管轄する運輸支局長等を経由して、国土交通大臣に提出しなければなりません。

　なお、自動車の装置の故障による事故（上記⑩⑪）の場合には、自動車事故報告書に自動車検査証の有効期間、使用開始後の総走行距離など所定の事項を記載した書面および故障の状況を示す略図または写真を添付しなければなりません。

4　事故の速報　　　　重要度　★★★

　事業者は、その使用する自動車について、次のいずれかに該当する事故があったとき、または国土交通大臣の指示があったときは、<u>自動車事故報告書の提出のほか</u>、電話、FAXその他適当な方法により、24時間以内においてできる限り速やかに、その事故の概要を自動車の使用の本拠の位置を管轄する運輸支局長等に速報しなければなりません。

　つまり、次の①〜⑤に該当する事故があったときは、<u>まず24時間以内に事故の速報をし、その後30日以内に自動車事故報告書を提出する</u>ということです。

① 2人以上の死者を生じたもの

② 5人以上の重傷者を生じたもの

③ 10人以上の負傷者を生じたもの

④ 自動車に積載された危険物等の全部または一部が飛散・漏えいしたもの（自動車が転覆し、転落し、火災を起こし、または鉄道車両、自動車その他の物件と衝突・接触したことにより生じたものに限る）

⑤ 酒気帯び運転を伴うもの

1

貨物自動車運送事業法

● **負傷者数の考え方**

　事故の負傷者をカウントするときは、事故の被害者だけでなく、<u>加害者や事業用自動車の運転者などを含めた「すべての負傷者」</u>をカウントします！

　【例】前方を走行していた乗用車に後続の事業用自動車が追突し、この事故により乗用車に乗車していた4人と追突した事業用自動車の運転者が重傷を負った。

　⇒乗用車に乗車していた4人＋事業用自動車の運転者＝5人の重傷者

● **自動車に積載された危険物等が飛散・漏えいした場合…**

　自動車に積載された危険物等が飛散・漏えいしたときは、<u>飛散・漏えいした原因を問わず、まず、「報告」が必要な事故に該当します</u>（p.62「2.「重大な事故」とは」⑤参照）。

　さらに、<u>その飛散・漏えいの原因が「自動車の転覆・転落・火災、または鉄道車両、自動車その他の物件との衝突・接触」である場合には、「速報」が必要な事故にも該当する</u>ことになります（「4.事故の速報」④参照）。

---

⑤　事故警報　　　　　　　　　　　　　　　　　重要度　★

　国土交通大臣または地方運輸局長は、自動車事故報告書または事故の速報に基づき必要があると認めるときは、事故防止対策を定め、自動車使用者、<u>自動車特定整備事業者</u>※その他の関係者にこれを周知させなければなりません。

※ エンジンやブレーキ、自動運転を行うための自動運行装置などを取り外して行う整備・改造その他のこれらの装置の作動に影響を及ぼすおそれがある整備・改造を行うことが認められている事業者

■ポイント

・試験で必ず出題される**項目である**。報告を要する事故、速報を要する事故、それぞれをしっかり整理して正確に覚えておくこと。

練習問題1-12（○×問題）

① 事業用自動車が道路の側壁に衝突した後、運転席側を下にして横転した状態で道路上に停車した場合には、事故の概要を国土交通大臣に報告しなければならない。

② 事業用自動車が道路を逸脱し、道路との落差が0.3mの畑に転落した場合には、事故の概要を国土交通大臣に報告しなければならない。

③ 事業用自動車が10台以上の自動車の衝突または接触を生じた事故を起こした場合には、事故の概要を国土交通大臣に報告しなければならない。

④ 事業用自動車が死者または重傷者が生じた事故を起こした場合には、事故の概要を国土交通大臣に報告しなければならないが、重傷者には、通院による医師の治療を要する期間が30日間以上の傷害を負った者が含まれる。

⑤ 運転者の疾病により、事業用自動車の運転を継続することができなくなった場合には、事故の概要を国土交通大臣に報告しなければならない。

⑥ 事業用自動車が自動車事故報告規則に定める事故を起こしたときは、事故のあった日から15日以内に、自動車事故報告書を国土交通大臣に提出しなければならない。

⑦ 事業用自動車が、橋脚、架線その他法令に規定する鉄道施設を損傷し、3時間以上本線において鉄道車両の運転を休止させた場合には、事故の概要を運輸支局長等に速報しなければならない。

⑧ 事業用自動車が、2人以上の重傷者を生じた事故を起こした場合には、事故の概要を運輸支局長等に速報しなければならない。

⑨ 事業用自動車が転覆したことにより積載されていた危険物が漏えいした場合には、事故の概要を運輸支局長等に速報しなければならない。

⑩ 事故を起こした事業用自動車の運転者が道路交通法に規定する酒気帯び運転をしていた場合には、事故の概要を運輸支局長等に速報しなければならない。

解答

① ○
② × 事故の報告が必要なのは落差が0.5m以上の場合である。
③ ○
④ × 通院による医師の治療を要する期間が30日間以上の傷害は重傷には該当しない。
⑤ ○
⑥ × 事故のあった日から30日以内に事故報告書を提出する。
⑦ × 事故の報告は必要だが速報までは不要。
⑧ × 事故の速報が必要なのは重傷者が5人以上の場合である。
⑨ ○
⑩ ○

テーマ別過去問にチャレンジ

問　題

※ 解答にあたっては、各設問および選択肢に記載された事項以外は、考慮しない
ものとします。また、各問題の設問で求める数と異なる数の解答をしたもの、
および複数の解答を求める設問で一部不正解のものは、正解としません。

1 貨物自動車運送事業 —————————————————————

■問1　　　　　　　　　　　　　　　　　　　　　（令和元年度第1回試験）
貨物自動車運送事業に関する次の記述のうち、<u>正しいものを2つ</u>選びなさい。

1. 一般貨物自動車運送事業とは、他人の需要に応じ、有償で、自動車（三輪以
上の軽自動車および二輪の自動車を除く。）を使用して貨物を運送する事業
であって、特定貨物自動車運送事業以外のものをいう。

2. 貨物自動車運送事業とは、一般貨物自動車運送事業、特定貨物自動車運送
事業、貨物軽自動車運送事業および貨物自動車利用運送事業をいう。

3. 一般貨物自動車運送事業者は、「自動車車庫の位置および収容能力」の事業
計画の変更をするときは、あらかじめその旨を、国土交通大臣に届け出な
ければならない。

4. 一般貨物自動車運送事業者は、「事業用自動車の運転者および運転の補助に
従事する従業員の休憩または睡眠のための施設の位置および収容能力」の事
業計画の変更をしようとするときは、国土交通大臣の認可を受けなければ
ならない。

■問2　　　　　　　　　　　　　　　　　　　　　（平成29年度第2回試験）
一般貨物自動車運送事業に関する次の記述のうち、<u>正しいものを2つ</u>選びな
さい。（※法改正により一部改変）

1. 一般貨物自動車運送事業を経営しようとする者は、国土交通大臣の許可を
受けなければならない。

2. 国土交通大臣は、一般貨物自動車運送事業の許可を受けようとする者が、
一般貨物自動車運送事業の許可の取消しを受け、その取消しの日から3年

を経過しない者であるときは、その許可をしてはならない。

3. 国土交通大臣は、一般貨物自動車運送事業の許可の申請において、その事業の計画が過労運転の防止、事業用自動車の安全性その他輸送の安全を確保するため適切なものであること等、法令で定める許可の基準に適合していると認めるときでなければ、その許可をしてはならない。

4. 事業者は、運送約款を定め、またはこれを変更しようとするときは、あらかじめその旨を、国土交通大臣に届け出なければならない。

2 輸送の安全

■問3

貨物自動車運送事業法に定める一般貨物自動車運送事業者（以下「事業者」という。）の輸送の安全等についての次の記述のうち、<u>誤っているものを1つ</u>選びなさい。

1. 事業者は、過積載による運送の引受け、過積載による運送を前提とする事業用自動車の運行計画の作成および事業用自動車の運転者その他の従業員に対する過積載による運送の指示をしてはならない。

2. 事業者は、事業用自動車の運転者が疾病により安全な運転ができないおそれがある状態で事業用自動車を運転することを防止するために必要な医学的知見に基づく措置を講じなければならない。

3. 事業者は、運行管理者に対し、国土交通省令で定める業務を行うため必要な権限を与えなければならない。また、事業者および事業用自動車の運転者その他の従業員は、運行管理者がその業務として行う助言または指導があった場合は、これを尊重しなければならない。

4. 事業者は、運送条件が明確でない運送の引受け、運送の直前もしくは開始以降の運送条件の変更、荷主の都合による集貨地点等における待機または運送契約によらない附帯業務の実施に起因する運転者の過労運転または過積載による運送その他の輸送の安全を阻害する行為を防止するため、荷主と密接に連絡し、および協力して、適正な取引の確保に努めなければならない。

③ 過労運転の防止

■問4　　　　　　　　　　　　　　　　　　　（平成30年度第1回試験）

　一般貨物自動車運送事業者（以下「事業者」という。）の過労運転の防止等に関する貨物自動車運送事業輸送安全規則等の規定についての次の記述のうち、<u>正しいものを1つ</u>選びなさい。

1. 事業者は、事業計画に従い業務を行うに必要な員数の事業用自動車の運転者（以下「運転者」という。）を常時選任しておかなければならず、この場合、選任する運転者は、日々雇い入れられる者、3ヵ月以内の期間を定めて使用される者または試みの使用期間中の者（14日を超えて引き続き使用されるに至った者を除く。）であってはならない。

2. 運転者が一の運行における最初の勤務を開始してから最後の勤務を終了するまでの時間（ただし、「自動車運転者の労働時間等の改善のための基準」（労働省告示）の規定において厚生労働省労働基準局長が定めることとされている自動車運転者がフェリーに乗船する場合における休息期間を除く。）は、168時間を超えてはならない。

3. 事業者は、乗務員の身体に保有するアルコールの程度が、道路交通法施行令第44条の3（アルコールの程度）に規定する呼気中のアルコール濃度1リットルにつき0.15ミリグラム以下であれば事業用自動車に乗務させてもよい。

4. 特別積合せ貨物運送を行う事業者は、当該特別積合せ貨物運送に係る運行系統であって起点から終点までの距離が100キロメートルを超えるものごとに、所定の事項について事業用自動車の乗務に関する基準を定め、かつ、当該基準の遵守について乗務員に対する適切な指導および監督を行わなければならない。

■問5　　　　　　　　　　　　　　　　　　　（平成30年度第2回試験）

　一般貨物自動車運送事業者（以下「事業者」という。）の過労運転の防止等についての法令の定めに関する次の記述のうち、<u>誤っているものを1つ</u>選びなさい。

1. 事業用自動車の運転者（以下「運転者」という。）は、酒気を帯びた状態にあるとき、または疾病、疲労、睡眠不足その他の理由により安全な運転をすることができないおそれがあるときは、その旨を事業者に申し出なければならない。

2. 事業者は、運転者が長距離運転または夜間の運転に従事する場合であって、疲労等により安全な運転を継続することができないおそれがあるときは、あらかじめ、当該運転者と交替するための運転者を配置しておかなければならない。

3. 事業者は、事業計画に従い業務を行うに必要な員数の運転者を常時選任しておかなければならず、この場合、選任する運転者は、日々雇い入れられる者、2ヵ月以内の期間を定めて使用される者または試みの使用期間中の者（14日を超えて引き続き使用されるに至った者を除く。）であってはならない。

4. 事業者は、休憩または睡眠のための時間および勤務が終了した後の休息のための時間が十分に確保されるように、国土交通大臣が告示で定める基準に従って、運転者の勤務日数および乗務距離を定め、当該運転者にこれらを遵守させなければならない。

4 点呼

■問6
（令和元年度第1回試験）

貨物自動車運送事業の事業用自動車の運転者に対し、各点呼の際に報告を求め、および確認を行わなければならない事項として、A、B、Cに入るべき字句を下の枠内の選択肢（①～⑥）から選びなさい。

【乗務前点呼】
   （1）酒気帯びの有無
   （2）   A
   （3）道路運送車両法の規定による点検の実施またはその確認

【乗務後点呼】
   （1）乗務に係る事業用自動車、道路および運行の状況
   （2）   B
   （3）酒気帯びの有無

【中間点呼】
   （1）   C
   （2）疾病、疲労、睡眠不足その他の理由により安全な運転をすることができないおそれの有無

> ① 道路運送車両法の規定による点検の実施またはその確認
>
> ② 乗務に係る事業用自動車、道路および運行の状況
>
> ③ 貨物の積載状況
>
> ④ 疾病、疲労、睡眠不足その他の理由により安全な運転をすることができないおそれの有無
>
> ⑤ 酒気帯びの有無
>
> ⑥ 他の運転者と交替した場合にあっては法令の規定による通告

■問7

（平成30年度第2回試験）

貨物自動車運送事業の事業用自動車の運転者に対する点呼に関する次の記述のうち、<u>正しいものをすべて</u>選びなさい。

1. 乗務前の点呼は、対面（運行上やむを得ない場合は電話その他の方法）により行い、①酒気帯びの有無、②疾病、疲労、睡眠不足その他の理由により安全な運転をすることができないおそれの有無、③道路運送車両法の規定による定期点検の実施について報告を求め、および確認を行い、並びに事業用自動車の運行の安全を確保するために必要な指示をしなければならない。

2. 乗務終了後の点呼は、対面（運行上やむを得ない場合は電話その他の方法）により行い、当該乗務に係る事業用自動車、道路および運行の状況並びに他の運転者と交替した場合にあっては交替した運転者に対して行った法令の規定による通告について報告を求め、および酒気帯びの有無について確認を行わなければならない。

3. 乗務前および乗務終了後の点呼のいずれも対面で行うことができない乗務を行う運転者に対しては、乗務前および乗務終了後の点呼のほかに、当該乗務の途中において少なくとも1回電話等により点呼（中間点呼）を行わなければならない。当該点呼においては、①酒気帯びの有無、②疾病、疲労、睡眠不足その他の理由により安全な運転をすることができないおそれの有無について報告を求め、および確認を行い、並びに事業用自動車の運行の安全を確保するために必要な指示をしなければならない。

4. 乗務終了後の点呼における運転者の酒気帯びの有無については、当該運転者からの報告と目視等による確認で酒気を帯びていないと判断できる場合は、アルコール検知器を用いての確認は実施する必要はない。

■**問8**　（平成30年度第1回試験）

　貨物自動車運送事業の事業用自動車の運転者に対する点呼に関する次の記述のうち、<u>正しいものをすべて</u>選びなさい。

1.　乗務前の点呼は、対面（運行上やむを得ない場合は電話その他の方法）により行われなければならない。ただし、輸送の安全の確保に関する取組が優良であると認められる営業所において、貨物自動車運送事業者が点呼を行う場合にあっては、当該事業者は、国土交通大臣が定めた機器による点呼を行うことができる。

2.　乗務終了後の点呼においては、「道路運送車両法第47条の2第1項および第2項の規定による点検（日常点検）の実施またはその確認」について報告を求め、および確認を行う。

3.　運行管理者の業務を補助させるために選任された補助者に対し、点呼の一部を行わせる場合にあっても、当該営業所において選任されている運行管理者が行う点呼は、点呼を行うべき総回数の3分の1以上でなければならない。

4.　運転者が所属する営業所において、アルコール検知器により酒気帯びの有無について確認を行う場合には、当該営業所に備えられたアルコール検知器を用いて行わなければならないが、当該アルコール検知器が故障等により使用できない場合は、当該アルコール検知器と同等の性能を有したものであれば、当該営業所に備えられたものでなくてもこれを使用して確認することができる。

1

貨物自動車運送事業法

テーマ別過去問

5 運行に係る記録

■問9　

　一般貨物自動車運送事業者（以下「事業者」という。）の事業用自動車の運行に係る記録等に関する次の記述のうち、<u>正しいものを2つ</u>選びなさい。

1. 事業者は、運転者が転任、退職その他の理由により運転者でなくなった場合には、直ちに、当該運転者に係る法令に基づき作成した運転者台帳に運転者でなくなった年月日および理由を記載し、これを2年間保存しなければならない。

2. 事業者は、法令の規定により点呼を行い、報告を求め、確認を行い、および指示をしたときは、運転者ごとに点呼を行った旨、報告、確認および指示の内容並びに法令で定める所定の事項を記録し、かつ、その記録を1年間保存しなければならない。

3. 事業者は、法令の規定により運行指示書を作成した場合には、当該運行指示書およびその写しを、運行の終了の日から1年間保存しなければならない。

4. 事業者は、事業用自動車に係る事故が発生した場合には、事故の発生日時等所定の事項を記録し、その記録を当該事業用自動車の運行を管理する営業所において2年間保存しなければならない。

6 従業員に対する指導・監督

■問10　

　一般貨物自動車運送事業者（以下「事業者」という。）の事業用自動車の運行の安全を確保するために、国土交通省告示に基づき運転者に対して行わなければならない指導監督および特定の運転者に対して行わなければならない特別な指導に関する次の記述のうち、<u>誤っているものを1つ</u>選びなさい。

1. 事業者は、事業用自動車の運行の安全を確保するために必要な運転の技術および法令に基づき自動車の運転に関して遵守すべき事項について、運転者に対する適切な指導および監督をすること。この場合においては、その日時、場所および内容並びに指導および監督を行った者および受けた者を記録し、かつ、その記録を営業所において3年間保存すること。

2. 事業者は、軽傷者（法令で定める傷害を受けた者）を生じた交通事故を引き起こし、かつ、当該事故前の1年間に交通事故を引き起こした運転者に対し、国土交通大臣が告示で定める適性診断であって国土交通大臣の認定を受けたものを受診させること。

3. 事業者が行う初任運転者に対する特別な指導は、法令に基づき運転者が遵守すべき事項、事業用自動車の運行の安全を確保するために必要な運転に関する事項などについて、15時間以上実施するとともに、安全運転の実技について、20時間以上実施すること。

4. 事業者は、適齢診断（高齢運転者のための適性診断として国土交通大臣が認定したもの。）を運転者が65才に達した日以後1年以内に1回受診させ、その後3年以内ごとに1回受診させること。

■問11　　　　　　　　　　　　　　　　　　　　　　（令和元年度第1回試験）
　一般貨物自動車運送事業者（以下「事業者」という。）の事業用自動車の運行の安全を確保するために、国土交通省告示等に基づき運転者に対して行わなければならない指導監督および特定の運転者に対して行わなければならない特別な指導に関する次の記述のうち、誤っているものを1つ選びなさい。

1. 事業者は、事故惹起運転者に対する特別な指導については、当該交通事故を引き起こした後、再度事業用自動車に乗務する前に実施すること。ただし、やむを得ない事情がある場合には、再度乗務を開始した後1ヵ月以内に実施すること。なお、外部の専門的機関における指導講習を受講する予定である場合は、この限りでない。

2. 運転者は、乗務を終了して他の運転者と交替するときは、交替する運転者に対し、当該乗務に係る事業用自動車、道路および運行の状況について通告すること。この場合において、交替して乗務する運転者は、当該通告を受け、当該事業用自動車の制動装置、走行装置その他の重要な装置の機能について点検の必要性があると認められる場合には、これを点検すること。

3. 事業者は、初任運転者に対する特別な指導について、当該事業者において初めて事業用自動車に乗務する前に実施すること。ただし、やむを得ない事情がある場合は、乗務を開始した後1ヵ月以内に実施すること。

4. 事業者は、法令に基づき事業用自動車の運転者として常時選任するために新たに雇い入れた場合には、当該運転者について、自動車安全運転センターが交付する無事故・無違反証明書または運転記録証明書等により、事故歴を把握し、事故惹起運転者に該当するか否かを確認すること。また、確認の結果、当該運転者が事故惹起運転者に該当した場合であって、特別な指導を受けていない場合には、特別な指導を実施すること。

7 貨物の積載

■問12　　　　　　　　　　　　　　　　　　（平成30年度第2回試験）

一般貨物自動車運送事業者（以下「事業者」という。）の貨物の積載等に関する次の記述のうち、誤っているものを1つ選びなさい。

1. 事業者は、道路法第47条第2項の規定（車両でその幅、重量、高さ、長さまたは最小回転半径が政令で定める最高限度を超えるものは、道路を通行させてはならない。）に違反し、または政令で定める最高限度を超える車両の通行に関し道路管理者が付した条件（通行経路、通行時間等）に違反して事業用自動車を通行させることを防止するため、運転者に対する適切な指導および監督を怠ってはならない。

2. 事業者は、事業用自動車（車両総重量が8トン以上または最大積載量が5トン以上のものに限る。）に、貨物を積載するときは、偏荷重が生じないように積載するとともに、運搬中に荷崩れ等により事業用自動車から落下することを防止するため、貨物にロープまたはシートを掛けること等必要な措置を講じなければならない。

3. 事業者は、車両総重量が7トン以上または最大積載量が4トン以上の普通自動車である事業用自動車に係る運転者の乗務について、当該事業用自動車の瞬間速度、運行距離および運行時間を運行記録計により記録し、かつ、その記録を1年間保存しなければならない。

4. 事業者は、車両総重量が8トン以上または最大積載量が5トン以上の普通自動車である事業用自動車に乗務した場合にあっては、貨物の積載状況を当該乗務を行った運転者ごとに乗務等の記録をさせなければならない。

8 運行管理者の業務

■問13 （平成29年度第2回試験）

　次の記述のうち、貨物自動車運送事業の運行管理者の行わなければならない業務として<u>正しいものを2つ</u>選びなさい。

1. 法令の規定により、運転者に対して点呼を行い、報告を求め、確認を行い、および指示を与え、並びに記録し、およびその記録を保存し、並びに国土交通大臣が告示で定めるアルコール検知器を備え置くこと。
2. 法令に規定する「運行記録計」を管理し、およびその記録を保存すること。
3. 事業用自動車に係る事故が発生した場合には、法令の規定により「事故の発生日時」等の所定の事項を記録し、およびその記録を保存すること。
4. 運行管理規程を定め、かつ、その遵守について運行管理業務を補助させるため選任した補助者および運転者に対し指導および監督を行うこと。

■問14 （平成30年度第1回試験）

　次の記述のうち、貨物自動車運送事業の運行管理者の行わなければならない業務として、<u>正しいものを2つ</u>選びなさい。

1. 事業計画に従い業務を行うに必要な員数の事業用自動車の運転者を常時選任しておくこと。
2. 異常気象その他の理由により輸送の安全の確保に支障を生ずるおそれがあるときは、乗務員に対する適切な指示その他輸送の安全を確保するために必要な措置を講ずること。
3. 法令の規定により、死者または負傷者（法令に掲げる傷害を受けた者）が生じた事故を引き起こした者等特定の運転者に対し、国土交通大臣が告示で定める適性診断であって国土交通大臣の認定を受けたものを受けさせること。
4. 乗務員が有効に利用することができるように、休憩に必要な施設を整備し、および乗務員に睡眠を与える必要がある場合にあっては睡眠に必要な施設を整備し、並びにこれらの施設を適切に管理し、および保守すること。

■問15　　　　　　　　　　　　　　　　　（令和2年度第1回試験）

　次の記述のうち、一般貨物自動車運送事業の運行管理者が行わなければならない業務として、正しいものを2つ選びなさい。

1. 自動車事故報告規則第5条（事故警報）の規定により定められた事故防止対策に基づき、事業用自動車の運行の安全の確保について、事故を発生させた運転者に限り、指導および監督を行うこと。

2. 法令の規定により、運転者として常時選任するため新たに雇い入れた者であって当該貨物自動車運送事業者において初めて事業用自動車に乗務する前3年間に初任診断（初任運転者のための適性診断として国土交通大臣が認定したもの）を受診したことがない者に対して、当該診断を受診させること。

3. 従業員に対し、効果的かつ適切に指導および監督を行うため、輸送の安全に関する基本的な方針を策定し、かつ、これに基づき指導および監督を行うこと。

4. 法令の規定により、運行指示書を作成し、およびその写しに変更の内容を記載し、運転者に対し適切な指示を行い、運行指示書を事業用自動車の運転者に携行させ、および変更の内容を記載させ、並びに運行指示書およびその写しの保存をすること。

9 事故報告

■問16　　　　　　　　　　　　　　　　　（平成30年度第1回試験）

　次の自動車事故に関する記述のうち、一般貨物自動車運送事業者が自動車事故報告規則に基づく国土交通大臣への報告を要するものを2つ選びなさい。

1. 事業用自動車の運転者が運転操作を誤り、当該事業用自動車が道路の側壁に衝突した後、運転席側を下にして横転した状態で道路上に停車した。この事故で、当該運転者が10日間の医師の治療を要する傷害を負った。

2. 事業用自動車が雨天時に緩い下り坂の道路を走行中、前を走行していた自動車が速度超過によりカーブを曲がりきれずにガードレールに衝突する事故を起こした。そこに当該事業用自動車が追突し、さらに後続の自動車も次々と衝突する事故となり、9台の自動車が衝突し10名の負傷者が生じた。

3. 事業用自動車が右折の際、原動機付自転車と接触し、当該原動機付自転車が転倒した。この事故で、原動機付自転車の運転者に通院による30日間の医師の治療を要する傷害を生じさせた。

4. 事業用自動車が、高速自動車国道法に定める高速自動車国道を走行中、前方に事故で停車していた乗用車の発見が遅れたため、当該乗用車に追突した。そこに当該事業用自動車の後続車5台が次々と衝突する多重事故となった。この事故で、当該高速自動車国道が2時間にわたり自動車の通行が禁止となった。

■問17　　　　　　　　　　　　　　　　　　　　　　（令和元年度第1回試験）

自動車事故に関する次の記述のうち、一般貨物自動車運送事業者が自動車事故報告規則に基づき運輸支局長等に速報を要するものを2つ選びなさい。

1. 事業用自動車が交差点に停車していた貨物自動車に気づくのが遅れ、当該事業用自動車がこの貨物自動車に追突し、さらに後続の自家用乗用自動車3台が関係する玉突き事故となり、この事故により3人が重傷、5人が軽傷を負った。

2. 事業用自動車が交差点において乗用車と出会い頭の衝突事故を起こした。双方の運転者は共に軽傷であったが、当該事業用自動車の運転者が事故を警察官に報告した際、その運転者が道路交通法に規定する酒気帯び運転をしていたことが発覚した。

3. 事業用自動車が走行中、鉄道施設である高架橋の下を通過しようとしたところ、積載していた建設用機械の上部が橋桁に衝突した。この影響で、2時間にわたり本線において鉄道車両の運転を休止させた。

4. 事業用自動車の運転者が高速自動車国道を走行中、ハンドル操作を誤り、道路の中央分離帯に衝突したことにより、当該事業用自動車に積載していた消防法に規定する危険物の灯油がタンクから一部漏えいした。この事故により当該自動車の運転者が軽傷を負った。

■問18

　一般貨物自動車運送事業者の自動車事故報告規則に基づく自動車事故報告書の提出等に関する次の記述のうち、正しいものを2つ選びなさい。

1. 事業用自動車が鉄道車両（軌道車両を含む。）と接触する事故を起こした場合には、当該事故のあった日から15日以内に、自動車事故報告規則に定める自動車事故報告書（以下「事故報告書」という。）を当該事業用自動車の使用の本拠の位置を管轄する運輸支局長等を経由して、国土交通大臣に提出しなければならない。

2. 事業用自動車の運転者が、運転中に胸に強い痛みを感じたので、直近の駐車場に駐車し、その後の運行を中止した。当該運転者は狭心症と診断された。この場合、事故報告書を国土交通大臣に提出しなければならない。

3. 事業用自動車が高速自動車国道法に定める高速自動車国道において、路肩に停車中の車両に追突したため、後続車6台が衝突する多重事故が発生し、この事故により6人が重傷、4人が軽傷を負った。この場合、24時間以内においてできる限り速やかに、その事故の概要を運輸支局長等に速報することにより、国土交通大臣への事故報告書の提出を省略することができる。

4. 自動車の装置（道路運送車両法第41条各号に掲げる装置をいう。）の故障により、事業用自動車が運行できなくなった場合には、国土交通大臣に提出する事故報告書に当該事業用自動車の自動車検査証の有効期間、使用開始後の総走行距離等所定の事項を記載した書面および故障の状況を示す略図または写真を添付しなければならない。

解 答 ・ 解 説

※問題を解くために参考となる参照項目を「☞」の後に記してあります。

■問1 【正解1, 4】　　　☞「1-1法の目的、用語の定義」、「1-2貨物自動車運送事業」

1. 正しい。
2. 誤り。貨物自動車運送事業とは、一般貨物自動車運送事業、特定貨物自動車運送事業および貨物軽自動車運送事業の3種類をいいます。「貨物自動車利用運送事業」は含まれません。
3. 誤り。「自動車車庫の位置および収容能力」の事業計画の変更については、国土交通大臣の認可を受けなければなりません。
4. 正しい。

■問2 【正解1, 3】　　　　　　　　　☞「1-2貨物自動車運送事業」

1. 正しい。
2. 誤り。国土交通大臣は、一般貨物自動車運送事業の許可を受けようとする者が、一般貨物自動車運送事業の許可の取消しを受け、その取消しの日から5年を経過しない者であるときは、その許可をしてはなりません。
3. 正しい。
4. 誤り。運送約款を定め、またはこれを変更しようとするときは、国土交通大臣の認可を受けなければなりません。

■問3 【正解3】　　　　　　　☞「1-3輸送の安全」、「1-11運行管理者の業務」

1. 正しい。
2. 正しい。
3. 誤り。後半の記述が誤りです。事業者は、運行管理者がその業務として行う助言を尊重しなければならず、事業用自動車の運転者その他の従業員は、運行管理者がその業務として行う指導に従わなければなりません。
4. 正しい。

■問4 【正解4】　　　　　　　　　　　☞「1-4過労運転の防止」

1. 誤り。事業者が選任する運転者は、日々雇い入れられる者、2ヵ月以内の期間を定めて使用される者または試みの使用期間中の者であってはなりません。

2. 誤り。運転者が一の運行における最初の勤務を開始してから最後の勤務を終了するまでの時間は144時間を超えてはなりません。

3. 誤り。事業者は、酒気を帯びた状態にある乗務員を事業用自動車に乗務させてはなりませんが、「酒気を帯びた状態」とは、「道路交通法施行令に規定する呼気中のアルコール濃度1Lにつき0.15mg以上であるか否かを問わない」とされています。したがって、程度（量）に関係なく、身体にわずかでもアルコールを保有しているような場合、乗務させてはなりません。

4. 正しい。

■問5 【正解4】　　　　　　　　　　　☞「1-4過労運転の防止」、「1-8乗務員・運転者の遵守事項」

1〜3. 正しい。

4. 誤り。事業者が定めなければならないのは運転者の勤務時間および乗務時間です。

■問6 【正解A④　B⑥　C⑤】　　　　　　　　　　　　　　　　　☞「1-5点呼」

　乗務前の点呼では、（1）酒気帯びの有無、（2）（A＝疾病、疲労、睡眠不足その他の理由により安全な運転をすることができないおそれの有無）、（3）道路運送車両法の規定による点検の実施またはその確認について報告を求め、および確認を行わなければなりません。

　乗務後の点呼では、（1）乗務に係る事業用自動車、道路および運行の状況、（2）（B＝他の運転者と交替した場合にあっては法令の規定による通告）について報告を求め、（3）酒気帯びの有無について確認を行わなければなりません。

　中間点呼では、（1）（C＝酒気帯びの有無）、（2）疾病、疲労、睡眠不足その他の理由により安全な運転をすることができないおそれの有無について報告を求め、および確認を行わなければなりません。

■問7 【正解2，3】　　　　　　　　　　　　　　　　　　　　　☞「1-5点呼」

1. 誤り。③の内容が誤りです。乗務前の点呼では、道路運送車両法の規定による日常点検の実施またはその確認について報告を求め、および確認を行わなければなりません。

2. 正しい。

3. 正しい。

4. 誤り。酒気帯びの有無について確認を行う場合には、運転者の状態を目視等で確認するほか、アルコール検知器を用いて行わなければなりません。

■ **問8** 【正解1，3】 ☞「1-5 点呼」、「5-5 点呼の実施」

1. 正しい。
2. 誤り。「日常点検の実施またはその確認」は、乗務前の点呼において報告を求め、および確認を行う事項であり、乗務後の点呼では不要です。
3. 正しい。
4. 誤り。所属営業所において、酒気帯びの有無について確認を行う場合には、当該営業所に備えられたアルコール検知器を用いて行わなければなりません。そのため、事業者はアルコール検知器を常時有効に保持しなければならず、正常に作動し、故障がない状態で保持しなければなりません。

■ **問9** 【正解2，3】 ☞「1-5 点呼」、「1-6 運行に係る記録」

1. 誤り。「運転者でなくなった者に係る運転者台帳」は、3年間保存しなければなりません。
2. 正しい。
3. 正しい。
4. 誤り。「事故の記録」は、3年間保存しなければなりません。

■ **問10** 【正解2】 ☞「1-7 従業員に対する指導・監督」

1. 正しい。
2. 誤り。適性診断を受けさせなければならないのは、「軽傷者を生じた交通事故を引き起こし、かつ、当該事故前の3年間に交通事故を引き起こしたことがある運転者」です。
3. 正しい。
4. 正しい。

■ **問11** 【正解2】 ☞「1-7 従業員に対する指導・監督」、「1-8 乗務員・運転者の遵守事項」

1. 正しい。
2. 誤り。他の運転者と交替して乗務を開始しようとするときは、事業用自動車の制動装置、走行装置その他の重要な装置の機能について点検しなければなりません。「点検の必要性があると認められる場合」に限られません。
3. 正しい。
4. 正しい。

■問12【正解2】　　　　　　　　　　☞「1-6運行に係る記録」、「1-9貨物の積載」

1. 正しい。
2. 誤り。事業用自動車に貨物を積載するときは、偏荷重が生じないように積載し、運搬中に荷崩れ等により落下することを防止するため、必要な措置を講じなければなりません。これはすべての事業用自動車が対象であり、「車両総重量が8トン以上または最大積載量が5トン以上のもの」に限られません。
3. 正しい。
4. 正しい。

■問13【正解2, 3】　　　　　　　　　　　　　　☞「1-11運行管理者の業務」

1. 誤り。運行管理者の業務は、「運転者に対して点呼を行い、報告を求め、確認を行い、および指示を与え、並びに記録し、およびその記録を保存し、並びにアルコール検知器を常時有効に保持すること」です。
2. 正しい。
3. 正しい。
4. 誤り。「運行管理規程を定めること」は事業者の義務であり、運行管理者の業務ではありません。また、事業者は、運行管理規程の遵守について、運行管理者に対する適切な指導および監督を行わなければなりません。

■問14【正解2, 3】　　　　　　　　　　　　　　☞「1-11運行管理者の業務」

1. 誤り。「事業用自動車の運転者を常時選任しておくこと」は、事業者の義務であり、運行管理者の業務ではありません。運行管理者の業務は、「事業者により運転者として選任された者以外の者に事業用自動車を運転させないこと」です。
2. 正しい。
3. 正しい。
4. 誤り。運行管理者の業務は、「乗務員が利用する休憩や睡眠のための施設を適切に管理すること」です。これらの施設の整備や保守については事業者の義務であり、運行管理者の業務ではありません。

■問15【正解2, 4】　　　　　　　　　　　　　　☞「1-11運行管理者の業務」

1. 誤り。運行管理者の業務は、「自動車事故報告規則の規定により定められた

事故防止対策に基づき、事業用自動車の運行の安全の確保について、従業員に対する指導および監督を行うこと」です。この指導監督はすべての従業員が対象であり、「事故を発生させた運転者」に限られません。

2. 正しい。

3. 誤り。「輸送の安全に関する基本的な方針を策定すること」は事業者の義務であり、運行管理者の業務ではありません。運行管理者の業務は、法令の規定により、乗務員に対する指導監督を行うことです。

4. 正しい。

■問16【正解1，2】 　　　　　　　　　　　　　☞「1-12事故報告」

1. 報告を要する。本事故は「自動車が転覆したもの」に該当するので事故の報告を要します。転覆とは、「自動車が道路上において路面と35度以上傾斜したとき」をいうので、運転者席を下にして横転している本事故も該当します。

2. 報告を要する。本事故は「10人以上の負傷者を生じたもの」に該当するので事故の報告を要します。

3. 報告を要しない。「重傷者を生じた事故」があった場合には事故の報告を要しますが、「通院による30日間の医師の治療を要する傷害」は、重傷には該当しません。

4. 報告を要しない。「10台以上の自動車の衝突・接触を生じた事故」や「高速道路において、3時間以上自動車の通行を禁止させた事故」があった場合には事故の報告を要しますが、本肢の事故はいずれにも該当しません。

■問17【正解2，4】 　　　　　　　　　　　　　☞「1-12事故報告」

1. 速報を要しない。「5人以上の重傷者を生じた事故」や「10人以上の負傷者を生じた事故」があった場合には事故の速報を要しますが、本肢の場合、重傷者は3名であり、負傷者の合計は8名（重傷3名＋軽傷5名）なので、速報が必要な事故には該当しません。

2. 速報を要する。本事故は「酒気帯び運転を伴うもの」に該当するので事故の速報を要します。

3. 速報を要しない。速報を要する事故には該当しません。

4. 速報を要する。本事故は「自動車の衝突事故により、積載された危険物の一部が漏えいしたもの」に該当するので事故の速報を要します。

1

貨物自動車運送事業法

テーマ別過去問

■**問18【正解2，4】** ☞「1-12 事故報告」

1. 誤り。事業用自動車が鉄道車両と接触する事故を起こした場合には、事故のあった日から30日以内に、事故報告書を国土交通大臣に提出しなければなりません。

2. 正しい。本肢のような「運転者の疾病により、事業用自動車の運転を継続することができなくなった場合」には、事故報告書を国土交通大臣に提出しなければなりません。

3. 誤り。本肢のような「5人以上の重傷者を生じた事故」を起こした場合には、事故報告書の提出のほか、24時間以内に事故の概要を運輸支局長等に速報しなければなりません。事故の速報をすることで事故報告書の提出を省略できるわけではありません。なお、本事故は「10人以上の負傷者（重傷6名＋軽傷4名）を生じた事故」にも該当しており、いずれにしても事故報告書の提出および事故の速報を要する事故となります。

4. 正しい。

貨物自動車運送事業法
【重要数字まとめ】

許可	運送事業の許可を受けることができない期間	運送事業の許可の取消し日から5年
輸送の安全	安全管理規程を定めなければならない事業者の規模	事業用自動車の保有車両数200両以上
	輸送の安全に係る情報の公表	事業年度の経過後100日以内
過労運転の防止	運転者に選任できない者	2ヵ月以内の期間を定めて使用される者
	一の運行における最初の勤務から最後の勤務を終了するまでの時間	144時間を超えてはならない
	特別積合せ貨物運送における乗務基準の制定	起点から終点までの距離が100kmを超えるものごと
記録等の保存期間	点呼の記録	1年間
	乗務等の記録	
	運行記録計による記録	
	運行指示書およびその写し	運行の終了の日から1年間
	事故の記録	3年間
	運転者でなくなった者の運転者台帳	
	運転者に対する指導監督の記録	
運行記録	貨物の積載状況、集貨地点等などの記録	車両総重量8トン以上または最大積載量5トン以上の事業用自動車に乗務した場合
	運行記録計による記録	車両総重量7トン以上または最大積載量4トン以上の事業用自動車に乗務した場合

指導監督	事故惹起運転者とは		①死者または重傷者を生じた交通事故を起こした運転者、②軽傷者を生じた交通事故を起こし、かつ、当該交通事故前の3年間に交通事故を起こした運転者
	初任運転者とは		運転者として新たに雇い入れた者であって、直近3年間に他の事業者によって運転者として選任されたことがない者
	高齢運転者とは		65歳以上の運転者
	事故惹起運転者に対する特別な指導	実施時間	安全運転の実技を除く所定事項について6時間以上
		実施時期	事故後、再度事業用自動車に乗務する前（やむを得ない事情がある場合は、再度の乗務開始後1ヵ月以内）
	初任運転者に対する特別な指導	実施時間	①法令に基づく所定の事項15時間以上、②安全運転の実技20時間以上
		実施時期	初めて事業用自動車に乗務する前（やむを得ない事情がある場合は、乗務開始後1ヵ月以内）
事故報告	報告が必要な事故		転覆：道路上で路面と35度以上傾斜
			転落：道路外への転落で落差が0.5m以上
			10台以上の自動車の接触事故
			10人以上の負傷者を生じたもの
			3時間以上鉄道車両の運転を休止させた
			3時間以上高速道路を通行禁止にさせた
	事故の報告		30日以内に事故報告書3通を提出
	速報が必要な事故		2人以上の死者を生じたもの
			5人以上の重傷者を生じたもの
			10人以上の負傷者を生じたもの
	事故の速報		24時間以内

第**2**章

道路運送車両法

　道路運送車両法は、自動車の登録・
検査・点検整備などについて定められ
た法律であり、自動車の所有者や使用
者に適用されます。試験では【30問中
4問】と最も少ない問題数です。『2-3
自動車の検査』や『[2-5][2-6]道路運送
車両の保安基準』に関する問題は必ず
出題されます。

法の目的、自動車の種別

まずは「法の目的」と「自動車の種別」について学習します。自動車の種別は、第3章で学習する道路交通法とは区分が異なるので注意しましょう。道路運送車両法では5種類、道路交通法では8種類に分類されます。

1 道路運送車両法の目的　　重要度 ★★

道路運送車両法は、道路運送車両に関し、所有権についての公証等を行い、ならびに安全性の確保および公害の防止その他の環境の保全ならびに整備についての技術の向上を図り、併せて自動車の整備事業の健全な発達に資することにより、公共の福祉を増進することを目的としています。

2 自動車の種別　　重要度 ★★

「道路運送車両」とは、自動車、原動機付自転車および軽車両をいいます。

なお、道路運送車両法に規定する自動車の区分は、自動車の大きさ・構造および原動機の種類・総排気量等を基準として、①普通自動車、②小型自動車、③軽自動車、④大型特殊自動車、⑤小型特殊自動車の5種類に分類されています。

第3章で学習する道路交通法 (p.129「1. 自動車の種類」参照) とでは種類の区分の考え方が異なるので注意が必要です。

▼道路運送車両法と道路交通法における自動車の種別の比較

道路運送車両法上の 自動車の種別	①普通自動車 ②小型自動車	③軽自動車 ④大型特殊自動車	⑤小型特殊自動車
道路交通法上の 自動車の種別	①大型自動車 ②中型自動車 ③準中型自動車	④普通自動車 ⑤大型特殊自動車 ⑥大型自動二輪車	⑦普通自動二輪車 ⑧小型特殊自動車

■ポイント

・出題頻度は低いですが、自動車の種別は覚えておくこと。

➡練習問題2-1 (○×問題) は、p.93をご覧ください。

Check! ✓ ✓ ✓

2-2 自動車の登録

自動車は、適切な登録手続きを行い、自動車登録番号標（ナンバープレート）の交付を受けなければ公道を走行することができません。また、一定の事項に変更が生じた場合なども所定の登録手続きが必要です。

1 登録の一般的効力 　　　　　　　重要度 ★

自動車（軽自動車※、小型特殊自動車および二輪の小型自動車を除く。）は、自動車登録ファイルに登録を受けたものでなければ、これを運行の用に供してはなりません。

> ※ 軽自動車は、軽自動車検査協会という特別な民間法人が検査事務を行っており、道路運送車両法上の登録とは異なる制度により管理されている

●「運行の用に供する」とは…

「運行の用に供する」とは、単純に「道路（公道）を走行する」という意味であり、運送業務のために使用するというような意味ではありません。

2 新規登録の申請 　　　　　　　重要度 ★

登録を受けていない自動車の登録（新規登録）を受けようとする場合には、その所有者は、国土交通大臣に対し、所定事項を記載した申請書に、譲渡証明書、輸入の事実を証明する書面または当該自動車の所有権を証明するに足るその他の書面を添えて提出し、かつ、当該自動車を提示しなければなりません。

3 自動車登録番号標（ナンバープレート）の封印等 重要度 ★★

自動車の所有者は、国土交通大臣より自動車登録番号の通知を受けたときは、自動車登録番号標の交付を受け、国土交通省令で定めるところによりこれを当該自動車に取り付けた上、国土交通大臣または封印取付受者の行う封印※の取付けを受けなければなりません。

※ ナンバープレートを固定するボルト上に被せるアルミ製キャップ、後部のナンバープレートの左側に取り付ける

▼封印

◎運管 123・
さ 46-49

また、自動車登録番号標の封印が滅失した場合には、国土交通大臣または封印取付受者の行う封印の取付けを受けなければなりません。

なお、何人（＝いかなる者）も、整備のため特に必要があるときその他の国土交通省令で定めるやむを得ない事由に該当するときを除き、国土交通大臣や封印取付受託者が取付けをした封印またはこれらの者が封印の取付けをした自動車登録番号標を取り外してはなりません。

④ 自動車登録番号標の表示の義務　　重要度 ★★★

自動車は、自動車登録番号標を国土交通省令で定める位置に、かつ、被覆しないことその他当該自動車登録番号標に記載された自動車登録番号の識別に支障が生じないものとして国土交通省令で定める方法により表示しなければ、運行の用に供してはなりません。

> ●自動車登録番号標の表示の位置
> 　自動車登録番号標の表示の位置は、自動車の前面および後面であって、自動車登録番号標に記載された自動車登録番号の識別に支障が生じないように、見やすい位置とされています。ただし、三輪自動車、被けん引自動車などは、前面の自動車登録番号標を省略することができます。

⑤ 自動車登録番号標の領置　　重要度 ★★

登録自動車（新規登録を受けた自動車）の所有者は、当該自動車の使用者が整備命令等に基づく自動車の使用の停止を命じられ、自動車検査証を返納したときは、遅滞なく、当該自動車登録番号標および封印を取りはずし、自動車登録番号標について国土交通大臣の領置※を受けなければなりません。

※管理下に置かれること

⑥ 変更登録　　重要度 ★★★

自動車の所有者は、登録されている型式、車台番号、原動機の型式、所有者の氏名※・名称または住所、使用の本拠の位置に変更があったときは、道路運送車両法で定める所定の場合を除き、その事由があった日から15日以内に、変更登録の申請をしなければなりません。

※「所有者の氏名の変更」とは、結婚等により名前が変わった場合などが該当

7　移転登録（名義変更手続き）　　重要度　★★★

　登録自動車について所有者の変更があったときは、新所有者は、その事由が
あった日から15日以内に、移転登録の申請をしなければなりません。

▼変更登録と移転登録の違い

変更登録	自動車の所有者はそのまま（変更なし）で、所有者の氏名、所有者の住所、自動車の使用の本拠の位置などに変更があった場合
移転登録	自動車の所有者に変更があった場合（※いわゆる名義変更！）

8　永久抹消登録（廃車手続き）　　重要度　★★★

　登録自動車の所有者は、当該登録自動車が滅失し、解体し（整備・改造のた
めに解体する場合を除く。）、または自動車の用途を廃止したときは、その事由
があった日（使用済自動車の解体の場合には、解体報告記録がなされたことを
知った日）から15日以内に、永久抹消登録の申請をしなければなりません。

9　一時抹消登録　　重要度　★★

　登録自動車の所有者は、永久抹消登録をする場合を除くほか、その自動車を
運行の用に供することをやめたときは、一時抹消登録の申請をすることができ
ます。一時的に自動車を使用しない場合などに行う登録です。

　なお、一時抹消登録を受けた自動車の所有者は、当該自動車が滅失し、解体
し（整備・改造のために解体する場合を除く。）、または自動車の用途を廃止し
たときは、その事由があった日（使用済自動車の解体の場合には、解体報告記
録がなされたことを知った日）から15日以内に、その旨を国土交通大臣に届け
出なければなりません（解体等の届出による廃車）。

▼永久抹消登録と一時抹消登録

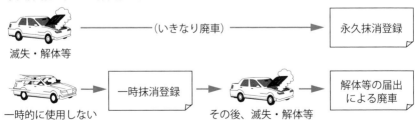

10 臨時運行の許可（仮ナンバー）　　重要度　★

　行政庁（市長、区長など）が行う臨時運行の許可を受ければ、自動車検査証を備え付けていなくても、当該自動車を運行の用に供することができます（臨時運行許可証に記載された目的および経路に限る）。

　なお、臨時運行の許可は、当該自動車の試運転を行う場合など特に必要がある場合に限り行うことができ、行政庁は、臨時運行の許可をしたときは、臨時運行許可証を交付し、かつ、臨時運行許可番号標を貸与しなければなりません。

11 臨時運行許可の有効期間等　　重要度　★★★

　臨時運行の許可の有効期間は、5日を越えてはなりません。また、臨時運行許可証の有効期間が満了したときは、その日から5日以内に、当該臨時運行許可証および臨時運行許可番号標を行政庁に返納しなければなりません。

12 臨時運行許可番号標の表示等の義務　　重要度　★

　臨時運行の許可に係る自動車は、臨時運行許可番号標（仮ナンバープレート）を国土交通省令で定める位置に、被覆しないことその他当該臨時運行許可番号標に記載された番号の識別に支障が生じないものとして国土交通省令で定める方法により表示し、かつ、臨時運行許可証を備え付けなければ、これを運行の用に供してはなりません。

▼臨時運行許可番号標

■ポイント

- 自動車登録番号標は、自動車の前面と後面の見やすい位置に取り付ける。
- 変更登録と移転登録の違いを正確に覚える。
- 変更登録、移転登録、永久抹消登録は、該当事由があった日から15日以内に行う。
- 臨時運行許可証等は、有効期間満了後5日以内に返納しなければならない。

練習問題 2-1 (○×問題)

① 道路運送車両法は、道路運送車両に関し、所有権についての公証等を行い、並びに安全性の確保および公害の防止その他の環境の保全並びに整備についての技術の向上を図り、併せて自動車の整備事業の健全な発達に資することにより、公共の福祉を増進することを目的としている。

② 道路運送車両法に規定する自動車の種別は、普通自動車、小型自動車、軽自動車、大型特殊自動車、小型特殊自動車である。

練習問題 2-2 (○×問題)

③ 自動車登録番号標およびこれに記載された自動車登録番号の表示は、自動車登録番号標を自動車の前面および後面の任意の位置に確実に取り付けることによって行う。

④ 登録自動車の所有者は、当該自動車の使用者が道路運送車両法の規定により自動車の使用の停止を命ぜられ、自動車検査証を返納したときは、遅滞なく、当該自動車登録番号標および封印を取りはずし、自動車登録番号標について国土交通大臣の領置を受けなければならない。

⑤ 自動車の所有者は、自動車の使用の本拠の位置に変更があったときは、その事由があった日から15日以内に、変更登録の申請をしなければならない。

⑥ 登録自動車について所有者の変更があったときは、新所有者は、その事由があった日から15日以内に、変更登録の申請をしなければならない。

⑦ 登録自動車の所有者は、自動車の用途を廃止したときは、その事由があった日から5日以内に、永久抹消登録の申請をしなければならない。

⑧ 臨時運行許可証の有効期間が満了したときは、その日から15日以内に、臨時運行許可証および臨時運行許可番号標を行政庁に返納しなければならない。

解答 ••

① ○

② ○

③ × 自動車登録番号標は、自動車の前面および後面の見やすい位置に取り付ける。

④ ○

⑤ ○

⑥ × 所有者の変更があったときは移転登録を行う。

⑦ × 永久抹消登録の申請は15日以内にしなければならない。

⑧ × 有効期間の満了後5日以内に返納しなければならない。

2

道路運送車両法

自動車の検査

自動車を運行の用に供するには、保安基準に適合しているか検査を受け、自動車検査証（車検証）の交付を受けなければなりません。ここでは、特に自動車検査証の備え付けや有効期間などについてしっかり覚えましょう。

1 自動車の検査および自動車検査証　　重要度 ★★

自動車（検査対象外軽自動車および小型特殊自動車を除く。）は、国土交通大臣の行う検査を受け、有効な自動車検査証（車検証）の交付を受けているものでなければ、これを運行の用に供してはなりません。

● 自動車の検査とは…
　自動車の検査とは、保安基準（p.104 〜 115「[2-5][2-6]道路運送車両の保安基準」参照）に適合しているかをチェックすることです。

2 自動車の検査の種類　　重要度 ★★

国土交通大臣の行う自動車の検査は、新規検査、継続検査、臨時検査、構造等変更検査、予備検査の5種類です。

3 新規検査　　重要度 ★

登録を受けていない自動車を運行の用に供しようとするときは、自動車の使用者は、当該自動車を提示して、新規検査を受けなければなりません。
　なお、新規検査の申請は、新規登録の申請と同時にしなければなりません。

4 継続検査　　重要度 ★★

自動車の使用者は、自動車検査証の有効期間の満了後も当該自動車を使用しようとするときは、当該自動車を提示して、継続検査を受けなければなりません。いわゆる「車検」とは、この継続検査のことをいいます。
　なお、国土交通大臣は、継続検査の結果、自動車が保安基準に適合しないと認めるときは、自動車検査証を使用者に返付しないものとされています。

また、継続検査を申請しようとする場合において、道路運送車両法の規定による自動車検査証の記入（p.96「11. 自動車検査証の記載事項の変更」参照）の申請をすべき事由があるときは、あらかじめ、その申請をしなければなりません。

5 構造等変更検査　　　　　　　　　　　　　重要度 ★

国土交通大臣は、国土交通省令で定める事由（※自動車の長さ・幅・高さ、車体の形状、原動機の型式、燃料の種類等）に該当する変更について、保安基準に適合しなくなるおそれがあると認めるときは、当該自動車が保安基準に適合するかどうかについて、これを提示して構造等変更検査を受けるべきことを命じなければなりません。

6 自動車検査証の備付け等　　　　　　　　　重要度 ★★★

自動車は、自動車検査証を備え付け、かつ、検査標章を表示しなければ、運行の用に供してはなりません。

● 自動車検査証は自動車に備え付ける！

　自動車運送事業の用に供する自動車であっても、自動車検査証は当該自動車に備え付けるのであり、営業所に備え付けるわけではありません。

▼車検証の備え付け

見本

自動車に備え置く！

貼付け

29 見本
1

【自動車検査証】　　　　　　　　　　　　　　　【検査標章】

※検査標章は前面ガラスの内側に前方から見易いように貼り付ける！
画像元：国土交通省 HP（https://www.mlit.go.jp/）

検査標章には、国土交通省令で定めるところにより、その交付の際の当該自動車検査証の有効期間の満了する時期が表示されています。

なお、検査標章は、自動車検査証がその効力を失ったとき、または継続検査、臨時検査もしくは構造等変更検査の結果、当該自動車検査証の返付を受けることができなかったときは、当該自動車に表示してはなりません。

2

道路運送車両法

7　自動車検査証の再交付　　　重要度　★

　自動車の使用者は、自動車検査証または検査標章が滅失し、き損し、または
その識別が困難となった場合には、その再交付を受けることができます。

8　貨物自動車の自動車検査証の有効期間　　　重要度　★★★

　貨物の運送の用に供する自動車の自動車検査証の有効期間は1年とされてい
ます。ただし、初めて自動車検査証の交付を受ける車両総重量8トン未満の貨
物の運送の用に供する自動車については2年とされてます。

▼貨物自動車の自動車検査証の有効期間

原則	1年
例外	初めて車検証の交付を受ける車両総重量8トン未満の 貨物自動車は2年

9　自動車検査証の有効期間の伸長　　　重要度　★★

　国土交通大臣は、一定の地域に使用の本拠の位置を有する自動車の使用者が、
天災その他やむを得ない事由により、継続検査を受けることができないと認め
るときは、当該地域に使用の本拠の位置を有する自動車の自動車検査証の有効
期間を、期間を定めて伸長する旨を公示することができます。

10　自動車検査証の有効期間の起算日　　　重要度　★★

　自動車検査証の有効期間の起算日は、当該自動車検査証を交付する日または
当該自動車検査証に有効期間を記入する日となります。

　ただし、自動車検査証の有効期間が満了する日の1ヵ月前（離島に使用の本
拠の位置を有する自動車にあっては2ヵ月前）から当該期間が満了する日まで
の間に継続検査を行い、当該自動車検査証に有効期間を記入する場合は、当該
自動車検査証の有効期間が満了する日の翌日となります。

11　自動車検査証の記載事項の変更　　　重要度　★★★

　自動車の使用者は、自動車検査証の記載事項について変更があったときは、
その事由があった日から15日以内に、当該事項の変更について、国土交通大
臣が行う自動車検査証の記入を受けなければなりません。

12 自動車検査証の返納   重要度 ★★

　自動車の使用者は、当該自動車が滅失し、解体し（整備・改造のために解体する場合を除く。）、または自動車の用途を廃止したときは、その事由があった日（当該事由が使用済自動車の解体である場合にあっては、解体報告記録がなされたことを知った日）から15日以内に、当該自動車検査証を国土交通大臣に返納しなければなりません。

13 保安基準適合標章の表示の効果   重要度 ★★

　指定自動車整備事業者（いわゆる民間車検場）が継続監査の際に交付した有効な保安基準適合標章を表示しているときは、自動車検査証を備え付けていなくても、当該自動車を運行の用に供することができます。

▼保安基準適合標章

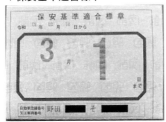

※新しい自動車検査証が届くまでの間、自動車の前面に見やすいように表示することで自動車検査証の備え付けに代わる効力をもつ。

2

道路運送車両法

■ポイント

- 自動者検査証は自動車に備え付けるのであり、営業所ではない。
- 検査標章には、自動車検査証の有効期間の満了する時期が表示されている。
- 貨物自動車の自動車検査証の有効期間（原則1年、例外2年）を正確に覚える。

練習問題2-3（○×問題）

① 国土交通大臣の行う自動車の検査は、新規検査、継続検査、臨時検査、構造等変更検査および予備検査の5種類である。

② 自動車運送事業の用に供する自動車は、自動車検査証を当該自動車または当該自動車の所属する営業所に備え付けなければ、運行の用に供してはならない。

③ 自動車に表示されている検査標章には、当該自動車の自動車検査証の有効期間の起算日が表示されている。

④ 初めて自動車検査証の交付を受ける車両総重量7,980キログラムの貨物の運送の用に供する自動車については、当該自動車検査証の有効期間は2年である。

⑤ 国土交通大臣は、一定の地域に使用の本拠の位置を有する自動車の使用者が、天災その他やむを得ない事由により、継続検査を受けることができないと認めるときは、当該地域に使用の本拠の位置を有する自動車の自動車検査証の有効期間を、期間を定めて伸長する旨を公示することができる。

⑥ 自動車検査証の有効期間の起算日については、自動車検査証の有効期間が満了する日の1ヵ月前から当該期間が満了する日までの間に継続検査を行い、当該自動車検査証に有効期間を記入する場合は、当該自動車検査証の有効期間が満了する日の翌日とする。

⑦ 自動車の使用者は、自動車検査証の記載事項について変更があったときは、その事由があった日から30日以内に、当該事項の変更について、国土交通大臣が行う自動車検査証の記入を受けなければならない。

⑧ 自動車は、有効な保安基準適合標章を表示している場合であっても、自動車検査証を備え付けなければ、運行の用に供してはならない。

解答

① ○

② × 自動車検査証は自動車に備え置く。

③ × 自動車検査証の有効期間の満了する時期が表示されている。

④ ○

⑤ ○

⑥ ○

⑦ × 該当事由があった日から15日以内に自動車検査証の記入を受ける。

⑧ × この場合は自動車検査証を備え付けなくても運行の用に供することができる。

2-4 自動車の点検整備

事業用自動車の点検には、1日1回、運行開始前に行う日常点検と3ヵ月ごとに行う定期点検があります。日常点検の実施については、乗務前点呼の確認・報告事項でもあります（p.29「1. 点呼等」参照）。

1 使用者の点検整備の義務　　　　　　　　　重要度 ★★

　自動車の使用者は、自動車の点検をし、必要に応じ整備をすることにより、自動車を道路運送車両の保安基準に適合するように維持しなければなりません。

2 事業用自動車の日常点検　　　　　　　　　重要度 ★★★

　自動車運送事業の用に供する自動車の使用者またはこれらの自動車を運行する者は、1日1回、その運行の開始前において、国土交通省令で定める技術上の基準により、灯火装置の点灯、制動装置の作動その他の日常的に点検すべき事項について、目視等により自動車を点検しなければなりません。

　なお、日常点検は、1日1回、運行の開始前に行うのが原則ですが、一部の点検については、自動車の走行距離、運行時の状態等から判断した適切な時期に行うことで足りるとされています。

▼1日1回、運行開始前に行わなければならない点検

点検箇所	点検内容
ブレーキ	①ブレーキ・ペダルの踏みしろが適当で、ブレーキの効きが十分であること ②ブレーキの液量が適当であること ③空気圧力の上がり具合が不良でないこと ④ブレーキ・ペダルを踏み込んで放した場合にブレーキ・バルブからの排気音が正常であること ⑤駐車ブレーキ・レバーの引きしろが適当であること
タイヤ	①空気圧が適当であること ②亀裂および損傷がないこと ③異状な磨耗がないこと ④ディスク・ホイールの取付状態が不良でないこと（※車両総重量8トン以上または乗車定員30人以上の自動車のみ）

※次ページに続く。

2

道路運送車両法

点検箇所	点検内容
灯火装置、方向指示器	点灯または点滅具合が不良でなく、かつ、汚れおよび損傷がないこと
エア・タンク	エア・タンクに凝水がないこと
運行において異状が認められた箇所	当該箇所に異状がないこと

▼走行距離、運行時の状態等から判断した適切な時期に行えばよい点検

点検箇所	点検内容
タイヤ	溝の深さが十分であること
バッテリ	液量が適当であること
原動機	①冷却水の量が適当であること ②ファンベルトの張り具合が適当であり、かつ、ファンベルトに損傷がないこと ③エンジンオイルの量が適当であること ④原動機のかかり具合が不良でなく、かつ、異音がないこと ⑤低速および加速の状態が適当であること
ウインド・ウォッシャ、ワイパー	①ウインド・ウォッシャの液量が適当であり、かつ、噴射状態が不良でないこと ②ワイパーの払拭状態が不良でないこと

3 事業用自動車の定期点検　　重要度 ★★★

　自動車運送事業の用に供する自動車の使用者は、3ヵ月ごとに国土交通省令で定める技術上の基準により、自動車を点検しなければなりません。

●近年追加された定期点検の項目

　平成30年10月の法改正により、車両総重量8トン以上または乗車定員30人以上の自動車には、スペアタイヤに関する事項（取付装置の緩み・がたおよび損傷、取付状態）が定期点検項目に追加されました。

4 自動車の整備　　重要度 ★★

　自動車の使用者は、日常点検または定期点検の結果、当該自動車が保安基準に適合しなくなるおそれがある状態または適合しない状態にあるときは、保安基準に適合しなくなるおそれをなくするため、または保安基準に適合させるために当該自動車について必要な整備をしなければなりません。

5　点検整備記録簿　　　　　　　　　　　重要度　★

　自動車の使用者は、定期点検整備をしたときは、遅滞なく、点検整備記録簿に点検の結果、整備の概要等の所定事項を記載して当該自動車に備え置き、その記載の日から1年間保存しなければなりません。

6　整備管理者　　　　　　　　　　　　重要度　★★

　自動車の点検・整備に関し、<u>特に専門的知識を必要とすると認められる自動車を一定の台数以上</u>※保有している自動車の使用者は、自動車の点検・整備および自動車車庫の管理に関する事項を処理させるため、当該自動車の使用の本拠ごとに、自動車の点検・整備に関する実務の経験など一定の要件を備える者のうちから、整備管理者を選任しなければなりません。

※一般的な事業用トラックの場合、5両以上

　なお、整備管理者を選任したときは、その日から15日以内に、地方運輸局長にその旨を届け出なければなりません。これを変更したときも同様です。

7　整備管理者の権限等　　　　　　　　重要度　★★

　6の規定により整備管理者を選任しなければならない自動車の使用者は、整備管理者に対し、その職務の執行に必要な次の権限を与えなければなりません。つまり、以下の①～⑨が整備管理者の業務ということです。

> ① 日常点検の実施方法を定めること。
> ② 日常点検の結果に基づき、運行の可否を決定すること。
> ③ 定期点検を実施すること。
> ④ 随時必要な点検を実施すること。
> ⑤ 点検の結果必要な整備を実施すること。
> ⑥ 定期点検整備の実施計画を定めること。
> ⑦ 点検整備記録簿その他の点検および整備に関する記録簿を管理すること。
> ⑧ 自動車車庫を管理すること。
> ⑨ ①～⑧の事項を処理するため、運転者、整備員その他の者を指導・監督すること。

2

道路運送車両法

　なお、整備管理者は、①〜⑨の事項の執行に係る基準に関する規程（整備管理規程）を定め、これに基づき、その業務を行わなければなりません。

⑧ 整備不良に対する整備命令　　　　　　　重要度　★★

　地方運輸局長は、自動車が保安基準に適合しなくなるおそれがある状態または適合しない状態にあるときは、当該自動車の使用者に対し、保安基準に適合しなくなるおそれをなくすため、または保安基準に適合させるために必要な整備を行うべきことを命ずることができます（整備命令）。

　この場合において、地方運輸局長は、保安基準に適合しない状態にある当該自動車の使用者に対し、当該自動車が保安基準に適合するに至るまでの間の運行に関し、当該自動車の使用の方法または経路の制限その他の保安上または公害防止その他の環境保全上必要な指示をすることができます（整備命令に伴う指示）。

　なお、地方運輸局長は、自動車の使用者がこの整備命令または整備命令に伴う指示に従わない場合において、当該自動車が保安基準に適合しない状態にあるときは、当該自動車の使用を停止することができます。

⑨ 不正改造の禁止　　　　　　　　　　　　重要度　★

　何人も、国土交通大臣の行う検査を受け、有効な自動車検査証の交付を受けている自動車について、自動車の改造等であって、当該自動車が保安基準に適合しないこととなるものを行ってはなりません。

■ポイント

・日常点検は1日1回運行開始前、定期点検は3ヵ月ごとに行う。
・日常点検の結果に基づく運行可否の決定は、整備管理者の業務である。

練習問題2-4（○×問題）

① 自動車運送事業の用に供する自動車の使用者または当該自動車を運行する者は、1日1回、その運行の開始前において、国土交通省令で定める技術上の基準により、自動車の日常点検を行わなければならない。

② 自動車運送事業の用に供する自動車の使用者は、6ヵ月ごとに、国土交通省令で定める技術上の基準により、自動車の定期点検を行わなければならない。

③ 自動車の使用者は、日常点検または定期点検の結果、当該自動車が保安基準に適合しなくなるおそれがある状態または適合しない状態にあるときは、保安基準に適合しなくなるおそれをなくするため、または保安基準に適合させるために当該自動車について必要な整備をしなければならない。

④ 事業用自動車の日常点検基準によると、「タイヤの空気圧が適当であること」および「タイヤの溝の深さが十分であること」については、1日1回、運行の開始前に点検を行わなければならない。

⑤ 事業用自動車の日常点検基準によると、「原動機のファン・ベルトの張り具合が適当であり、かつ、ファン・ベルトに損傷がないこと」については、走行距離、運行時の状態等から判断した適切な時期に点検を行うことで足りる。

⑥ 車両総重量8トン以上または乗車定員30人以上の自動車の使用者は、スペアタイヤの取付状態等について、3ヵ月ごとに国土交通省令で定める技術上の基準により自動車を点検しなければならない。

⑦ 自動車運送事業の用に供する自動車の日常点検の結果に基づく運行可否の決定は、運行管理者が行わなければならない。

解答

① ○
② × 定期点検は3ヵ月ごとに行う。
③ ○
④ × タイヤの溝の深さについては、走行距離等から判断した適切な時期に点検を行えばよい。
⑤ ○
⑥ ○
⑦ × 日常点検の結果に基づく運行可否の決定は、整備管理者が行う。

2

道路運送車両法

2-5 道路運送車両の保安基準①

自動車を運行の用に供するには、その構造や装置が保安基準に適合していなければならず、自動車の検査の際は、この保安基準に適合しているかがチェックされます。試験対策としては、数字を覚えることがポイントです。

1 自動車の構造 　　　　　　　　　重要度 ★★

　自動車は、その構造が、長さ・幅・高さ、車両総重量※など所定の事項について、国土交通省令で定める保安上または公害防止その他の環境保全上の技術基準に適合するものでなければ、運行の用に供してはなりません。

※車両重量＋最大積載量＋（55kg×乗車定員）

2 自動車の装置 　　　　　　　　　重要度 ★

　自動車は、原動機・動力伝達装置など、所定の装置について、国土交通省令で定める保安上または公害防止その他の環境保全上の技術基準に適合するものでなければ、運行の用に供してはなりません。

3 保安基準の原則 　　　　　　　　重要度 ★★

　自動車の構造および自動車の装置等に関する保安上または公害防止その他の環境保全上の技術基準（保安基準）は、道路運送車両の構造および装置が運行に十分堪え、操縦その他の使用のための作業に安全であるとともに、通行人その他に危害を与えないことを確保するものでなければならず、かつ、これにより製作者または使用者に対し、自動車の製作または使用について不当な制限を課することとなるものであってはなりません。

4 用語の定義（空車状態） 　　　　重要度 ★

　空車状態とは、道路運送車両が、原動機および燃料装置に燃料、潤滑油、冷却水等の全量を搭載し、当該車両の目的とする用途に必要な固定的な設備を設ける等運行に必要な装備をした状態（＝つまり、燃料満タンで、人や積載物が乗車・積載されていない状態）をいいます。

5 自動車の長さ・幅・高さ　重要度 ★★★

自動車は、告示で定める方法により測定した場合において、長さ[1]12m[2]、幅2.5m、高さ3.8mを超えてはなりません。

> ※1 セミトレーラにあっては、連結装置中心から
> 当該セミトレーラの後端までの水平距離
> ※2 セミトレーラのうち告示で定めるものは13m

▼自動車の長さ・幅・高さ

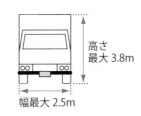

最遠軸距
（ホイールベース）

長さ最大 12m

高さ
最大 3.8m

幅最大 2.5m

6 車両総重量　重要度 ★

自動車の車両総重量は、自動車の種別および最遠軸距（ホイールベース）の長さに応じ、表内に掲げる重量を超えてはなりません。

自動車の種別	最遠軸距の長さ	車両総重量
①セミトレーラ以外の自動車	5.5m 未満	20トン
	5.5m以上7m未満	22トン[1]
	7m以上	25トン[2]
②セミトレーラ （③に該当するものは除く）	5m未満	20トン
	5m以上7m未満	22トン
	7m以上8m未満	24トン
	8m以上9.5m未満	26トン
	9.5m以上	28トン
③セミトレーラのうち告示で定めるもの		36トン

※1 「自動車の長さ」が9m未満の場合は20トンまで
※2 「自動車の長さ」が9m未満の場合は20トンまで、9m以上11m未満の場合は22トンまで

2
道路運送車両法

7 軸重等　　　重要度 ★★

　自動車の軸重（一つの車軸にかかる荷重）は、10トン（けん引自動車のうち告示で定めるものにあっては、11.5トン）を超えてはなりません。

　また、輪荷重（一つの車輪にかかる荷重）は、5トン（けん引自動車のうち告示で定めるものにあっては、5.75トン）を超えてはなりません。

8 安定性　　　重要度 ★

　自動車は、安定した走行を確保できるものとして、告示で定める基準に適合しなければなりません。

●**安定性に関する基準**（※一部抜粋）
① 空車状態および積車状態におけるかじ取り車輪の接地部にかかる荷重の総和が、それぞれ車両重量および車両総重量の20%以上であること。
② 空車状態において、自動車を35度（車両総重量が車両重量の1.2倍以下の自動車にあっては30度）まで傾けた場合に転覆しないこと。

9 最小回転半径　　　重要度 ★

　自動車の最小回転半径は、最外側のわだちについて12m以下でなければなりません。

10 速度抑制装置（スピードリミッター）　　　重要度 ★★★

　貨物の運送の用に供する普通自動車であって、車両総重量が8トン以上または最大積載量が5トン以上のものの原動機には、自動車が時速90kmを超えて走行しないよう燃料の供給を調整し、かつ、自動車の速度の制御を円滑に行うことができるものとして、告示で定める基準に適合する速度抑制装置を備えなければなりません。

▼**速度抑制装置**

車両総重量8トン以上または
最大積載量5トン以上の貨物自動車が対象

11　タイヤ　　重要度 ★★★

　自動車（二輪自動車等を除く。）の空気入ゴムタイヤの接地部は滑り止めを施したものであり、滑り止めの溝は、空気入ゴムタイヤの接地部の全幅にわたり滑り止めのために施されている凹部（告示で定める所定の部分を除く。）のいずれの部分においても1.6mm以上の深さを有していなければなりません。

12　車体　　重要度 ★

　自動車（大型特殊自動車、小型特殊自動車を除く。）の車体の外形その他自動車の形状については、鋭い突起がないこと、回転部分が突出していないこと等他の交通の安全を妨げるおそれがないものとして、告示で定める基準に適合するものでなければなりません。

　また、貨物の運送の用に供する自動車の車体後面には、最大積載量を表示しなければなりません。

13　巻込防止装置（サイドガード）　　重要度 ★★

　貨物の運送の用に供する普通自動車および車両総重量が8トン以上の普通自動車（乗車定員11人以上の自動車・その形状が乗車定員11人以上の自動車の形状に類する自動車を除く。）の両側面には、堅ろう（＝頑丈であること）であり、かつ、歩行者、自転車の乗車人員等が当該自動車の後車輪へ巻き込まれることを有効に防止することができるものとして、強度、形状等に関し告示で定める基準に適合する巻込防止装置を備えなければなりません。

14　突入防止装置（潜り込み防止バンパー）　　重要度 ★

　自動車（法令に規定する自動車を除く。）の後面には、他の自動車が追突した場合に追突した自動車の車体前部が突入することを有効に防止することができるものとして、強度、形状等に関し告示で定める基準に適合する突入防止装置を備えなければなりません。

2
道路運送車両法

15 物品積載装置　　　　重要度 ★

　自動車の荷台その他の物品積載装置は、堅ろうで、かつ、安全、確実に物品を積載できるものとして、強度、構造等に関し告示で定める基準に適合するものでなければなりません。

16 窓ガラス　　　　重要度 ★

　自動車（最高速度が所定の速度未満の自動車を除く。）の窓ガラスは、原則として、告示で定める基準に適合する安全ガラスでなければなりません。

　また、前面ガラスについては、損傷した場合においても運転者の視野を確保できるものであり、かつ、容易に貫通されないものとして、強度等に関し告示で定める基準に適合するものでなければなりません。

　なお、自動車の前面ガラスおよび側面ガラスには、検査標章（p.95「6. 自動車検査証の備付け等」参照）、保安基準適合標章（p.97「13. 保安基準適合標章の表示の効果」参照）など所定のもの以外のものが装着され、貼り付けられ、塗装され、または刻印されていてはなりません。

■ポイント

- 自動車は、告示で定める方法により測定した場合において、長さ12m、幅2.5m、高さ3.8mを超えてはならない。
- 自動車の軸重は、10トン（けん引自動車のうち告示で定めるものにあっては、11.5トン）を超えてはならない。
- 車両総重量が8トン以上または最大積載量が5トン以上の貨物自動車に備えなければならない速度抑制装置は、自動車が90km/hを超えて走行しないような性能のものでなければならない。
- 自動車の空気入ゴムタイヤの滑り止めの溝は、1.6mm以上の深さを有していなければならない。

➡練習問題2-5（〇×問題）は、p.114をご覧ください。

2-6 道路運送車両の保安基準②

引き続き保安基準について学習します。方向指示器⇒ウインカー、非常点滅表示灯⇒ハザードランプ、非常信号用具⇒発炎筒、停止表示器材⇒三角表示板など、身近なキーワードに読み替えると学習しやすいです。

1 窓ガラスのひずみ・可視光線の透過率等　　重要度 ★★

　自動車の前面ガラス・側面ガラス（運転者席より後方の部分を除く。）は、運転者の視野を妨げないものとして、告示で定める基準に適合するものでなければなりません。

●窓ガラスに関する基準（※一部抜粋）
① 透明で、運転者の視野を妨げるようなひずみのないものであること。
② 運転者が交通状況を確認するために必要な視野の範囲に係る部分における可視光線の透過率が70％以上のものであること。

　なお、窓ガラスにフィルムが貼り付けられた場合、当該フィルムが貼り付けられた状態においても上記と同等の基準（＝透明であり、かつ、可視光線の透過率が70％以上であること）が確保できるものでなければなりません。

2 前照灯（ヘッドライト）　　重要度 ★

　自動車（法令に規定する一部の自動車を除く。）の前面には、告示で定める基準に適合する走行用前照灯（ハイビーム）およびすれ違い用前照灯（ロービーム）を備えなければなりません。

▼前照灯に関する基準（※一部抜粋）

	走行用前照灯（ハイビーム）	すれ違い用前照灯（ロービーム）
数	2個または4個	2個
色	白色	
性能	そのすべてを照射したときには、夜間にその前方100mの距離にある障害物を確認できること	そのすべてを同時に照射したときに、夜間にその前方40mの距離にある障害物を確認できること

③ 後部反射器　　　　　　　　　　　　　　　　重要度 ★★

　自動車の後面には、夜間に自動車の後方にある他の交通に当該自動車の幅を示すことができるものとして、夜間にその後方150mの距離から走行用前照灯で照射した場合にその反射光を照射位置から確認できる赤色の後部反射器を備えなければなりません。

④ 大型後部反射器　　　　　　　　　　　　　　重要度 ★★★

　貨物の運送の用に供する普通自動車であって車両総重量7トン以上のものの後面には、所定の後部反射器を備えるほか、自動車の後方にある他の交通にその自動車の存在を示すことができるものとして、反射光の色、明るさ、反射部の形状等に関し告示で定める基準に適合する大型後部反射器を備えなければなりません。

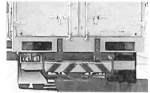

⑤ 再帰反射材　　　　　　　　　　　　　　　　重要度 ★

　自動車（法令に規定する一部の自動車を除く。）の<u>前面</u>※・両側面・後面には、光を光源方向に効果的に反射することにより夜間に自動車の前方・側方・後方にある他の交通に当該自動車の長さ・幅を示すことができるものとして、反射光の色、明るさ、反射部の形状等に関し告示で定める基準に適合する再帰反射材（＝光に反射する素材のテープやシート）を備えることができます。

　　　　　　　　　　　※前面に備えることができるのは、被けん引自動車のみ

⑥ 方向指示器（ウインカー）　　　　　　　　　重要度 ★★

　自動車には、自動車が右左折または進路の変更をすることを他の交通に示すことができ、かつ、その照射光線が他の交通を妨げないものとして、告示で定める基準に適合する方向指示器を備えなければなりません。

> ●**方向指示器に関する基準**（※一部抜粋）
> ① 指示方向100mの位置から、昼間において点灯を確認できるものであり、かつ、その照射光線は、他の交通を妨げないものであること。
> ② 毎分60回以上120回以下の一定の周期で点滅するものであること。

7 非常点滅表示灯（ハザードランプ）　　重要度　★★

　自動車には、非常時等に他の交通に警告することができ、かつ、その照射光線が他の交通を妨げないものとして、灯光の色、明るさ等に関し、告示で定める基準に適合する非常点滅表示灯を備えなければなりません。

　非常点滅表示灯に関する基準は、前述の方向指示器の基準と同様の基準となりますが、②の点滅の周期に関する基準については、盗難、車内における事故その他の緊急事態が発生していることを表示するための灯火（非常灯）として作動する場合には、基準に適合しない構造とすることができます。

8 その他の灯火　　重要度　★

　路線を定めて定期に運行する一般乗合旅客自動車運送事業用自動車（いわゆる路線バス）に備える旅客が乗降中であることを後方に表示する電光表示器には、点滅する灯火または光度が増減する灯火を備えることができます。

9 警音器（クラクション）　　重要度　★

　自動車（被けん引自動車を除く。）には、警音器の警報音発生装置の音が、連続するものであり、かつ、音の大きさおよび音色が一定なものである警音器を備えなければなりません。

10 非常信号用具（発炎筒など）　　重要度　★★

　自動車には、非常時に灯光を発することにより他の交通に警告することができ、かつ、安全な運行を妨げないものとして、告示で定める基準に適合する非常信号用具を備えなければなりません。

▼非常信号用具

●**非常信号用具に関する基準**（※一部抜粋）
① 夜間200mの距離から確認できる赤色の灯光を発するものであること。
② 自発行式のものであること。

2
道路運送車両法

11 停止表示器材（三角表示板など）　　重要度 ★★★

　自動車に備える停止表示器材は、けい光および反射光により他の交通に当該自動車が停止していることを表示することができるものとして、告示で定める基準に適合するものでなければなりません。

　なお、停止表示器材については備付けの義務はありません。ただし、高速道路上でやむなく駐停車する場合には停止表示器材を設置しなければならないので、高速道路を走行する場合には、事前に備え付けておくべきです。

▼停止表示器材

● **停止表示器材に関する基準**（※一部抜粋）
① 夜間200mの距離から走行用前照灯で照射した場合にその反射光を照射位置から確認できるものであること。
② 昼間200mの距離からそのけい光を確認できるものであること。
③ 反射光およびけい光の色は、赤色であること。

12 後写鏡等（バックミラー等）　　重要度 ★★★

　自動車には、運転者が運転者席において自動車の外側線付近および後方の交通状況を確認でき、かつ、乗車人員、歩行者等に傷害を与えるおそれの少ないものとして、告示で定める基準に適合する後写鏡を備えなければなりません。

● **後写鏡に関する基準**（※一部抜粋）
① 取付部附近の自動車の最外側より突出している部分の最下部が地上1.8m以下のものは、当該部分が歩行者等に接触した場合に衝撃を緩衝できる構造であること。
② 運転者が運転者席において、自動車の左右の外側線上後方50mまでの間にある車両の交通状況および自動車の左外側線付近の交通状況を確認できるものであること。

▼後写鏡

この部分が1.8m以下の場合、衝撃を緩衝できる構造である必要がある！

13 消火器　　　　　　　　　　　　　　　　重要度　★

　火薬類（一定数量以下のものを除く。）を運送する自動車、150kg以上の高圧ガス（可燃性ガス・酸素に限る。）を運送する自動車および危険物の規制に関する政令に掲げる指定数量以上の危険物を運送する自動車には、消火器を備えなければなりません（被牽けん引自動車を除く）。

14 運行記録計（タコグラフ）　　　　　　　重要度　★

　車両総重量8トン以上または最大積載量5トン以上の貨物の運送の用に供する普通自動車には、告示で定める基準に適合する運行記録計を備えなければなりません。

> ● 運行記録計の設置対象自動車について
> 　運行記録計については、第1章の貨物自動車運送事業法でも似たような内容を学習しましたが（p.33「2. 運行記録計（タコグラフ）による記録」参照）、同法が事業用貨物自動車（緑ナンバーのトラック）のみを対象としているのに対し、上記の規定は自家用貨物自動車（白ナンバーのトラック）も対象となります。つまり、事業用トラックと自家用トラックでは運行記録計の装着が義務付けられている自動車の大きさが異なるということです。
>
> | 運行記録計の装着対象となる自動車の大きさ |
> |---|
> | ◎事業用貨物自動車⇒車両総重量7トン以上または最大積載量4トン以上 |
> | ◎自家用貨物自動車⇒車両総重量8トン以上または最大積載量5トン以上 |

15 道路維持作業用自動車　　　　　　　　　需要度　★★

　道路維持作業用自動車※には、灯光の色が黄色であって点滅式の灯火（黄色回転灯等）を車体の上部の見やすい箇所に備えなければなりません。

　※道路の維持・修繕などを行う自動車（例：道路パトロールカー、路面清掃車など）

▼道路維持作業用自動車

──〔黄色回転灯〕

　※ 黄色回転灯（いわゆる黄色いパトランプ）を備え付けられるのは道路維持作業用自動車だけであり、その他の自動車には備え付けることはできない！

2

道路運送車両法

■ポイント

- 窓ガラスは、透明であり、かつ、可視光線の透過率が70%以上であることが確保できるものでなければならない。
- 自動車の後面には、夜間150mの距離から走行用前照灯で照射した場合にその反射光を照射位置から確認できる後部反射器を備えなければならない。
- 車両総重量が7トン以上の貨物自動車には大型後部反射器を備えなければならない。
- 非常信号用具は、夜間200mの距離から確認できる赤色の灯光を発するものでなければならない。
- 停止表示器材は、夜間200mの距離から走行用前照灯で照射した場合にその反射光を照射位置から確認できるものでなければならない。
- 後写鏡は、取付部付近の自動車の最外側より突出している部分の最下部が地上1.8m以下のものは、衝撃を緩衝できる構造でなければならない。

練習問題2-5（○×問題）

① 自動車は、告示で定める方法により測定した場合において、長さ12m、幅2.5m、高さ3.8mを超えてはならない。

② 自動車の軸重は、10トンを超えてはならない。

③ 貨物の運送の用に供する普通自動車であって、車両総重量が8トン以上または最大積載量が5トン以上のものの原動機には、自動車が時速100kmを超えて走行しないような性能の速度抑制装置を備えなければならない。

④ 自動車の空気入りゴムタイヤの滑り止めの溝は、空気入りゴムタイヤの接地部の全幅にわたり滑り止めのために施されている凹部（法令に規定する所定の部分を除く。）のいずれの部分においても1.4mm以上の深さを有すること。

⑤ 貨物の運送の用に供する普通自動車および車両総重量が8トン以上の普通自動車（法令に規定する所定の自動車を除く。）の両側面には、巻込防止装置を備えなければならない。

練習問題2-6（○×問題）

⑥ 自動車の前面ガラスおよび側面ガラスは、フィルムが貼り付けられた場合、当該フィルムが貼り付けられた状態においても、透明であり、かつ、運転者が交通状況を確認するために必要な視野の範囲に係る部分における可視光線の透過率が70%以上であることが確保できるものでなければならない。

⑦ 自動車の後面には、夜間にその後方150mの距離から走行用前照灯で照射した場合にその反射光を照射位置から確認できる赤色の後部反射器を備えなければならない。

⑧ 貨物の運送の用に供する普通自動車であって車両総重量が5トン以上のものの後面には、大型後部反射器を備えなければならない。

⑨ 自動車に備えなければならない非常信号用具は、夜間200mの距離から確認できる赤色の灯光を発するものでなければならない。

⑩ 停止表示器材は、夜間100mの距離から走行用前照灯で照射した場合にその反射光を照射位置から確認できるものでなければならない。

⑪ 自動車に備えなければならない後写鏡は、取付部付近の自動車の最外側より突出している部分の最下部が地上2m以下のものは、当該部分が歩行者等に接触した場合に衝撃を緩衝できる構造でなければならない。

⑫ 車両総重量が20トン以上のセミトレーラをけん引するけん引自動車には、灯光の色が黄色の点滅式の灯火を車体の上部に備えることができる。

解答

① ○

② ○

③ × 速度抑制装置は時速90kmを超えて走行しないような性能でなければならない。

④ × タイヤの溝は1.6mm以上の深さを有する必要がある。

⑤ ○

⑥ ○

⑦ ○

⑧ × 大型後部反射器を備えなければならないのは車両総重量が7トン以上の貨物自動車である。

⑨ ○

⑩ × 停止表示器材は、夜間200mの距離から確認できるものでなければならない。

⑪ × 衝撃を緩衝できる構造でなければならない後写鏡は、取付部付近の自動車の最外側より突出している部分の最下部が地上1.8m以下のものである。

⑫ × 黄色回転灯を備えることができるのは道路維持作業用自動車のみである。

テーマ別過去問にチャレンジ

問　題

※ 解答にあたっては、各設問および選択肢に記載された事項以外は、考慮しない
　 ものとします。また、各問題の設問で求める数と異なる数の解答をしたもの、
　 および複数の解答を求める設問で一部不正解のものは、正解としません。

1 自動車の登録 ──────────────────────

■問1 （平成30年度第1回試験）

　道路運送車両法の自動車の登録等についての次の記述のうち、<u>誤っているも
の</u>を1つ選びなさい。

1. 登録自動車の所有者は、当該自動車の使用者が道路運送車両法の規定によ
   り自動車の使用の停止を命ぜられ、自動車検査証を返納したときは、遅滞
   なく、当該自動車登録番号標および封印を取りはずし、自動車登録番号標
   について国土交通大臣の領置を受けなければならない。
2. 自動車登録番号標およびこれに記載された自動車登録番号の表示は、国土
   交通省令で定めるところにより、自動車登録番号標を自動車の前面および
   後面の任意の位置に確実に取り付けることによって行うものとする。
3. 自動車の所有者は、当該自動車の使用の本拠の位置に変更があったときは、
   道路運送車両法で定める場合を除き、その事由があった日から15日以内に、
   国土交通大臣の行う変更登録の申請をしなければならない。
4. 道路運送車両法に規定する自動車の種別は、自動車の大きさおよび構造並
   びに原動機の種類および総排気量または定格出力を基準として定められ、
   その別は、普通自動車、小型自動車、軽自動車、大型特殊自動車、小型特
   殊自動車である。

■**問2**　（平成30年度第2回試験）

自動車の登録等についての次の記述のうち、<u>正しいものを2つ</u>選びなさい。

1. 自動車の所有者は、当該自動車の使用の本拠の位置に変更があったときは、道路運送車両法で定める場合を除き、その事由があった日から30日以内に、国土交通大臣の行う変更登録の申請をしなければならない。

2. 臨時運行の許可を受けた者は、臨時運行許可証の有効期間が満了したときは、その日から15日以内に、当該臨時運行許可証および臨時運行許可番号標を行政庁に返納しなければならない。

3. 登録自動車の所有者は、当該自動車が滅失し、解体し（整備または改造のために解体する場合を除く。）、または自動車の用途を廃止したときは、その事由があった日（使用済自動車の解体である場合には解体報告記録がなされたことを知った日）から15日以内に、永久抹消登録の申請をしなければならない。

4. 登録自動車の所有者は、当該自動車の自動車登録番号標の封印が滅失した場合には、国土交通大臣または封印取付受託者の行う封印の取付けを受けなければならない。

2 自動車の検査

■**問3**　（平成30年度第1回試験）

自動車の検査等についての次の記述のうち、<u>正しいものを2つ</u>選びなさい。

1. 国土交通大臣の行う自動車（検査対象外軽自動車および小型特殊自動車を除く。以下同じ。）の検査は、新規検査、継続検査、臨時検査、構造等変更検査および予備検査の5種類である。

2. 自動車検査証の有効期間の起算日については、自動車検査証の有効期間が満了する日の2ヵ月前（離島に使用の本拠の位置を有する自動車を除く。）から当該期間が満了する日までの間に継続検査を行い、当該自動車検査証に有効期間を記入する場合は、当該自動車検査証の有効期間が満了する日の翌日とする。

3. 自動車運送事業の用に供する自動車は、自動車検査証を当該自動車または当該自動車の所属する営業所に備え付けなければ、運行の用に供してはならない。

4. 初めて自動車検査証の交付を受ける車両総重量7,990キログラムの貨物の運送の用に供する自動車については、当該自動車検査証の有効期間は2年である。

■**問4**　（平成29年度第2回試験）

自動車の検査等についての次の記述のうち、<u>正しいものを2つ選びなさい。</u>

1. 自動車は、指定自動車整備事業者が継続検査の際に交付した有効な保安基準適合標章を表示している場合であっても、自動車検査証を備え付けなければ、運行の用に供してはならない。

2. 自動車の使用者は、継続検査を申請する場合において、道路運送車両法第67条（自動車検査証の記載事項の変更および構造等変更検査）の規定による自動車検査証の記入の申請をすべき事由があるときは、あらかじめ、その申請をしなければならない。

3. 国土交通大臣は、一定の地域に使用の本拠の位置を有する自動車の使用者が、天災その他やむを得ない事由により、継続検査を受けることができないと認めるときは、当該地域に使用の本拠の位置を有する自動車の自動車検査証の有効期間を、期間を定めて伸長する旨を公示することができる。

4. 自動車に表示されている検査標章には、当該自動車の自動車検査証の有効期間の起算日が表示されている。

3 自動車の点検整備

■**問5**　（平成30年度第2回試験）

道路運送車両法に定める自動車の点検整備等に関する次のア、イ、ウの文中、A、B、C、Dに入るべき字句としていずれか正しいものを1つ選びなさい。

ア　自動車の　A　は、自動車の点検をし、および必要に応じ整備をすることにより、当該自動車を道路運送車両の保安基準に適合するように維持しなければならない。

イ　自動車運送事業の用に供する自動車の使用者または当該自動車を　B　する者は、　C　、その運行の開始前において、国土交通省令で定める技術上の基準により、自動車を点検しなければならない。

ウ　自動車運送事業の用に供する自動車の使用者は、　D　ごとに国土交通

省令で定める技術上の基準により、自動車を点検しなければならない。

A ①所有者 ②使用者
B ①運行 ②管理
C ①必要に応じて ②1日1回
D ①3ヵ月 ②6ヵ月

4 道路運送車両の保安基準

■問6 （平成29年度第2回試験）

道路運送車両の保安基準およびその細目を定める告示についての次の記述のうち、誤っているものを1つ選びなさい。

1. 「緊急自動車」とは、消防自動車、警察自動車、保存血液を販売する医薬品販売業者が保存血液の緊急輸送のため使用する自動車、救急自動車、公共用応急作業自動車等の自動車および国土交通大臣が定めるその他の緊急の用に供する自動車をいう。

2. 自動車の軸重は、10トン（けん引自動車のうち告示で定めるものにあっては、11.5トン）を超えてはならない。

3. 自動車（二輪自動車等を除く。）の空気入ゴムタイヤの接地部は滑り止めを施したものであり、滑り止めの溝は、空気入ゴムタイヤの接地部の全幅にわたり滑り止めのために施されている凹部（サイピング、プラットフォームおよびウエア・インジケータの部分を除く。）のいずれの部分においても1.4mm以上の深さを有すること。

4. 貨物の運送の用に供する普通自動車であって、車両総重量が7トン以上のものの後面には、所定の後部反射器を備えるほか、反射光の色、明るさ等に関し告示で定める基準に適合する大型後部反射器を備えなければならない。

■問7　　　　　　　　　　　　　　　　　　　（令和元年度第1回試験）

　道路運送車両の保安基準およびその細目を定める告示についての次の記述の
うち、**誤っているものを1つ**選びなさい。

1. 路線を定めて定期に運行する一般乗合旅客自動車運送事業用自動車に備え
   る旅客が乗降中であることを後方に表示する電光表示器には、点滅する灯
   火または光度が増減する灯火を備えることができる。
2. 自動車に備えなければならない後写鏡は、取付部付近の自動車の最外側よ
   り突出している部分の最下部が地上2.0メートル以下のものは、当該部分が
   歩行者等に接触した場合に衝撃を緩衝できる構造でなければならない。
3. 自動車に備えなければならない非常信号用具は、夜間200メートルの距離
   から確認できる赤色の灯光を発するものでなければならない。
4. 自動車（大型特殊自動車、小型特殊自動車を除く。以下同じ。）の車体の外
   形その他自動車の形状については、鋭い突起がないこと、回転部分が突出
   していないこと等他の交通の安全を妨げるおそれがないものとして、告示
   で定める基準に適合するものでなければならない。

■問8　　　　　　　　　　　　　　　　　　　（令和2年度第1回試験）

　道路運送車両の保安基準およびその細目を定める告示についての次の記述の
うち、**誤っているものを1つ**選びなさい。

1. 自動車の前面ガラスおよび側面ガラス（告示で定める部分を除く。）は、フ
   ィルムが貼り付けられた場合、当該フィルムが貼り付けられた状態におい
   ても、透明であり、かつ、運転者が交通状況を確認するために必要な視野
   の範囲に係る部分における可視光線の透過率が60％以上であることが確保
   できるものでなければならない。
2. 貨物の運送の用に供する普通自動車であって、車両総重量が8トン以上ま
   たは最大積載量が5トン以上のものの原動機には、自動車が時速90キロメ
   ートルを超えて走行しないよう燃料の供給を調整し、かつ、自動車の速度
   の制御を円滑に行うことができるものとして、告示で定める基準に適合す
   る速度抑制装置を備えなければならない。
3. 自動車の後面には、夜間にその後方150メートルの距離から走行用前照灯
   で照射した場合にその反射光を照射位置から確認できる赤色の後部反射器
   を備えなければならない。

4. 自動車は、告示で定める方法により測定した場合において、長さ（セミトレーラにあっては、連結装置中心から当該セミトレーラの後端までの水平距離）12メートル（セミトレーラのうち告示で定めるものにあっては、13メートル）、幅2.5メートル、高さ3.8メートルを超えてはならない。

解 答 ・ 解 説

※問題を解くために参考となる参照項目を「☞」の後に記してあります。

■**問1** 【正解2】　　　　　　☞「2-1 法の目的、自動車の種別」、「2-2 自動車の登録」

1. 正しい。
2. 誤り。自動車登録番号標は、自動車の前面および後面の見やすい位置に取り付けます。
3. 正しい。
4. 正しい。

■**問2** 【正解3，4】　　　　　　　　　　　　　　　　☞「2-2 自動車の登録」

1. 誤り。自動車の使用の本拠の位置に変更があったときは、その事由があった日から15日以内に、変更登録の申請をしなければなりません。
2. 誤り。臨時運行許可証の有効期間が満了したときは、その日から5日以内に、臨時運行許可証等を行政庁に返納しなければなりません。
3. 正しい。
4. 正しい。

■**問3** 【正解1，4】　　　　　　　　　　　　　　　　☞「2-3 自動車の検査」

1. 正しい。
2. 誤り。自動車検査証の有効期間の起算日は、有効期間が満了する日の1ヵ月前から当該期間が満了する日までの間に継続検査を行い、当該自動車検査証に有効期間を記入する場合は、当該自動車検査証の有効期間が満了する日の翌日となります。
3. 誤り。自動車検査証は当該自動車に備え付けます。営業所ではありません。
4. 正しい。

2 道路運送車両法

テーマ別過去問

■**問4**　【正解2，3】　　　　　　　　　　　　　　☞「2-3自動車の検査」

1. 誤り。指定自動車整備事業者が交付した有効な保安基準適合標章を自動車に表示している場合には、自動車検査証を備え付けなくても、当該自動車を運行の用に供することができます。

2. 正しい。

3. 正しい。

4. 誤り。自動車に表示されている検査標章には、当該自動車の自動車検査証の有効期間の満了する時期が記載されています。

■**問5**　【正解A②　B①　C②　D①】　　　　　☞「2-4自動車の点検整備」

ア　自動車の（A＝使用者）は、自動車の点検をし、および必要に応じ整備をすることにより、当該自動車を道路運送車両の保安基準に適合するように維持しなければならない。

イ　自動車運送事業の用に供する自動車の使用者または当該自動車を（B＝運行）する者は、（C＝1日1回）、その運行の開始前において、国土交通省令で定める技術上の基準により、自動車を点検しなければならない。

ウ　自動車運送事業の用に供する自動車の使用者は、（D＝3ヵ月）ごとに国土交通省令で定める技術上の基準により、自動車を点検しなければならない。

■**問6**　【正解3】☞「2-5道路運送車両の保安基準①」、「2-6道路運送車両の保安基準②」

1. 正しい。

2. 正しい。

3. 誤り。自動車の空気入ゴムタイヤの滑り止めの溝は、1.6mm以上の深さを有していなければなりません。

4. 正しい。

■**問7**　【正解2】　☞「2-5道路運送車両の保安基準①」、「2-6道路運送車両の保安基準②」

1. 正しい。

2. 誤り。後写鏡は、取付部付近の自動車の最外側より突出している部分の最下部が地上1.8m以下のものは、当該部分が歩行者等に接触した場合に衝撃を緩衝できる構造でなければなりません。

3. 正しい。

4. 正しい。

■問8 【正解1】 ☞「2-5 道路運送車両の保安基準①」、「2-6 道路運送車両の保安基準②」

1. 誤り。自動車の前面ガラスおよび側面ガラスにフィルムが貼り付けられた場合、当該フィルムが貼り付けられた状態においても、透明であり、かつ、運転者が交通状況を確認するために必要な視野の範囲に係る部分における可視光線の透過率が70%以上であることが確保できるものでなければなりません。
2. 正しい。
3. 正しい。
4. 正しい。

2

道路運送車両法

運行管理者試験　受験の心構え5箇条

　運行管理者試験を受験する際の心構えを5つの箇条書きにしました。効果的な学習を行うため、是非とも目を通しておいてください！

●その1.「12問」まで間違えてもよい！

　運行管理者試験は、全部で30問出題されます。そして、試験に合格するためには、原則として「総得点が満点の60%（30問中18問）以上であること」が必要ですが、逆に考えると12問まで間違えてもいいのです！

●その2.「数字」は必ず暗記せよ！

　運行管理者試験では、「○○の記録の保存期間は1年間」や「○○から5mは駐車禁止」といった数字の暗記がとても重要です。各章末には【重要数字まとめ】を掲載しているので、学習に役立ててください。

●その3.「計算問題対策」に時間をかけ過ぎない！

　運行管理者試験では、時間、距離、時速などを求める計算問題が出題されることがあります。ただし、計算問題の出題数は1問のみであることが多く、まったく出題されない場合もあるので、『あまり計算問題対策に時間をかけ過ぎず、他の問題で効率的に点数を稼ぐこと』も重要です。

（※続きは248ページ）

テーマ別過去問

道路運送車両法
【重要数字まとめ】

登録	変更登録の申請		該当事由があった日から15日以内
	移転登録の申請		
	永久抹消登録の申請		
	一時抹消登録の届出		
検査	車検証の記載事項の変更の記入		該当事由があった日から15日以内
	車検証の返納期限		
	貨物自動車の車検証の有効期間	原則	1年
		例外	初めて車検証の交付を受ける車両総重量8トン未満の車両の場合は2年
	車検証の有効期間の起算日が有効期間の満了日の翌日になる場合		有効期間の満了日の1ヵ月前から満了日までに継続検査を行った場合
	臨時運行許可の有効期間		5日を越えてはならない
	臨時運行許可証等の返納期限		有効期間満了後5日以内
点検	事業用自動車の日常点検		1日1回、運行開始前
	事業用自動車の定期点検		3ヵ月ごと
保安基準	自動車の大きさ		長さ12m、幅2.5m、高さ3.8mまで
	軸重		10トンを超えてはならない
	速度抑制装置の性能		時速90km以下
	タイヤの溝の深さ		1.6mm以上
	窓ガラスの透過率		70%以上
	後部反射器の確認距離		夜間150m
	大型後部反射器の備え付け		車両総重量7トン以上の貨物自動車
	非常信号用具の確認距離		夜間200m
	停止表示器材の確認距離		
	衝撃を緩衝できる構造にする後写鏡の設置高さの基準		自動車の最外側より突出している部分の最下部が地上1.8m以下

第**3**章

道路交通法

　道路交通法は、自動車の運転等についての交通ルールを定めた法律です。運転免許を取得している人にとっては馴染み深い法律ですが、運行管理者試験では、やや難しい問題が出題される傾向があるので注意してください。試験での出題数は【30問中5問】です。

法の目的、用語の定義

道路交通法上の用語は馴染み深いものが多いですが、試験対策としては、似たような意味の用語（車道と車両通行帯、道路標識と道路標示、駐車と停車など）の定義を意識しながら学習しましょう。

1 道路交通法の目的　　重要度 ★★

　道路交通法は、道路における危険を防止し、その他交通の安全と円滑を図り、および道路の交通に起因する障害の防止に資することを目的としています。

2 用語の定義（※一部抜粋）　　重要度 ★★★

（1）道路に関する用語
① 歩道とは、歩行者の通行の用に供するため縁石線、柵その他これに類する工作物によって区画された道路の部分をいいます。
② 車道とは、車両の通行の用に供するため縁石線、柵その他これに類する工作物または道路標示によって区画された道路の部分をいいます。
③ 本線車道とは、高速自動車国道または自動車専用道路の本線車線により構成する車道をいいます。
④ 路側帯とは、歩行者の通行の用に供し、または車道の効用を保つため、歩道の設けられていない道路または道路の歩道の設けられていない側の路端寄りに設けられた帯状の道路の部分で、道路標示によって区画されたものをいいます。
⑤ 安全地帯とは、路面電車に乗降する者もしくは横断している歩行者の安全を図るため道路に設けられた島状の施設または道路標識および道路標示により安全地帯であることが示されている道路の部分をいいます。
⑥ 車両通行帯とは、車両が道路の定められた部分を通行すべきことが道路標示により示されている場合における当該道路標示により示されている道路の部分をいいます。
⑦ 道路標識とは、道路の交通に関し、規制または指示を表示する標示板をいいます。

⑧ 道路標示とは、道路の交通に関し、規制または指示を表示する標示で、路面に描かれた道路鋲、ペイント、石等による線、記号または文字をいいます。

(2) 車両に関する用語

⑨ 車両とは、自動車、原動機付自転車、軽車両および<u>トロリーバス</u>※をいいます。

※道路上空に張られた架線から電気を取り入れて走行するバス

⑩ 自動車とは、原動機を用い、かつ、レールまたは架線によらないで運転する車であって、原動機付自転車、軽車両および身体障害者用の車椅子ならびに<u>歩行補助車等</u>※以外のものをいいます。

※ 歩行補助車、小児用の車 (ベビーカー、小児用三輪車など)、その他の小型の車で政令で定めるもの(ショッピングカート、一定条件を満たす電動ベビーカーなど)

⑪ 軽車両とは、次に掲げるものであって、身体障害者用の車椅子および歩行補助車等以外のものをいいます。

(1) 自転車、荷車その他人もしくは動物の力により、または他の車両に牽引され、かつ、レールによらないで運転する車 (そり、牛馬を含む)

(2) 原動機を用い、かつ、レールまたは架線によらないで運転する車であって、車体の大きさおよび構造を勘案して (1) に準ずるものとして内閣府令で定めるもの(※電動運搬車、電動リヤカー、電動アシスト人力車など)

【注】原動機付自転車は、軽車両ではない!

(3) 運転に関する用語

⑫ 駐車とは、車両等が客待ち、荷待ち、貨物の積卸し、故障その他の理由により継続的に停止すること (貨物の積卸しのための停止で5分を超えない時間内のものおよび人の乗降のための停止を除く)、または車両等が停止し、かつ、当該車両等の運転者がその車両等を離れて直ちに運転することができない状態にあることをいいます。

⑬ 停車とは、車両等が停止することで駐車以外のものをいいます。

⑭ 徐行とは、車両等が直ちに停止することができるような速度で進行することをいいます。

⑮ 追越しとは、車両が他の車両等に追い付いた場合において、その進路を変えてその追い付いた車両等の側方を通過し、かつ、当該車両等の前方に出ることをいいます。

3
道路交通法

⑯ 進行妨害とは、車両等が、進行を継続し、または始めた場合においては危険を防止するため他の車両等がその速度または方向を急に変更しなければならないこととなるおそれがあるときに、その進行を継続し、または始めることをいいます。

▼**進行妨害の例**（自動車Aが自動車Bに対して進行妨害をしている！）

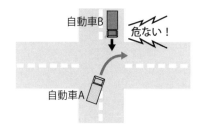

自動車B
危ない！
自動車A

※ 自動車Aが進行を継続した（または始めた）場合に、危険を防止するため自動車Bが急ブレーキや急ハンドルをしなければならないおそれがあるにもかかわらず、自動車Aがその進行を継続する（または始める）。

（4）歩行者として扱われる者

　道路交通法の規定の適用については、次に掲げる者は、歩行者として扱われます。

① 身体障害者用の車椅子または歩行補助車等を通行させている者。

② 大型自動二輪車または普通自動二輪車、二輪の原動機付自転車、二輪または三輪の自転車その他車体の大きさ・構造が他の歩行者の通行を妨げるおそれのないものとして内閣府令で定める基準に該当する車両（これらの車両で側車付きのもの・他の車両を牽引しているものを除く）を押して歩いている者。

■**ポイント**

・ 車道と車両通行帯の**違い**、道路標識と道路標示の**違い**、駐車と停車の**違い**、追越しと進行妨害の違いなどを意識して覚えておくこと。
・ 路側帯とは、歩行者の通行の用に供し、または車道の効用を保つためのものである。

➡練習問題3-1（○×問題）は、p.132をご覧ください。

3-2 自動車の種類・速度

道路交通法上の自動車の種類は8種類に分類されています。また、最高速度や最低速度についても学習しますが、一部の貨物自動車は、高速道路での最高速度が時速80kmとされているので注意が必要です。

1 自動車の種別 　　　　　　　　　　　　　重要度 ★★

　道路交通法に規定する自動車は、車体の大きさ・構造および原動機の大きさを基準として、①大型自動車、②中型自動車、③準中型自動車、④普通自動車、⑤大型特殊自動車、⑥大型自動二輪車、⑦普通自動二輪車、⑧小型特殊自動車の8種類に分類されています。

　なお、第2章で学習した道路運送車両法とでは種類の区分が異なる（p.88「2. 自動車の種別」参照）ので、注意が必要です。

2 自動車の大きさ 　　　　　　　　　　　　重要度 ★★

　自動車の区分の基準となる車体の大きさは下表のとおりです。

　なお、厳密には自動車の大きさの他、乗車定員についても基準がありますが（例：乗車定員30人以上→大型自動車）、試験対策としては車体の大きさを覚えておくことが重要です。

自動車の区分	大きさ
大型自動車	車両総重量11トン以上または最大積載量6.5トン以上
中型自動車	車両総重量7.5トン以上11トン未満または最大積載量4.5トン以上6.5トン未満
準中型自動車	車両総重量3.5トン以上7.5トン未満または最大積載量2トン以上4.5トン未満
普通自動車	車両総重量3.5トン未満かつ最大積載量2トン未満（＝大型、中型、準中型のいずれにも該当しない自動車）

注：大型特殊自動車、大型自動二輪自動車、普通自動二輪自動車、小型特殊自動車のいずれにも該当しないことが前提

3

道路交通法

③ 最高速度の原則　　　　　　　　　重要度 ★★

　車両は、道路標識等によりその最高速度が指定されている道路においてはその最高速度を、その他の道路（高速自動車国道の本線車道およびこれに接する加速車線・減速車線を除く）においては、自動車は60km/h、原動機付自転車は30km/hを超える速度で通行してはなりません。

④ 最高速度の特例　　　　　　　　　重要度 ★★

　自動車が他の車両をけん引して道路を通行する場合（＝故障車をロープでけん引するような場合）の最高速度は、次に定める通りです。

けん引される車両とけん引する車両の状況		最高速度
①	車両総重量2,000kg以下の車両をその3倍以上の車両総重量の自動車でけん引する場合（例：車両総重量1,500kgの自動車を車両総重量4,800kgの自動車でけん引する場合）	40km/h
②	①以外の場合	30km/h

⑤ 高速道路における最高速度　　　　重要度 ★★★

　高速自動車国道の本線車道またはこれに接する加速車線・減速車線を通行する場合の最高速度は、次の自動車の区分に従い、それぞれ次に定める通りです。

自動車の区分	最高速度
①大型乗用自動車（大型バスなど） ②中型乗用自動車（中型バスなど） ③準中型乗用自動車 ④普通乗用自動車 ⑤大型自動二輪車、普通自動二輪車 ⑥車両総重量8トン未満かつ最大積載量5トン未満の貨物自動車（中型貨物自動車の一部、準中型貨物自動車、普通貨物自動車）	100km/h
上記以外の自動車 ※車両総重量8トン以上または最大積載量5トン以上の貨物自動車（大型貨物自動車、中型貨物自動車の一部）など	80km/h

▼高速道路における最高速度（貨物自動車）

車両総重量 8 トン未満かつ
最大積載重量 5 トン未満　→ 100km/h

車両総重量 8 トン以上または
最大積載重量 5 トン以上　→ 80km/h

6 最低速度　重要度 ★★

　自動車は、法令の規定により速度を減ずる場合および危険を防止するためやむを得ない場合を除き、次の最低速度に達しない速度で進行してはなりません。

道路の区分		最低速度
一般道路	道路標識等により最低速度が指定されている道路	指定速度
高速道路 （本線車道）	道路標識等により最低速度が指定されている区間	指定速度
	その他の区間	50km/h

3

道路交通法

■ポイント

- ・自動車の種類については、道路運送車両法とでは区分が異なり、道路交通法上は8種類に分類されている。
- ・車両総重量 8 トン以上または最大積載量 5 トン以上の貨物自動車が高速道路を走行する際の最高速度は80km/h である。

練習問題 3-1（○×問題）

① 路側帯とは、歩行者および自転車の通行の用に供するため、歩道の設けられていない道路または道路の歩道の設けられていない側の路端寄りに設けられた帯状の道路の部分で、道路標示によって区画されたものをいう。

② 道路標識とは、道路の交通に関し、規制または指示を表示する標示で、路面に描かれた道路鋲、ペイント、石等による線、記号または文字をいう。

③ 車両とは、自動車、原動機付自転車、軽車両およびトロリーバスをいう。

④ 駐車とは、車両等が客待ち、荷待ち、貨物の積卸し、故障その他の理由により継続的に停止すること（荷待ちのための停止で5分を超えない時間内のものおよび人の乗降のための停止を除く）、または車両等が停止し、かつ、当該車両等の運転をする者がその車両等を離れて直ちに運転することができない状態にあることをいう。

練習問題 3-2（○×問題）

⑤ 準中型自動車とは、大型自動車、中型自動車、大型特殊自動車、大型自動二輪車、普通自動二輪車および小型特殊自動車以外の自動車で、車両総重量3,500kg以上、7,500kg未満のものまたは最大積載量2,000kg以上4,500kg未満のものをいう。

⑥ 貨物自動車運送事業の用に供する車両総重量9,595kgの自動車が高速自動車国道の本線車道を走行する際の最高速度は、時速100Kmである。

⑦ 貨物自動車運送事業の用に供する車両総重量が4,995kgの自動車が、故障した車両総重量1,500kgの普通自動車をロープでけん引する場合の最高速度は、時速40kmである。

解答

① × 路側帯とは、歩行者の通行の用に供し、または車道の効用を保つためのものである。

② × これは道路標示の説明。道路標識とは、道路の交通に関し、規制または指示を表示する標示板をいう。

③ ○

④ × 駐車の定義から除かれるのは、「貨物の積卸しのための停止で5分を超えない時間内のもの」である。

⑤ ○

⑥ × 車両総重量8トン以上または最大積載量5トン以上の貨物自動車の場合、高速道路における最高速度は時速80kmである。

⑦ ○

3-3 車両の交通方法

自動車の交通方法については、普段、自動車の運転をされる方は、それぞれ実際の運転状況をイメージしながら読むと理解しやすいと思います。なお、「追越しを禁止する場所」については重要度が高いです。

1 通行区分①　　　　　重要度 ★

　車両は、歩道等（歩道または路側帯）と車道の区別のある道路においては、車道を通行しなければなりません。

2 歩道等の横断・通行　　　　　重要度 ★★

　車両は、道路外の施設または場所に出入りするためやむを得ない場合において歩道等を横断するとき、または法令の規定により歩道等で停車し、もしくは駐車するため必要な限度において歩道等を通行するときは、歩道等に入る直前で一時停止し、かつ、歩行者の通行を妨げないようにしなければなりません。

▼歩道等を横断するとき

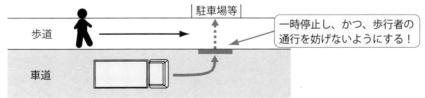

3 通行区分②　　　　　重要度 ★★

　車両は、道路の左側部分を通行しなければならない。

　ただし、左側部分の幅員※が6mに満たない道路において、他の車両を追い越そうとするとき（道路の右側部分を見とおすことができ、かつ、反対の方向からの交通を妨げるおそれがない場合に限るものとし、道路標識等により追越しのため右側部分にはみ出して通行することが禁止されている場合を除く）は、道路の右側部分にその全部または一部をはみ出して通行することができます。

※道路の幅のこと

3

道路交通法

④ 左側寄り通行等　　　　　重要度　★★

　自動車は、車両通行帯の設けられた道路を通行する場合を除き、道路の左側に寄って道路を通行しなければなりません。ただし、追越しや右折をする場合など法令の規定による場合において道路の中央や右側端に寄るとき、または道路の状況その他の事情によりやむを得ないときは、この限りではありません。

　また、車両は、歩道と車道の区別のない道路を通行する場合等において、歩行者の側方を通過するときは、これとの間に安全な間隔を保ち、または徐行しなければなりません。

⑤ 車両通行帯　　　　　重要度　★★

（1）車両通行帯での通行区分（原則）

　車両は、車両通行帯の設けられた道路においては、道路の左側端から数えて1番目の車両通行帯を通行しなければなりません。ただし、自動車（法令に定める一部の自動車を除く）は、当該道路の左側部分（当該道路が一方通行となっているときは、当該道路）に3以上の車両通行帯が設けられているときは、その速度に応じ、その最も右側の車両通行帯以外の車両通行帯を通行することができます（※ 最も右側の通行帯は、追越しや右折のために空けておく）。

▼車両通行帯における通行方法

自動車以外の車両（原付、軽車両など）

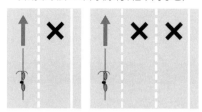

※通行帯の数にかかわらず、最も左側の通行帯を通行しなければならない。

自動車

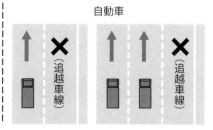

※3以上の通行帯がある場合、最も右側の通行帯以外を通行することができる。

（2）車両通行帯での通行区分（例外）

　車両は、車両通行帯の設けられた道路において、道路標識等により（1）に規定する通行の区分と異なる通行の区分が指定されているときは、当該通行の区分に従い、当該車両通行帯を通行しなければなりません。

6 路線バス等優先通行帯 重要度 ★★

　路線バス等の優先通行帯であることが道路標識等により表示されている車両通行帯が設けられている道路においては、自動車は、路線バス等が後方から接近してきた場合に当該道路における交通の混雑のため当該車両通行帯から出ることができなくなるときは、当該車両通行帯を通行してはなりません。

　また、当該車両通行帯を通行している場合において、後方から路線バス等が接近してきたときは、道路の状況その他の事情によりやむを得ない場合等法令で定める場合を除き、その正常な運行に支障を及ぼさないように、すみやかに当該車両通行帯の外に出なければなりません。

7 軌道敷内の通行 重要度 ★

　車両は、左折、右折、横断、転回するため軌道敷※を横切る場合または危険防止のためやむを得ない場合を除き、軌道敷内を通行してはなりません。

※路面電車が通行するのに必要な部分

8 車間距離の保持 重要度 ★

　車両は、同一の進路を進行している他の車両等の直後を進行するときは、その直前の車両等が急に停止したときにおいてもこれに追突するのを避けることができるため必要な距離を、これから保たなければなりません。

9 進路の変更の禁止 重要度 ★★

　車両は、みだりにその進路を変更してはならず、また、進路を変更した場合に変更後の進路と同一の進路を後方から進行してくる車両等の速度や方向を急に変更させることとなるおそれがあるときは、進路を変更してはなりません。

10 追越しの方法 重要度 ★★

　車両は、他の車両を追い越そうとするときは、その追い越されようとする車両（前車）の右側を通行しなければなりません。ただし、前車が、法令の規定により右折をするために道路の中央または右側端に寄って通行しているときは、その左側を通行しなければなりません。

3

道路交通法

　また、追越しをしようとする車両（後車）は、反対の方向、後方からの交通および前車の前方の交通にも十分に注意し、かつ、前車の速度・進路および道路の状況に応じて、できる限り安全な速度と方法で進行しなければなりません。

▼追越しの方法

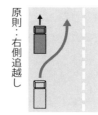

　なお、後車は、前車が他の自動車を追い越そうとしているときは、追越しを始めてはなりません。

11 追越しを禁止する場所　重要度 ★★★

　車両は、道路標識等により追越しが禁止されている道路の部分および次の道路の部分においては、他の車両（軽車両を除く）を追い越すため、進路を変更し、または前車の側方を通過してはなりません。

　なお、<u>原動機付自転車は軽車両ではないので、追越し禁止の部分では、前方を走行する原動機付自転車を追い越してはなりません。</u>

① 道路のまがりかど附近、上り坂の頂上附近または勾配の急な下り坂

② トンネル（車両通行帯の設けられた道路の部分を除く）

③ 交差点（優先道路を通行している場合を除く）、踏切、横断歩道または自転車横断帯およびこれらの手前の側端から前に30m以内の部分

▼追越しを禁止する場所

12 乗合自動車（路線バスなど）の発進の保護　重要度 ★★★

　停留所において乗客の乗降のため停車していた乗合自動車が発進するため進路を変更しようとして手または方向指示器により合図をした場合には、その後方の車両は、その速度または方向を急に変更しなければならないこととなる場合を除き、合図をした乗合自動車の進路の変更を妨げてはなりません。

13 割込み等の禁止　　　　　　　　　重要度　★★

　車両は、法令の規定や警察官の命令または危険を防止するため、停止し、もしくは停止しようとして徐行している車両またはこれらに続いて停止し、もしくは徐行している車両等に追いついたときは、その前方にある車両の側方を通過して当該車両等の前方に割り込み、またはその前方を横切ってはなりません。

14 踏切の通過　　　　　　　　　　　重要度　★★

　車両は、踏切を通過しようとするときは、踏切の直前（道路標識等による停止線が設けられているときは、その停止線の直前）で停止し、かつ、安全であることを確認した後でなければ進行してはなりません。ただし、信号機の表示する信号に従うときは、踏切の直前で停止しないで進行することができます。

15 徐行すべき場所　　　　　　　　　重要度　★★

3

道路交通法

　車両は、道路標識等により徐行すべきことが指定されている道路の部分を通行する場合および次の場合においては、徐行しなければなりません。
① 左右の見とおしがきかない交差点に入ろうとし、または交差点内で左右の見とおしがきかない部分を通行しようとするとき（交通整理が行なわれている場合および優先道路を通行している場合を除く）。
② 道路のまがりかど附近、上り坂の頂上附近または勾配の急な下り坂を通行するとき。

▼徐行すべき場所

上り坂の頂上附近　　　　　　　　　　　　　勾配の急な下り坂

■ポイント

・ 道路外の場所に出入りするために歩道等を横断するときは、歩道等に入る直前で**一時停止**しなければならない。
・ 道路のまがりかど附近、上り坂の頂上附近、勾配の急な下り坂では、**追越し**が禁止されており、また、**徐行**しなければならない場所でもある。

➡練習問題3-3（○×問題）は、p.142をご覧ください。

 交差点等における通行方法

> 交差点等における通行方法も、前節と同様に実際の運転状況をイメージしながら読むと理解しやすいです。「徐行」しなければならないのか、それとも「一時停止」しなければならないのか意識して覚えましょう。

1 左折・右折　重要度 ★★★

　車両が左折・右折するときは、下表に定めるところにより、あらかじめその前からできる限り決められた道路の部分に寄り、徐行しなければなりません。

行為	対象	通行方法
左折	車両全般	・道路の左側端に寄り、かつ、できる限り道路の左側端に沿って徐行する。
右折	自動車 原動機付自転車 トロリーバス	・道路の中央に寄り、かつ、交差点の中心の直近の内側を徐行する（※原動機付自転車は、二段階右折の場合あり）。 ・一方通行の道路の場合は、右側端に寄り、かつ、交差点の中心の内側を徐行する。
	軽車両	・道路の左側端に寄り、かつ、交差点の側端に沿って徐行する（二段階右折）。

　なお、左折・右折しようとする車両が、それぞれ道路の左側端、中央または右側端に寄ろうとして手または方向指示器による合図をした場合には、その後方の車両は、その速度または方向を急に変更しなければならないこととなる場合を除き、合図をした車両の進路の変更を妨げてはなりません。

2 交差点における他の車両との関係　重要度 ★★★

(1) 左方優先の原則

　車両は、<u>交通整理</u>※の行なわれていない交差点においては、(2) の規定が適用される場合を除き、交差道路を左方から進行してくる車両および交差道路を通行する路面電車の進行妨害をしてはなりません。

※「信号機」や「警察官による手信号等」による交通整理のこと

(2) 交差道路が優先道路等の場合における通行方法①

　車両は、交通整理の行なわれていない交差点においては、その通行している

道路が優先道路である場合を除き、交差道路が優先道路であるとき、またはその通行している道路の幅員よりも交差道路の幅員が明らかに広いものであるときは、交差道路を通行する車両の進行妨害をしてはなりません。

（3）交差道路が優先道路等の場合における通行方法②

　車両（優先道路を通行している車両を除く）は、交通整理の行なわれていない交差点に入ろうとする場合において、交差道路が優先道路であるとき、またはその通行している道路の幅員よりも交差道路の幅員が明らかに広いものであるときは、徐行しなければなりません。

▼**交差道路が優先道路等の場合における通行方法**

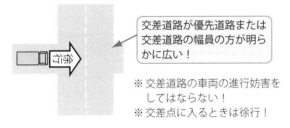

交差道路が優先道路または交差道路の幅員の方が明らかに広い！

※交差道路の車両の進行妨害をしてはならない！
※交差点に入るときは徐行！

（4）交差点における通行方法

　車両は、交差点に入ろうとし、および交差点内を通行するときは、交差点の状況に応じ、交差道路を通行する車両等、反対方向から進行してきて右折する車両等および交差点またはその直近で道路を横断する歩行者に特に注意し、かつ、できる限り安全な速度と方法で進行しなければなりません。

3　横断歩道等における歩行者等の優先① 　重要度 ★★★

　車両は、横断歩道等（横断歩道・自転車横断帯）に接近する場合には、当該横断歩道等を通過する際に当該横断歩道等によりその進路の前方を横断しようとする歩行者等がないことが明らかな場合を除き、当該横断歩道等の直前で停止することができるような速度で進行しなければなりません。

　この場合において、横断歩道等によりその進路の前方を横断し、または横断しようとする歩行者等があるときは、当該横断歩道等の直前で一時停止し、かつ、その通行を妨げないようにしなければなりません。

3

道路交通法

▼横断歩道等における歩行者等の優先

横断しようとする歩行者がいないことが明らか	横断しようとする歩行者がいるか不明	横断し、または横断しようとする歩行者がいる
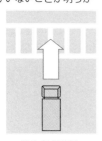	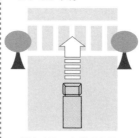	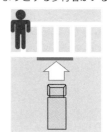
そのまま進行	停止することができるような速度で進行	横断歩道の直前で一時停止し、歩行者の通行を妨げない

4　横断歩道等における歩行者等の優先②　重要度 ★

(1) 横断歩道等の直前で停止している車両等がある場合

　車両は、横断歩道等（車両が通過する際に信号機または警察官等の手信号等により歩行者等の横断が禁止されているものを除く。(2) においても同じ）またはその手前の直前で停止している車両等がある場合において、停止している車両等の側方を通過してその前方に出ようとするときは、その前方に出る前に一時停止しなければなりません。

(2) 追い抜きの禁止

　車両は、横断歩道等およびその手前の側端から前に30m以内の道路の部分においては、その前方を進行している他の車両等（軽車両を除く）の側方を通過してその前方に出てはなりません。

5　横断歩道のない交差点における歩行者の優先　重要度 ★★

　車両は、交差点またはその直近で横断歩道の設けられていない場所において歩行者が道路を横断しているときは、その歩行者の通行を妨げてはなりません。

6　緊急自動車の優先　重要度 ★

　交差点またはその附近において、緊急自動車が接近してきたときは、車両は交差点を避け、かつ、道路の左側（一方通行の道路において、その左側に寄ることが緊急自動車の通行を妨げることとなる場合は道路の右側）に寄って一時停止しなければなりません。

7 指定場所における一時停止　　　重要度　★

　車両は、交通整理が行なわれていない交差点またはその手前の直近において、道路標識等により一時停止すべきことが指定されているときは、停止線の直前で一時停止しなければなりません。また、この場合において、交差道路を通行する車両等の進行妨害をしてはなりません。

8 交差点等への進入禁止　　　重要度　★★★

(1) 交差点への進入禁止

　交通整理の行なわれている交差点に入ろうとする車両は、その進行しようとする進路の前方の車両等の状況により、交差点に入った場合においては当該交差点内で停止することとなり、よって交差道路における車両等の通行の妨害となるおそれがあるときは、交差点に入ってはなりません。

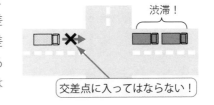

渋滞！

交差点に入ってはならない！

(2) 横断歩道等への進入禁止

　車両は、その進行しようとする進路の前方の車両等の状況により、横断歩道、自転車横断帯、踏切または道路標示によって区画された部分に入った場合においてはその部分で停止することとなるおそれがあるときは、これらの部分に入ってはなりません。

9 環状交差点（ラウンドアバウト）　　　重要度　★

　環状交差点とは、車両の通行の用に供する部分が環状の交差点であって、道路標識（右図参照）等により車両が当該部分を右回りに通行すべきことが指定されているものをいいます。

10 環状交差点における通行方法等　　　重要度　★★

　車両は、環状交差点において直進し、左折し、右折し、または転回するときは、あらかじめその前からできる限り道路の左側端に寄り、かつ、できる限り環状交差点の側端に沿って徐行しなければなりません。

3
道路交通法

11 環状交差点における他の車両等との関係等 重要度 ★★

　車両等は、環状交差点においては、環状交差点内を通行する車両等の進行妨害をしてはなりません。また、環状交差点に入ろうとするときは、徐行しなければなりません（※進入時のウインカー等による合図は不要）。

　なお、環状交差点に入ろうとし、および環状交差点内を通行するときは、その環状交差点の状況に応じ、環状交差点に入ろうとする車両等、環状交差点内を通行する車両等および環状交差点またはその直近で道路を横断する歩行者に特に注意し、かつ、できる限り安全な速度と方法で進行しなければなりません。

▼環状交差点

■ ポイント

・徐行する場合、一時停止する場合、それぞれを意識しながら覚える。
・進路前方の状況により、交差点に入った場合において交差点内で停止してしまうような場合は、交差点に入ってはならない。

練習問題3-3（○×問題）

① 車両は、道路外の施設または場所に出入するためやむを得ない場合において歩道等を横断するときは、徐行しなければならない。

② 車両は、歩道と車道の区別のない道路を通行する場合において、歩行者の側方を通過するときは、これとの間に安全な間隔を保ち、または徐行しなければならない。

③ 路線バス等の優先通行帯であることが道路標識等により表示されている車両通行帯が設けられている道路においては、自動車は、後方から路線バス等が接近してきた場合であっても、その路線バス等の正常な運行に支障を及ぼさない限り、当該車両通行帯を通行することができる。

④ 車両は、他の車両を追い越そうとするときは、その追い越されようとする車両（前車）の右側を通行しなければならない。ただし、前車が法令の規定により右折をするため道路の中央または右側端に寄って通行しているときは、その左側を通行しなければならない。

⑤ 車両は、道路のまがりかど附近、勾配の急な上り坂および下り坂の道路の部分においては、他の車両（軽車両を除く）を追い越してはならない。

⑥ 車両は、道路標識等により追越しが禁止されている道路の部分においても、前方を進行している原動機付自転車は追い越すことができる。

練習問題3-4（○×問題）

⑦ 車両は、左折するときは、あらかじめその前からできる限り道路の左側端に寄り、かつ、できる限り道路の左側端に沿って徐行しなければならない。

⑧ 車両等（優先道路を通行している車両等を除く）は、交通整理の行われていない交差点に入ろうとする場合において、交差道路が優先道路であるときは、その前方に出る前に必ず一時停止しなければならない。

⑨ 車両は、横断歩道に接近する場合には、当該横断歩道を通過する際に当該横断歩道によりその進路の前方を横断しようとする歩行者等がないことが明らかな場合を除き、当該横断歩道の直前で停止することができるような速度で進行しなければならない。

⑩ 交通整理の行われている交差点に入ろうとする車両は、その進行しようとする進路の前方の車両等の状況により、交差点に入った場合においては当該交差点内で停止することとなり、よって交差道路における車両等の通行の妨害となるおそれがあるときは、徐行しなければならない。

3 道路交通法

解答

① × この場合、歩道等に入る直前で一時停止し、かつ、歩行者の通行を妨げないようにしなければならない。

② ○

③ × この場合、路線バス等の正常な運行に支障を及ぼさないように、すみやかに当該車両通行帯の外に出なければならない。

④ ○

⑤ × 追越しが禁止されているのは、道路のまがりかど附近、上り坂の頂上附近または勾配の急な下り坂である。

⑥ × 追越し禁止の道路でも、軽車両を追い越すことはできるが、原動機付自転車を追い越すことはできない。

⑦ ○

⑧ × この場合、徐行しなければならない。

⑨ ○

⑩ × この場合、当該交差点に入ってはならない。

3-5 停車、駐車

「停車・駐車を禁止する場所」や「駐車を禁止する場所」に関しては、試験でもよく出題されています。所定の場所から何m以内が駐停車または駐車が禁止されているのか、数字を正確に覚えましょう。

1 停車・駐車を禁止する場所 　　重要度 ★★

　車両は、道路標識等により駐停車が禁止されている道路の部分および次の道路の部分においては、法令の規定もしくは警察官の命令により、または危険を防止するため一時停止する場合のほか、停車し、または駐車してはなりません。

① 交差点、横断歩道、自転車横断帯、踏切、軌道敷内、坂の頂上附近、勾配の急な坂またはトンネル

② 交差点の側端または道路のまがりかどから5m以内

③ 横断歩道または自転車横断帯の前後の側端からそれぞれ前後に5m以内

④ 安全地帯が設けられている道路の安全地帯の左側の部分および当該部分の前後の側端からそれぞれ前後に10m以内

⑤ 乗合自動車の停留所または路面電車の停留場を表示する標示柱・標示板が設けられている位置から10m以内（運行時間中のみ）

⑥ 踏切の前後の側端からそれぞれ前後に10m以内

2 駐車を禁止する場所 　　重要度 ★★★

（1）駐車を禁止する場所

　車両は、道路標識等により駐車が禁止されている道路の部分および次の道路の部分においては、駐車してはなりません（公安委員会の定めるところにより警察署長の許可を受けたときを除く）。

① 人の乗降、貨物の積卸し、駐車または自動車の格納・修理のため道路外に設けられた施設または場所の道路に接する自動車用の出入口から3m以内

② 道路工事が行なわれている場合における工事区域の側端から5m以内

③ 消防用機械器具の置場もしくは消防用防火水槽の側端またはこれらの道路に接する出入口から5m以内

④ 消火栓、指定消防水利の標識が設けられている位置または消防用防火水槽の吸水口もしくは吸管投入孔から5m以内

⑤ 火災報知機から1m以内

（2）駐車する場合の余地

車両は、公安委員会が交通がひんぱんでないと認めて指定した区域を除き、法令の規定により駐車する場合に車両の右側の道路上に3.5m（道路標識等により距離が指定されているときは、その距離）以上の余地がないこととなる場所では、駐車してはなりません。

▼駐車する場合の余地

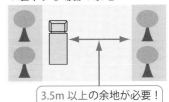

3.5m以上の余地が必要！

▼駐停車禁止・駐車禁止まとめ

駐停車禁止	交差点、横断歩道、自転車横断帯、踏切、軌道敷内、坂の頂上附近、勾配の急な坂、トンネル
	交差点や横断歩道から5m以内
	その他（安全地帯、停留所、踏切など）から10m以内
駐車禁止	火災報知器から1m以内
	道路外施設等の自動車用の出入口から3m以内
	その他（道路工事区域、消防用機器置場、消火栓など）から5m以内

③ 停車・駐車の方法　　　　　　　　　　重要度 ★

車両は、人の乗降・貨物の積卸しのため停車するときは、できる限り道路の左側端に沿い、かつ、他の交通の妨害とならないようにしなければなりません。

また、駐車するときは、道路の左側端に沿い、かつ、他の交通の妨害とならないようにしなければなりません。

■ポイント

・「○○から●m以内」のように駐停車や駐車が禁止されている範囲を正確に覚える。

➡練習問題3-5（○×問題）は、p.148をご覧ください。

3

道路交通法

3-6 合図、信号の意味

合図については、右左折や進路変更の際に方向指示器（ウインカー）を点灯させるタイミングを覚えましょう。信号については、赤信号の際に、交差点ですでに右折している場合の正確な意味を理解しておきましょう。

1 合図 　　　　　　　　　　　　　　　　　　　　重要度 ★★

　車両（自転車以外の軽車両を除く）の運転者は、左折し、右折し、転回し、徐行し、停止し、後退し、または同一方向に進行しながら進路を変えるときは、手、方向指示器または灯火により合図をし、かつ、これらの行為が終わるまで合図を継続しなければなりません。

　なお、右左折、進路変更その他合図が必要となる行為が終わったときは、合図をやめなければならず、また、合図が必要となる行為をしないのにかかわらず、合図をしてはなりません。

▼合図の時期

合図を行なう場合	合図を行なう時期
左折・右折・転回するとき	その行為をしようとする地点（交差点の場合は、交差点の手前の側端）から30m手前の地点に達したとき
同一方向に進行しながら進路を左方・右方に変えるとき（進路変更）	その行為をしようとする時の3秒前のとき
徐行・停止・後退するとき	その行為をしようとするとき

左折・右折の場合は 30m 手前！

進路変更の場合は 3 秒前！

2 警音器（クラクション）の使用　　　重要度　★

　車両（自転車以外の軽車両を除く）の運転者は、左右の見とおしのきかない交差点、見とおしのきかない道路のまがりかどまたは見とおしのきかない上り坂の頂上で道路標識（右図参照）等により指定された場所を通行しようとするときは、警音器を鳴らさなければなりません。

3 信号の意味　　　重要度　「赤色の灯火」の③のみ★★、その他は★

　信号機の表示する信号の種類とその意味は、次の表に掲げるとおりです。

信号の種類	信号の意味
青色の灯火	①自動車は、直進し、左折し、または右折することができる。 ②多通行帯道路等通行原動機付自転車（＝二段階右折をする原動機付自転車）・軽車両は、直進（二段階右折を含む）をし、または左折することができる。
黄色の灯火	停止位置を越えて進行してはならない。ただし、停止位置に近接しているため安全に停止することができない場合を除く。
赤色の灯火	①停止位置を越えて進行してはならない。 ②交差点で既に左折している車両は、そのまま進行することができる。 ③交差点で既に右折している自動車は、そのまま進行することができるが、青色の灯火により進行することができることとされている車両等の進行妨害をしてはならない。 ④交差点で既に右折している多通行帯道路等通行原動機付自転車・軽車両は、その右折している地点で停止しなければならない。
青色の灯火の矢印	黄色・赤色の灯火の信号にかかわらず、矢印の方向に進行することができる（右折矢印信号の場合、転回も可能）。

3

道路交通法

■ポイント

・ 合図の時期や赤信号ですでに右折している場合を正確に覚えておくこと。

練習問題3-5（○×問題）

① 車両は、交差点の側端または道路のまがりかどから5m以内の道路の部分においては、停車し、または駐車してはならない。

② 車両は、横断歩道または自転車横断帯の前後の側端からそれぞれ前後に10m以内の道路の部分においては、停車し、または駐車してはならない。

③ 車両は、人の乗降、貨物の積卸し、駐車または自動車の格納・修理のため道路外に設けられた施設または場所の道路に接する自動車用の出入口から5m以内の道路の部分においては、駐車してはならない。

④ 車両は、消防用機械器具の置場もしくは消防用防火水槽の側端またはこれらの道路に接する出入口から5m以内の道路の部分においては、駐車してはならない。

⑤ 車両は、火災報知機から5m以内の道路の部分においては、駐車してはならない。

⑥ 車両は、駐車する場合に当該車両の右側の道路上に3.5m以上の余地がないこととなる場所では、駐車してはならない。

練習問題3-6（○×問題）

⑦ 自動車の運転者は、左折し、右折し、転回し、徐行し、停止し、後退し、または同一方向に進行しながら進路を変えるときは、手、方向指示器または灯火により合図をし、かつ、これらの行為が終わるまで合図を継続しなければならない。

⑧ 自動車が左折または右折するときの合図を行う時期は、その行為をしようとする地点から30m手前の地点に達したときである。

⑨ 信号機の表示する信号の種類が赤色の灯火のときは、交差点において既に右折している自動車は、青色の灯火により進行することができることとされている自動車に優先して進行することができる。

解答

① ○
② × 5m以内が駐停車禁止である。
③ × 3m以内が駐車禁止である。
④ ○
⑤ × 1m以内が駐車禁止である。
⑥ ○　⑦ ○　⑧○
⑨ × この場合、青色の灯火により進行することができることとされている自動車の進行妨害をしてはならない。

乗車、積載

トラックの荷台に積載することができる荷物の大きさ・積載の方法について定めた積載制限や過積載運送を指示した荷主に対する再発防止命令などがよく試験に出題されており、重要度が高い項目です。

1 乗車・積載の方法 重要度 ★★

　車両の運転者は、乗車のために設備された場所以外の場所に乗車させ、または乗車・積載のために設備された場所以外の場所に積載して車両を運転してはなりません。ただし、貨物を積載している貨物自動車の場合、貨物を看守するため必要な最小限度の人員を荷台に乗車させて運転することができます。

　また、運転者の視野やハンドル操作等を妨げ、後写鏡の効用を失わせ、車両の安定を害し、または外部から方向指示器や車両の番号標などを確認することができないこととなるような乗車・積載をして車両を運転してはなりません。

2 乗車・積載の制限等 重要度 ★★★

　自動車の運転者は、政令に定める乗車人員・積載物の積載重量等の制限を超えて乗車をさせ、または積載をして自動車を運転してはなりません。

● **自動車の乗車・積載の制限**

(1) 乗車人員（運転者を含む）・積載物の重量は、自動車検査証または保安基準適合標章に記載された乗車定員・最大積載重量を超えないこと。

(2) 積載物の長さ、幅、高さは、それぞれ次の制限を超えないこと。

長さ	自動車の長さにその長さの10分の1の長さを加えたもの
幅	自動車の幅
高さ	3.8m（※公安委員会が道路や交通の状況により支障がないと認めて定めるものにあっては3.8m以上4.1mを超えない範囲内で公安委員会が定める高さ）からその自動車の積載をする場所の高さを減じたもの ⇒つまり、荷台に積載物を積載した状態で、地上から積載物の最も高い部分までの高さが3.8m以内になるようにする。

3

道路交通法

149

(3) 積載物は、次の制限を超えることとなるような方法で積載しないこと。

前後	車体の前後から自動車の長さの10分の1の長さを超えてはみ出さないこと
左右	車体の左右からはみ出さないこと

▼自動車の積載の制限

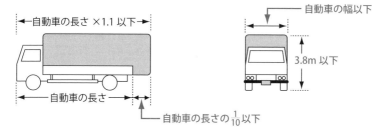

3 制限外許可　　　　重要度 ★★

　貨物自動車の運転者は、出発地警察署長（当該自動車の出発地を管轄する警察署長）が当該自動車の構造または道路・交通の状況により支障がないと認めて許可したときは、次の状態で貨物自動車を運転することができます。

① 乗車・積載のために設備された場所以外の場所で指定された場所に積載して運転すること。
② 許可された範囲内の人員を貨物自動車の荷台に乗車させて運転すること。
③ 貨物が分割できないものであるため積載重量等の制限を超えることとなる場合において、許可に係る積載重量等の範囲内で当該制限を超える積載をして運転すること。

4 過積載車両に係る措置等　　　　重要度 ★★

(1) 積載物の重量の測定等

　警察官は、積載物の重量の制限を超える積載をしていると認められる自動車が運転されているときは、自動車を停止させ、運転者に対し、自動車検査証等の提示を求め、および自動車の積載物の重量を測定することができます。

(2) 応急措置命令

　警察官は、過積載をしている自動車の運転者に対し、積載が過積載とならな

いようにするため必要な応急の措置をとることを命ずることができます。

▼過積載車両に対する措置等

・積載物の重量の測定
・車検証の提示

・応急措置命令

警察官

過積載車両

5 過積載車両の運転の要求等の禁止　重要度 ★★★

　荷主は、自動車の運転者に対し、次の行為をしてはなりません。

① 過積載をして自動車を運転することを要求すること。

② 過積載になると知りながら、制限に係る重量を超える積載物を自動車に積載をさせるため売り渡し、または当該積載物を引き渡すこと。

　なお、警察署長は、荷主が自動車の運転者に対し、過積載をして自動車を運転することを要求するなど上記①や②に違反する行為を行った場合において、荷主が違反行為を反復して行うおそれがあると認めるときは、違反行為を行った荷主に対し、違反行為をしてはならない旨を命ずることができます。

▼荷主への再発防止命令

①過積載車両の運転の要求

②再発防止命令

自動車の運転者　　　荷主　　　警察署長

3
道路交通法

📘 ポイント

・ 積載制限 (積載可能な積載物の大きさや積載の方法) や荷主への再発防止命令はよく試験に出題されており、重要度が高い。

➡練習問題3-7 (〇×問題) は、p.157をご覧ください。

3-8 運転者の義務

自動車の運転者にはさまざまな義務が課せられており、「運転中の携帯電話等の使用禁止」など話題となった法改正も行われています。交通事故の場合の措置（救護義務）の規定もよく試験に出題されています。

1 無免許運転等の禁止　　　　重要度 ★

(1) 無免許運転の禁止

何人も、公安委員会の運転免許を受けないで（運転免許の効力が停止されている場合を含む）、自動車を運転してはなりません。

(2) その他の禁止事項

何人も、無免許運転をすることとなるおそれがある者に対し、自動車を提供してはなりません。

また、運転者が運転免許を受けていないことを知りながら、当該運転者に対し、自動車を運転して自己を運送することを要求し、または依頼して、当該運転者が無免許運転をすることとなる自動車に同乗してはなりません。

2 酒気帯び運転等の禁止　　　　重要度 ★★

(1) 酒気帯び運転の禁止

何人も、酒気を帯びて車両等を運転してはなりません。

> ●酒気帯び運転の基準と罰則
>
> 上記(1)に違反して車両等を運転した者で、その運転をした場合において身体に呼気1リットルにつき0.15mg以上にアルコールを保有する状態にあったものは、3年以下の懲役または50万円以下の罰金に処されます。

(2) その他の禁止事項

何人も、酒気を帯びている者で、酒気を帯びた状態で車両等を運転することとなるおそれがあるものに対し、車両等を提供してはなりません。

また、酒気を帯びて車両等を運転することとなるおそれがある者に対し、酒類を提供し、または飲酒をすすめてはなりません。

　さらに、車両の運転者が酒気を帯びていることを知りながら、当該運転者に対し、車両を運転して自己を運送することを要求し、または依頼して、当該運転者が酒気を帯びて運転する車両に同乗してはなりません。

③ 過労運転等の禁止　　　　　　　　　　　　重要度　★★

　何人も、過労、病気、薬物の影響その他の理由により、正常な運転ができないおそれがある状態で車両を運転してはなりません。

④ 安全運転の義務　　　　　　　　　　　　　重要度　★

　車両の運転者は、当該車両のハンドル、ブレーキその他の装置を確実に操作し、かつ、道路、交通および当該車両の状況に応じ、他人に危害を及ぼさないような速度と方法で運転しなければなりません。

⑤ 運転者の遵守事項　　　　　　　　　　　　重要度　★★★

　車両の運転者は、次の事項を守らなければなりません。
① ぬかるみや水たまりを通行するときは、泥よけ器を付け、または徐行する等して、泥土、汚水等を飛散させて他人に迷惑を及ぼさないようにすること。
② 以下のものが通行・歩行しているときは、一時停止し、または徐行して、その通行や歩行を妨げないようにすること。
　（1）身体障害者用の車椅子が通行しているとき
　（2）身体に一定の障害のある者がつえを携えて通行しているとき
　（3）目が見えない者が盲導犬を連れて通行しているとき
　（4）監護者が付き添わない児童・幼児が歩行しているとき
　（5）高齢の歩行者、身体の障害のある歩行者その他の歩行者でその通行に支障のある者が通行しているとき
③ 児童、幼児等の乗降のため、非常点滅表示灯（ハザードランプ）をつけて停車している通学通園バスの側方を通過するときは、徐行して安全を確認すること。
④ 道路の左側部分に設けられた安全地帯の側方を通過する場合において、安全地帯に歩行者がいるときは、徐行すること。

3

道路交通法

⑤ 乗降口のドアを閉じ、貨物の積載を確実に行う等、車両に乗車している者の転落または積載している物の転落・飛散を防ぐため必要な措置を講ずること。

⑥ 車両の積載物が道路に転落・飛散したときは、速やかに転落・飛散した物を除去する等道路における危険を防止するため必要な措置を講ずること。

⑦ 安全を確認しないで、ドアを開き、または車両等から降りないようにし、およびその車両等に乗車している他の者がこれらの行為により交通の危険を生じさせないようにするため必要な措置を講ずること。

⑧ 車両を離れるときは、その原動機を止め、完全にブレーキをかける等、車両等が停止の状態を保つため必要な措置を講ずること。

⑨ 自動車を離れるときは、その車両の装置に応じ、その車両が他人に無断で運転されることがないようにするため必要な措置を講ずること。

⑩ 正当な理由がないのに、著しく他人に迷惑を及ぼすこととなる騒音を生じさせるような方法で、自動車を急発進・急加速させ、または自動車の原動機の動力を車輪に伝達させないで原動機の回転数を増加させないこと。

⑪ 自動車を運転する場合において、以下の者が<u>表示自動車</u>※を運転しているときは、危険防止のためやむを得ない場合を除き、進行している表示自動車の側方に幅寄せをし、または自動車が進路を変更した場合にその変更後の進路と同一の進路を後方から進行してくる表示自動車が自動車との間に、必要な車間距離を保つことができないこととなるときは進路を変更しないこと。　　　　　　　　　　　　　　　　　※以下の標識を付けた自動車

(1) 初心運転者

(2) 高齢運転者

(3) 仮運転免許を受けた者

(4) 聴覚障害にあることを理由に免許に条件を付されている者

(5) 肢体不自由であることを理由に免許に条件を付されている者

▼表示自動車の標識の種類

【初心運転者標識】【高齢運転者標識】【仮免許練習標識】【聴覚障害者標識】【身体障害者標識】

⑫ 自動車を運転する場合においては、当該自動車等が停止しているときを除き、携帯電話用装置、自動車電話用装置その他の無線通話装置※1を通話※2のために使用し、または、当該自動車等に取り付けられ、もしくは持ち込まれた画像表示用装置※3に表示された画像を注視しないこと（⇒いわゆる「ながら運転」の禁止）。

※1 その全部または一部を手で保持しなければ送受信を行うことができないものに限る
※2 傷病者の救護・公共の安全の維持のため、走行中に緊急やむを得ずに行うものを除く
※3 カーナビやスマートフォンのディスプレイ画面など

⑬ その他、道路または交通の状況により、公安委員会が道路における危険を防止し、その他交通の安全を図るため必要と認めて定めた事項。

6 座席ベルト（シートベルト）の装着 　　　重要度　★

　自動車（自動二輪車を除く）の運転者は、疾病のため座席ベルトを装着することが療養上適当でない者が自動車を運転するとき等やむを得ない理由があるときを除き、座席ベルトを装着しないで、自動車を運転してはなりません。

　また、自動車の運転者は、幼児を乗車させるとき、疾病のため座席ベルトを装着させることが療養上適当でない者を乗車させるとき等やむを得ない理由があるときを除き、座席ベルトを装着しない者を運転者席以外の乗車装置（座席ベルトを備えなければならないこととされている乗車装置に限る）に乗車させて自動車を運転してはなりません。

7 初心運転者標識等の表示義務 　　　重要度　★★

(1) 準中型自動車の場合

　準中型免許の取得後1年未満の者が準中型自動車を運転する場合、自動車の前面および後面に初心運転者標識（初心者マーク）を表示しなければなりません。ただし、「普通免許の取得後2年以上経過してから準中型免許を取得した場合」や「準中型免許の取得後、当該免許に係る上位免許※を取得した場合」など一定の条件に該当する場合は表示不要です。

3

道路交通法

(2) 普通自動車の場合

　準中型免許または普通免許の取得後1年未満の者が普通自動車を運転する場合、自動車の前面および後面に初心運転者標識を表示しなければなりません。ただし、「準中型免許または普通免許の取得後、当該免許に係る上位免許※を取得した場合」など一定の条件に該当する場合は表示不要です。

※ 上位免許とは、「当該免許証に係る免許自動車等を運転することができる他の種類の免許」のこと。
　【例：普通免許を受けていれば、（原付免許を受けていなくても）原付を運転できる】

8　交通事故の場合の措置　　　重要度　★★★

　交通事故があったときは、当該交通事故に係る車両等の運転者等（運転者その他の乗務員）は、直ちに車両等の運転を停止して、負傷者を救護し、道路における危険を防止する等必要な措置を講じなければなりません（⇒救護義務）。

　この場合において、当該車両等の運転者（運転者が死亡・負傷したためやむを得ないときは、その他の乗務員）は、警察官に、①交通事故が発生した日時および場所、②死傷者の数および負傷者の負傷の程度、③損壊した物およびその損壊の程度、④当該交通事故に係る車両等の積載物、⑤当該交通事故について講じた措置を報告しなければなりません。

　なお、交通事故の報告を受けた警察官は、負傷者を救護し、または道路における危険を防止するため必要があると認めるときは、報告をした運転者に対し、警察官が現場に到着するまで現場を去ってはならない旨を命ずることができます。

9　高速道路における故障等の場合の措置　　　重要度　★★

　自動車の運転者は、故障その他の理由により高速自動車国道等の本線車道等またはこれらに接する路肩・路側帯において自動車を運転することができなくなったときは、停止表示器材（p.112「11. 停止表示器材（三角表示板など）」参照）を設置することにより、当該自動車が故障その他の理由により停止しているものであることを表示しなければなりません。

■ポイント

・近年の試験では、この分野からやや難しい問題が出題されているので注意。

練習問題3-7（○×問題）

① 積載物の長さは、自動車の長さにその長さの10分の1の長さを加えたものを超えてはならず、積載の方法は、自動車の車体の前後から自動車の長さの10分の1の長さを超えてはみ出してはならない。

② 積載物の高さは、原則として、3.9mからその自動車の積載をする場所の高さを減じたものを超えてはならない。

③ 警察署長は、荷主が自動車の運転者に対し、過積載をして自動車を運転することを要求するという違反行為を行った場合において、当該荷主が当該違反行為を反復して行うおそれがあると認めるときは、自動車の運転者に対し、過積載による運転をしてはならない旨を命ずることができる。

練習問題3-8（○×問題）

④ 身体障害者用の車椅子が通行しているときは、その側方を離れて走行し、その通行を妨げないようにしなければならない。

⑤ 積載している物が道路に転落しときは、速やかに転落した物を除去する等道路における危険を防止するため必要な措置を講じなければならない。

⑥ 自動車を運転する場合においては、当該自動車が停止しているときを含み、携帯電話用装置等を通話のために使用してはならない。

⑦ 交通事故があったときは、当該交通事故に係る車両等の運転者等は、直ちに車両等の運転を停止して、負傷者を救護し、道路における危険を防止する等必要な措置を講じなければならない。

解答

① ○

② × 積載物の高さは、3.8mから積載をする場所の高さを減じたものを超えてはならない。

③ × この場合、警察署長は、違反行為をした荷主に対し、当該違反行為をしてはならない旨を命ずることができる。

④ × この場合、一時停止し、または徐行して、その通行を妨げないようにする。

⑤ ○

⑥ × 自動車を運転する場合は、当該自動車が停止しているときを除き、携帯電話用装置等を通話のために使用してはならない。

⑦ ○

使用者の義務

本節を読む際は、「自動車の使用者＝運送事業者」とイメージすると理解しやすいと思います。自動車の使用者は、運転者に対して違反行為を命令することはもちろんのこと、違反行為を容認することも許されません。

1 自動車の使用者の義務等　　重要度 ★★

（1）自動車の使用者の義務

　自動車の使用者等（使用者および自動車の運行を直接管理する地位にある者）は、その者の業務に関し、自動車の運転者に対し、次の行為をすることを命じ、または自動車の運転者がこれらの行為をすることを容認してはなりません。

① 運転免許を受けている者でなければ運転することができない自動車を当該免許を受けている者以外の者が運転すること（無免許運転）

② 最高速度の規定に違反して自動車を運転すること（最高速度違反運転）

③ 酒気を帯びた状態で自動車を運転すること（酒気帯び運転）

④ 過労、病気、薬物の影響その他の理由により、正常な運転ができないおそれがある状態で自動車を運転すること（過労・麻薬等運転）

⑤ 運転資格のない自動車※を運転すること（大型自動車等無資格運転）

　※緊急自動車（パトカーや救急車等）など一部の自動車を運転する場合、それらの自動車に係る免許のほか、年齢や運転経験など所定の条件が必要であり、免許を取得していても年齢や運転経験などの条件を満たさない者が運転した場合、無資格運転となる。

⑥ 積載制限に違反する積載をして自動車を運転すること（積載制限違反運転）

⑦ 自動車を離れて直ちに運転することができない状態にする行為であって、駐停車禁止違反等に該当するもの（車両の放置行為）

▼自動車の使用者の義務

過積載による運転　命令 容認　自動車の使用者（運送会社）　※違反行為を命ずることはもちろん、容認することも許されない！

(2) 自動車の使用制限命令

自動車の使用者等が「(1) 自動車の使用者の義務」に違反し、当該違反により自動車の運転者が前ページの①～⑦のいずれかの行為をした場合において、自動車の使用者がその者の業務に関し、自動車を使用することが著しく道路における交通の危険を生じさせ、または著しく交通の妨害となるおそれがあると認めるときは、違反に係る自動車の使用の本拠の位置を管轄する公安委員会は、自動車の使用者に対し、6ヵ月を超えない範囲内で期間を定めて、違反に係る自動車を運転し、または運転させてはならない旨を命ずることができます。

2 公安委員会による最高速度違反行為に係る指示 重要度 ★★

車両の運転者が最高速度違反行為を車両の使用者の業務に関してした場合において、最高速度違反行為に係る車両の使用者が当該車両につき最高速度違反行為を防止するため必要な運行の管理を行っていると認められないときは、車両の使用の本拠の位置を管轄する公安委員会は、車両の使用者に対し、最高速度違反行為となる運転が行われることのないよう運転者に指導または助言することその他最高速度違反行為を防止するため必要な措置をとることを指示することができます。

▼最高速度違反に係る指示

①適切な運行の管理を行っていない！

②最高速度違反防止のため必要な措置をとるよう指示！

自動車の使用者（運送会社）

公安委員会

※業務中のスピード違反！

3 公安委員会による過積載車両に係る指示 重要度 ★★

過積載をしている車両の運転者に対し、警察官から過積載とならないようにするため必要な応急の措置命令がされた場合において、命令に係る車両の使用者が当該車両に係る過積載を防止するため必要な運行の管理を行っていると認められないときは、車両の使用の本拠の位置を管轄する公安委員会は、車両の使用者に対し、車両を運転者に運転させる場合にあらかじめ車両の積載物の重量を確認することを運転者に指導または助言することその他車両に係る過積載を防止するため必要な措置をとることを指示することができます。

▼過積載車両に係る指示

4 公安委員会による過労運転に係る指示　　重要度 ★★★

　車両の運転者が過労により正常な運転ができないおそれがある状態で車両を運転する行為（過労運転）を車両の使用者の業務に関してした場合において、過労運転に係る車両の使用者が当該車両につき過労運転を防止するため必要な運行の管理を行っていると認められないときは、車両の使用の本拠の位置を管轄する公安委員会は、車両の使用者に対し、過労運転が行われることのないよう運転者に指導しまたは助言することその他過労運転を防止するため必要な措置をとることを指示することができます。

▼過労運転に係る指示

5 公安委員会による違反内容の通知　　重要度 ★★★

　車両の運転者が道路交通法もしくは同法に基づく命令の規定または同法の規定に基づく処分に違反した場合において、当該違反が当該違反に係る車両等の使用者の業務に関してなされたものであると認めるときは、公安委員会は、内閣府令で定めるところにより、当該車両等の使用者が道路運送法の規定による自動車運送事業者[※1]、貨物利用運送事業法の規定による第二種貨物利用運送事業[※2]を経営する者であるときは、当該事業者および当該事業を監督する行政

庁[※3]に対し、当該車両等の使用者がこれらの事業者以外の者であるときは当該車両等の使用者に対し、当該違反の内容を通知するものとされています。

※1　旅客自動車（バス、タクシー）運送事業者および貨物自動車運送事業者
※2　海運、鉄道、航空の利用運送およびこれに先行後続する貨物自動車での貨物の集配を一貫して行う事業
※3　事業所の所在地を管轄する地方運輸支局長

▼公安委員会による通知

監督行政庁（地方運輸局長）
事業の監督
違反内容の通知
業務中
違反内容の通知　公安委員会
道路交通法違反等　自動車運送事業者

■ポイント

・道路交通法違反に対する公安委員会による指示や通知は、穴埋め問題で出題されることが多いので、青字キーワードを覚えておくこと。

練習問題3-9（○×問題）

① 自動車の使用者は、その者の業務に関し、自動車の運転者に対し、道路交通法で定める積載物の重量、大きさ若しくは積載の方法の制限を超えて積載をして運転することを命じ、または自動車の運転者がこれらの行為をすることを容認してはならない。

② 車両の運転者が道路交通法の規定に基づく処分に違反した場合において、当該違反が当該違反に係る車両等の使用者の業務に関してなされたものであると認めるときは、公安委員会は、当該車両等の使用者が道路運送法の規定による自動車運送事業者を経営する者であるときは、当該事業者および当該事業所の運行管理者に対し、当該違反の内容を通知するものとする。

解答

① ○
② × 後半が誤り。この場合、「当該事業所の運行管理者」ではなく、当該事業を監督する行政庁に対し、違反の内容を通知する。

3

道路交通法

3-10 運転免許

平成19年の中型免許に続き平成29年には準中型免許が新設され、免許制度がさらに複雑になりました。また、令和2年6月の法改正により、妨害運転（あおり運転）が罰則化・厳罰化されました。

1 運転免許 重要度 ★★

　大型免許、中型免許、準中型免許、普通免許で運転することができる自動車は、下表の〇印の自動車と小型特殊自動車、原動機付自転車です。

　それぞれの自動車の大きさ（車両総重量および最大積載量）については、p.129の『2. 自動車の大きさ』で確認しておきましょう。

	運転することができる自動車の種類			
	大型自動車	中型自動車	準中型自動車	普通自動車
大型免許	〇	〇	〇	〇
中型免許	×	〇	〇	〇
準中型免許	×	×	〇	〇
普通免許	×	×	×	〇

　なお、法改正により平成19年6月に中型免許、平成29年3月に準中型免許が新設されたことで、普通免許で運転することができる自動車の大きさの範囲が変更されましたが、改正前に普通免許を取得していた者については、改正後も同じ範囲の自動車（＝改正前の普通自動車に該当する自動車）を運転することができます。つまり、改正後も運転できる自動車の範囲は変わりません。

> ●改正前の普通免許保有者が運転できる自動車
> (1) 中型免許が新設される以前に普通免許を受けた者は、車両総重量が8トン未満で最大積載量が5トン未満の自動車を運転することができます（＝8トン限定中型免許）。
> (2) 中型免許が新設されてから準中型免許が新設されるまでの間に普通免許を受けた者は、車両総重量が5トン未満で最大積載量が3トン未満の自動車を運転することができます（＝5トン限定準中型免許）。

2　運転免許の取得条件　　　　　　　　　重要度　★

　大型免許、中型免許、準中型免許、普通免許を取得するには、以下の条件を満たす必要があります。

	年齢	取得条件
		他種類の免許の保有期間等
大型免許	21歳	中型免許、準中型免許、普通免許または大型特殊免許を取得しており、かつ、保有通算期間※が3年以上
中型免許	20歳	準中型免許、普通免許または大型特殊免許を取得しており、かつ、保有通算期間※が2年以上
準中型免許	18歳	条件なし
普通免許		

※免許の効力が停止されていた期間を除く

3　免許の更新　　　　　　　　　　　　　重要度　★

　運転免許証の有効期間の更新期間は、免許証の有効期間が満了する日の直前の誕生日の1ヵ月前から免許証の有効期間が満了する日までの間です。

　なお、更新を受けようとする者で更新期間が満了する日の年齢が70歳以上のものは、更新期間が満了する日前6ヵ月以内に公安委員会が行った「高齢者講習」を受けていなければなりません（※講習を受ける必要がないものとして政令で定める者を除く）。

4　免許の取消し、停止等　　　　　　　　重要度　★

(1) 免許の停止等

　免許を受けた者が次のいずれかに該当することとなったときは、その者の住所地を管轄する公安委員会は、その者の免許を取り消し、または6ヵ月を超えない範囲内で期間を定めて免許の効力を停止することができます。

① 幻覚の症状を伴う精神病、発作により意識障害・運動障害をもたらす病気、その他政令で定める自動車等の安全な運転に支障を及ぼすおそれがある病気にかかっている者であることが判明したとき。

② 認知症であることが判明したとき。

③ 目が見えないことその他自動車等の安全な運転に支障を及ぼすおそれがある身体の障害として政令で定めるものが生じている者であることが判明し

たとき。

④ アルコール、麻薬または覚せい剤等の中毒者であることが判明したとき。

⑤ 免許の効力の停止に伴う公安委員会からの所定の命令に違反したとき。

⑥ 自動車等の運転に関し道路交通法または道路交通法に基づく処分等に違反したとき（（2）の①～④のいずれかに該当する場合を除く）。

⑦ 重大違反行為を唆（そそのか）したとき。

⑧ 道路外致死傷※をしたとき（（2）の⑤に該当する場合を除く）。

　　　　　　　　　　※道路以外の場所で自動車等をその本来の用い方に
　　　　　　　　　　　従って用いることにより人を死傷させる行為

⑨ ①～⑧のほか、免許を受けた者が自動車等を運転することが著しく道路における交通の危険を生じさせるおそれがあるとき。

（2）免許の取消し

　免許を受けた者が次のいずれかに該当することとなったときは、その者の住所地を管轄する公安委員会は、その者の免許を取り消すことができます。

① 自動車等の運転により人を死傷させ、または建造物を損壊させる行為で故意によるものをしたとき（運転殺傷等）。

② 危険運転致死傷※の罪に当たる行為をしたとき。

　　　　　　※「アルコールや薬物の影響により正常な運転が困難な状態」や「進行を
　　　　　　　制御することが困難な高速度」で自動車を走行させるなど、一定の危険
　　　　　　　な状態で自動車を走行させ、または運転し、人を死傷させる行為

③ 酒酔い運転・麻薬等運転をしたとき、または妨害運転罪（次項目参照）の罪を犯し、よって高速自動車国道等において他の自動車を停止させ、その他道路における著しい交通の危険を生じさせたとき。

④ 救護義務違反（p.156「8. 交通事故の場合の措置」参照）をしたとき。

⑤ 道路外致死傷で故意によるものまたは危険運転致死傷の罪に当たるものをしたとき。

5　妓害運転罪　　　　　　　　　　　　　　　　重要度　★★

　他の車両等の通行を妨害する目的で、一定の違反行為であって、当該他の車両等に道路における交通の危険を生じさせるおそれのある方法によるもの（いわゆる「あおり運転」）をした場合、妨害運転罪となり、罰則が科せられます。

▼妨害運転（あおり運転）の対象となる違反行為

通行区分違反

急ブレーキ
禁止違反

車間距離不保持

進路変更禁止違反

追越し違反

減光等義務違反

警音器使用
制限違反

安全運転義務違反

最低速度違反
（高速自動車国道）

高速自動車国道等
駐停車違反

出典：警察庁「令和2年改正道路交通法リーフレットB」
https://www.npa.go.jp/bureau/traffic/anzen/aori.html

3
道路交通法

●妨害運転（あおり運転）に対する罰則

（1）違反の種別：妨害運転（交通の危険のおそれ）

　他の車両等の通行を妨害する目的で、一定の違反行為（上記「▼妨害運転（あおり運転）の対象となる違反行為」参照）であって、他の車両等に道路における交通の危険を生じさせるおそれのある方法によるものをした場合

罰則	3年以下の懲役または50万円以下の罰金	
行政処分	違反点数：25点	免許取消し（欠格期間2年）

（2）違反の種別：妨害運転（著しい交通の危険）

　（1）の罪を犯し、よって高速道路等において他の自動車を停止させ、その他道路における著しい交通の危険を生じさせた場合

罰則	5年以下の懲役または100万円以下の罰金	
行政処分	違反点数：35点	免許取消し（欠格期間3年）

6　免許の効力の仮停止　　重要度　★★

　免許を受けた者が自動車等の運転に関し次のいずれかに該当することとなったときは、その者が交通事故を起こした場所を管轄する警察署長は、その者に対し、交通事故を起こした日から起算して30日を経過する日を終期とする免許の効力の停止（仮停止）をすることができます。

① 交通事故を起こして人を死亡させ、または傷つけた場合において、救護義務違反 (p.156「8. 交通事故の場合の措置」参照) をしたとき。

② 飲酒運転(酒酔い運転・酒気帯び運転)、過労運転、麻薬等運転、無免許運転、無資格運転、携帯電話の使用等 (交通の危険)[※]、妨害運転 (著しい交通の危険) (p.165「●妨害運転 (あおり運転) に対する罰則」の (2) 参照) のような重大な違反行為をし、よって交通事故を起こして人を死亡させ、または傷つけたとき。

※「5. 運転者の遵守事項」の⑫ (p.155参照) に違反する行為 (運転中の携帯電話の使用等、いわゆる「ながら運転」) により道路における交通の危険を生じさせたもの

③ 最高速度違反または積載制限違反などの違反行為をし、よって交通事故を起こして人を死亡させたとき。

なお、警察署長は、仮停止をしたときは、処分をした日から起算して5日以内に、処分を受けた者に対し弁明の機会を与えなければなりません。

▼運転免許の仮停止

免許の仮停止

警察署長

免許の停止・取消処分が下されるまでには一定の期間を要するため、その間も運転させないために一時的に免許の効力を停止する制度!

※重大な違反を伴う死傷事故等

■ポイント

・一般的な免許の停止や取消しの他に免許の仮停止という制度があることを知っておくとよい。

➡練習問題3-10 (○×問題) は、p.170をご覧ください。

3-11 道路標識

頻繁に試験に出題される項目ではありませんが、重要度が★★★や★★のものについては正確な意味を理解しておきましょう。特に、⑤の「大型貨物自動車等通行止め」の意味は勘違いしやすいので注意が必要です。

①通行止め　　　　　重要度 ★
歩行者、車両および路面電車の通行を禁止する。

②車両通行止め　　　　重要度 ★
車両の通行を禁止する。

③車両進入禁止　　　　重要度 ★★
車両が標識の方向から進入することを禁止する（一方通行の出口など）。

④二輪の自動車以外の自動車通行止め　　　重要度 ★
二輪自動車以外の自動車の通行を禁止する。

⑤大型貨物自動車等通行止め　　　重要度 ★★★
車両総重量8トン以上または最大積載量5トン以上の貨物自動車（＝大型貨物自動車、特定中型貨物自動車）および大型特殊自動車の通行を禁止する。

●特定中型自動車とは…
　中型自動車のうち、車両総重量8トン以上または最大積載量5トン以上のもの（⇒つまり、特定中型自動車も中型自動車の一部です！）

3
道路交通法

⑥特定の最大積載量以上の貨物自動車等通行止め 　重要度　★

補助標識で示された最大積載量以上の貨物自動車の通行を禁止する（※左図の場合、最大積載量が3トン以上の貨物自動車の通行が禁止されている）。

⑦指定方向外進行禁止 　重要度　★★

車両は、指定された方向以外の方向に進行してはならない。

⑧車両横断禁止 　重要度　★★

車両の横断を禁止する（道路外の施設等または場所に出入りするための左折を伴う横断※は除く）。

※ 単純に「左側の道路外にある施設等に出入りする」ということ。「横断」というと「道路の端から端までを横切ること」とイメージしがちだが、「道路の一部分を横切ること」も横断である。

⑨転回禁止 　重要度　★

車両の転回（Uターン）を禁止する。

⑩追越しのための右側部分はみ出し通行禁止 　重要度　★

追越しのために右側部分にはみ出して通行することを禁止する。

⑪追越し禁止 　重要度　★★

車両（軽車両を除く）の追越しを禁止する。

⑫駐停車禁止 　重要度　★

車両の駐車および停車を禁止する。

⑬駐車禁止 　重要度　★★

車両の駐車を禁止する。

駐車余地 6m

⑭駐車余地　　　　　　　　　　　　　　　　重要度 ★

車両の右側に、補助標識で示された余地を空けないと駐車しては
いけない。

⑮重量制限　　　　　　　　　　　　　　　　重要度 ★★

表示された重量を超える総重量の車両の通行を禁止する（※左図
の場合、最大積載量 5.5 トンの自動車まで通行が可能）。

⑯高さ制限　　　　　　　　　　　　　　　　重要度 ★★

表示された高さを超える高さ（積載物の高さを含む）の車両の通行
を禁止する（※左図の場合、高さ 3.3m の自動車まで通行可能）。

⑰最大幅　　　　　　　　　　　　　　　　　重要度 ★

表示された幅を超える幅（積載物の幅を含む）の車両の通行を禁止
する（※左図の場合、幅 2.2m の自動車まで通行可能）。

⑱最高速度　　　　　　　　　　　　　　　　重要度 ★

標示板に表示された速度を超えて走行してはならない。

⑲最低速度　　　　　　　　　　　　　　　　重要度 ★

標示板に表示された速度を下回って走行してはならない。

⑳特定の種類の車両の通行区分　　　　　　　重要度 ★★

大型貨物自動車、特定中型貨物自動車および大型特殊自動車は、
最も左側の車両通行帯を通行しなければならない。

㉑けん引自動車の高速自動車国道通行区分　　重要度 ★

けん引自動車の高速自動車国道の通行区分を示している。

㉒けん引自動車の自動車専用道路第一通行帯通行指定区間
　　　　　　　　　　　　　　　　　　　　　重要度 ★

けん引自動車は左から一番目の車両通行帯を通行しなければなら
ない。

3

道路交通法

■ポイント

- 「⑤大型貨物自動車等通行止め」の道路標識の意味については、正確に覚えておくこと。

練習問題3-10（○×問題）

① 酒気を帯びて自動車を運転し、交通事故を起こしたときは、交通事故の発生場所を管轄する警察署長は、事故による死者または負傷者がない場合であっても、その者に対し、免許の効力の仮停止をすることができる。

② 警察署長は免許を受けた者に対し免許の効力の仮停止をしたときは、処分をした日から起算して5日以内に、処分を受けた者に対し弁明の機会を与えなければならない。

練習問題3-11（○×問題）

③ この道路標識が設置されている道路においては、車両総重量が7,980キログラムで最大積載量が4,500キログラムの中型貨物自動車は通行することができない。

④ この道路標識は、「車両は、横断（道路外の施設または場所に出入するための左折を伴う横断を除く）することができない。」ことを示している。

⑤ この道路標識は、「車両は、停車してはならない。」ことを示している。

⑥ この道路標識が設置されている道路においては、高さが3.3mの自動車は通行することができる。

解答 ・・

① × 免許の仮停止の対象になるのは、酒気帯び運転により交通事故を起こして人を死亡させ、または傷つけたときである。

② ○

③ × 「車両総重量8トン以上または最大積載量5トン以上の貨物自動車」等の通行禁止を意味する道路標識なので、この基準未満の中型貨物自動車は通行可能である。

④ ○

⑤ × 「駐車してはならない」ことを示す道路標識である。

⑥ ○

テーマ別過去問にチャレンジ

問　題

※ 解答にあたっては、各設問および選択肢に記載された事項以外は、考慮しない
　ものとします。また、各問題の設問で求める数と異なる数の解答をしたもの、
　および複数の解答を求める設問で一部不正解のものは、正解としません。

1 自動車の種類・速度

■問1 　　　　　　　　　　　　　　　　　　　　　　　　（平成30年度第2回試験）

　道路交通法に定める自動車の法定速度についての次の記述のうち、誤ってい
るものを1つ選びなさい。（※法改正により一部改変）

1. 貨物自動車運送事業の用に供する車両総重量5,995キログラムの自動車の
   最高速度は、道路標識等により最高速度が指定されていない片側一車線の
   一般道路においては、時速60キロメートルである。

2. 貨物自動車運送事業の用に供する車両総重量7,520キログラムの自動車は、
   法令の規定によりその速度を減ずる場合および危険を防止するためやむを
   得ない場合を除き、道路標識等により自動車の最低速度が指定されていな
   い区間の高速自動車国道の本線車道（政令で定めるものを除く。）における
   最低速度は、時速50キロメートルである。

3. 貨物自動車運送事業の用に供する車両総重量7,950キログラム、最大積載
   量4,500キログラムであって乗車定員2名の自動車の最高速度は、道路標識
   等により最高速度が指定されていない高速自動車国道の本線車道（政令で定
   めるものを除く。）またはこれに接する加速車線もしくは減速車線においては、
   時速80キロメートルである。

4. 貨物自動車運送事業の用に供する車両総重量が4,995キログラムの自動車
   が、故障した車両総重量1,500キログラムの普通自動車をロープでけん引
   する場合の最高速度は、道路標識等により最高速度が指定されていない一
   般道路においては、時速40キロメートルである。

2 車両の交通方法

■問2 (平成29年度第2回試験)

　車両の交通方法等についての次の記述のうち、<u>誤っているものを1つ</u>選びなさい。

1. 車両は、道路外の施設または場所に出入するためやむを得ない場合において歩道等を横断するとき、または法令の規定により歩道等で停車し、もしくは駐車するため必要な限度において歩道等を通行するときは、徐行しなければならない。

2. 車両の運転者は、左折し、右折し、転回し、徐行し、停止し、後退し、または同一方向に進行しながら進路を変えるときは、手、方向指示器または灯火により合図をし、かつ、これらの行為が終わるまで当該合図を継続しなければならない。（環状交差点における場合を除く。）

3. 車両は、法令に規定する優先道路を通行している場合における当該優先道路にある交差点を除き、交差点の手前の側端から前に30メートル以内の部分においては、他の車両（軽車両を除く。）を追い越すため、進路を変更し、または前車の側方を通過してはならない。

4. 追越しをしようとする車両（後車）は、その追い越されようとする車両（前車）が他の自動車を追い越そうとしているときは、追越しを始めてはならない。

■問3 (平成30年度第1回試験)

　道路交通法に定める追越し等についての次の記述のうち、<u>正しいものを2つ</u>選びなさい。

1. 車両は、トンネル内の車両通行帯が設けられている道路の部分（道路標識等により追越しが禁止されているものを除く。）においては、他の車両を追い越すことができる。

2. 車両は、他の車両を追い越そうとするときは、その追い越されようとする車両（以下「前車」という。）の右側を通行しなければならない。ただし、前車が法令の規定により右折をするため道路の中央または右側端に寄って通行しているときは、前車を追越してはならない。

3. 車両は、法令の規定もしくは警察官の命令により、または危険を防止するため、停止し、もしくは停止しようとして徐行している車両等に追いついたときは、その前方にある車両等の側方を通過して当該車両等の前方に割り込み、またはその前方を横切ってはならない。

4. 車両は、進路を変更した場合にその変更した後の進路と同一の進路を後方から進行してくる車両等の速度または方向を急に変更させることとなるおそれがあるときは、速やかに進路を変更しなければならない。

3 交差点等における通行方法 ━━━━━━━━━━━━━━━

■問4 （令和元年度第1回試験）

道路交通法に定める徐行および一時停止についての次の記述のうち、<u>誤っているものを1つ選びなさい。</u>

1. 交差点またはその附近において、緊急自動車が接近してきたときは、車両（緊急自動車を除く。）は、交差点を避け、かつ、道路の左側（一方通行となっている道路においてその左側に寄ることが緊急自動車の通行を妨げることとなる場合にあっては、道路の右側）に寄って一時停止しなければならない。

2. 車両等は、道路のまがりかど附近、上り坂の頂上附近または勾配の急な上り坂および下り坂を通行するときは、徐行しなければならない。

3. 車両等は、横断歩道に接近する場合には、当該横断歩道を通過する際に当該横断歩道によりその進路の前方を横断しようとする歩行者または自転車がないことが明らかな場合を除き、当該横断歩道の直前で停止することができるような速度で進行しなければならない。

4. 車両は、環状交差点において左折し、または右折するときは、あらかじめその前からできる限り道路の左側端に寄り、かつ、できる限り環状交差点の側端に沿って（道路標識等により通行すべき部分が指定されているときは、その指定された部分を通行して）徐行しなければならない。

■**問5**　　　　　　　　　　　　　　　　　　　　　　（令和2年度第1回試験）

　道路交通法に定める交差点等における通行方法についての次の記述のうち、<u>誤っているものを1つ</u>選びなさい。

1. 車両等（優先道路を通行している車両等を除く。）は、交通整理の行われていない交差点に入ろうとする場合において、交差道路が優先道路であるとき、またはその通行している道路の幅員よりも交差道路の幅員が明らかに広いものであるときは、その前方に出る前に必ず一時停止しなければならない。

2. 車両等は、交差点に入ろうとし、および交差点内を通行するときは、当該交差点の状況に応じ、交差道路を通行する車両等、反対方向から進行してきて右折する車両等および当該交差点またはその直近で道路を横断する歩行者に特に注意し、かつ、できる限り安全な速度と方法で進行しなければならない。

3. 車両は、左折するときは、あらかじめその前からできる限り道路の左側端に寄り、かつ、できる限り道路の左側端に沿って（道路標識等により通行すべき部分が指定されているときは、その指定された部分を通行して）徐行しなければならない。

4. 左折または右折しようとする車両が、法令の規定により、それぞれ道路の左側端、中央または右側端に寄ろうとして手または方向指示器による合図をした場合においては、その後方にある車両は、その速度または方向を急に変更しなければならないこととなる場合を除き、当該合図をした車両の進路の変更を妨げてはならない。

---

④ 停車、駐車 ―――――――――――――――――――――――

■**問6**　　　　　　　　　　　　　　　　　　　　　　（平成30年度第1回試験）

　道路交通法に定める停車および駐車等についての次の記述のうち、<u>誤っているものを1つ</u>選びなさい。

1. 車両は、交差点の側端または道路のまがりかどから5メートル以内の道路の部分においては、法令の規定もしくは警察官の命令により、または危険を防止するため一時停止する場合のほか、停車し、または駐車してはならない。

2. 車両は、法令の規定により駐車しようとする場合には、当該車両の右側の道路上に3メートル（道路標識等により距離が指定されているときは、その距離）以上の余地があれば駐車してもよい。

3. 車両は、踏切の前後の側端からそれぞれ前後に10メートル以内の道路の部分においては、法令の規定もしくは警察官の命令により、または危険を防止するため一時停止する場合のほか、停車し、または駐車してはならない。

4. 交通整理の行われている交差点に入ろうとする車両等は、その進行しようとする進路の前方の車両等の状況により、交差点に入った場合においては当該交差点内で停止することとなり、よって交差道路における車両等の通行の妨害となるおそれがあるときは、当該交差点に入ってはならない。

■問7 （平成30年度第2回試験）

道路交通法に定める停車および駐車等についての次の記述のうち、<u>正しいものを2つ選びなさい。</u>

1. 車両は、交差点の側端または道路のまがりかどから5メートル以内の道路の部分においては、法令の規定もしくは警察官の命令により、または危険を防止するため一時停止する場合のほか、停車し、または駐車してはならない。

2. 車両は、人の乗降、貨物の積卸し、駐車または自動車の格納もしくは修理のため道路外に設けられた施設または場所の道路に接する自動車用の出入口から5メートル以内の道路の部分においては、駐車してはならない。

3. 車両は、消防用機械器具の置場もしくは消防用防火水槽の側端またはこれらの道路に接する出入口から5メートル以内の道路の部分においては、駐車してはならない。

4. 車両は、火災報知機から5メートル以内の道路の部分においては、駐車してはならない。

5 乗車、積載

■問8

　貨物自動車に係る道路交通法に定める乗車、積載および過積載（車両に積載をする積載物の重量が法令による制限に係る重量を超える場合における当該積載。以下同じ。）についての次の記述のうち、誤っているものを1つ選びなさい。

1. 積載物の高さは、3.8メートル（公安委員会が道路または交通の状況により支障がないと認めて定めるものにあっては3.8メートル以上4.1メートルを超えない範囲内において公安委員会が定める高さ）からその自動車の積載をする場所の高さを減じたものを超えてはならない。

2. 車両（軽車両を除く。）の運転者は、当該車両について政令で定める乗車人員または積載物の重量、大きさもしくは積載の方法の制限を超えて乗車をさせ、または積載をして車両を運転してはならない。

3. 警察署長は、荷主が自動車の運転者に対し、過積載をして自動車を運転することを要求するという違反行為を行った場合において、当該荷主が当該違反行為を反復して行うおそれがあると認めるときは、内閣府令で定めるところにより、当該自動車の運転者に対し、当該過積載による運転をしてはならない旨を命ずることができる。

4. 自動車の使用者は、その者の業務に関し、自動車の運転者に対し、道路交通法第57条（乗車または積載の制限等）第1項の規定に違反して政令で定める積載物の重量、大きさまたは積載の方法の制限を超えて積載をして運転することを命じ、または自動車の運転者がこれらの行為をすることを容認してはならない。

6 運転者および使用者の義務

■問9

　車両等の運転者の遵守事項等についての次の記述のうち、正しいものを2つ選びなさい。

1. 車両等の運転者は、身体障害者用の車椅子が通行しているときは、その側方を離れて走行し、車椅子の通行を妨げないようにしなければならない。

2. 車両等の運転者は、高齢の歩行者でその通行に支障のあるものが通行しているときは、一時停止し、または徐行して、その通行を妨げないようにしなければならない。

3. 停留所において乗客の乗降のため停車していた乗合自動車が発進するため進路を変更しようとして手または方向指示器により合図をした場合においては、その後方にある車両は、その速度を急に変更しなければならないこととなる場合にあっても、当該合図をした乗合自動車の進路の変更を妨げてはならない。

4. 車両等の運転者は、児童、幼児等の乗降のため、車両の保安基準に関する規定に定める非常点滅表示灯をつけて停車している通学通園バス（専ら小学校、幼稚園等に通う児童、幼児等を運送するために使用する自動車で政令で定めるものをいう。）の側方を通過するときは、徐行して安全を確認しなければならない。

■問10

（平成30年度第2回試験）

道路交通法に定める交通事故の場合の措置についての次の文中、A、B、C、Dに入るべき字句としていずれか正しいものを1つ選びなさい。

交通事故があったときは、当該交通事故に係る車両等の運転者その他の乗務員は、直ちに車両等の運転を停止して、　A　し、道路における　B　する等必要な措置を講じなければならない。この場合において、当該車両等の運転者（運転者が死亡し、または負傷したためやむを得ないときは、その他の乗務員）は、警察官が現場にいるときは当該警察官に、警察官が現場にいないときは直ちに最寄りの警察署の警察官に当該交通事故が発生した日時および場所、当該交通事故における　C　および負傷者の負傷の程度並びに損壊した物およびその損壊の程度、当該交通事故に係る車両等の積載物並びに　D　を報告しなければならない。

A ①事故状況を確認　　　　　　②負傷者を救護
B ①危険を防止　　　　　　　　②安全な駐車位置を確保
C ①死傷者の数　　　　　　　　②事故車両の数
D ①当該交通事故について講じた措置　②運転者の健康状態

■問11　（平成30年度第1回試験）

　道路交通法に定める運転者および使用者の義務等についての次の記述のうち、<u>正しいものを2つ</u>選びなさい。

1. 自動車の使用者等が法令の規定に違反し、当該違反により自動車の運転者が道路交通法第66条（過労運転等の禁止）に掲げる行為をした場合において、自動車の使用者がその者の業務に関し自動車を使用することが著しく道路における交通の危険を生じさせるおそれがあると認めるときは、当該違反に係る自動車の使用の本拠の位置を管轄する都道府県公安委員会は、当該自動車の使用者に対し、6ヵ月を超えない範囲内で期間を定めて、当該違反に係る自動車を運転してはならない旨を命ずることができる。

2. 自動車を運転する場合においては、当該自動車が停止しているときを除き、携帯電話用装置、自動車電話用装置その他の無線通話装置（その全部または一部を手で保持しなければ送信および受信のいずれをも行うことができないものに限る。）を通話（傷病者の救護等のため当該自動車の走行中に緊急やむを得ず行うものを除く。）のために使用してはならない。

3. 車両等に積載している物が道路に転落し、または飛散したときは、必ず道路管理者に通報するものとし、当該道路管理者からの指示があるまでは、転落し、または飛散した物を除去してはならない。

4. 自動車の運転者は、故障その他の理由により高速自動車国道等の本線車道もしくはこれに接する加速車線、減速車線もしくは登坂車線（以下「本線車道等」という。）において当該自動車を運転することができなくなったときは、政令で定めるところにより、当該自動車が故障その他の理由により停止しているものであることを表示しなければならないが、本線車道等に接する路肩もしくは路側帯においては、この限りではない。

■**問12**　　　　　　　　　　　　　　　（平成29年度第2回試験）

　道路交通法に定める過労運転に係る車両の使用者に対する指示についての次の文中、A、B、C、Dに入るべき字句としていずれか<u>正しいものを1つ</u>選びなさい。

　車両の運転者が道路交通法第66条（過労運転等の禁止）の規定に違反して過労により　　A　　ができないおそれがある状態で車両を運転する行為（以下「過労運転」という。）を当該車両の使用者（当該車両の運転者であるものを除く。以下同じ。）の業務に関してした場合において、当該過労運転に係る　　B　　が当該車両につき過労運転を防止するため必要な　　C　　を行っていると認められないときは、当該車両の使用の本拠の位置を管轄する公安委員会は、当該車両の使用者に対し、過労運転が行われることのないよう運転者に指導または助言することその他過労運転を防止するため　　D　　ことを指示することができる。

A　①運転の維持、継続　　　　②正常な運転
B　①車両の使用者　　　　　　②車両の所有者
C　①運行の管理　　　　　　　②労務の管理
D　①必要な施設等を整備する　②必要な措置をとる

3

道路交通法

テーマ別過去問

解 答・解 説

※問題を解くために参考となる参照項目を「☞」の後に記してあります。

■問1　【正解3】　　　　　　　　　　　　　☞「3-2自動車の種類・速度」

1. 正しい。
2. 正しい。
3. 誤り。本肢のような「車両総重量が8トン未満、最大積載量が5トン未満および乗車定員が10人以下の貨物自動車」の場合、最高速度が指定されていない高速道路における最高速度は、時速100kmです。
4. 正しい。「車両総重量が2,000kg以下の車両」を「その車両の車両総重量の3倍以上の車両総重量の自動車」がロープでけん引する場合の最高速度は、時速40kmです。したがって、本肢は正しい内容です。

■問2　【正解1】　　　　　　　☞「3-3車両の交通方法」、「3-6合図、信号の意味」

1. 誤り。道路外の施設または場所に出入りするためやむを得ない場合において歩道等を横断するとき、または法令の規定により歩道等で停車し、もしくは駐車するため必要な限度において歩道等を通行するときは、歩道等に入る直前で一時停止し、かつ、歩行者の通行を妨げないようにしなければなりません。
2. 正しい。
3. 正しい。
4. 正しい。

■問3　【正解1，3】　　　　　　　　　　　　☞「3-3車両の交通方法」

1. 正しい。
2. 誤り。後半の記述が誤りです。他の車両を追い越そうとする場合において、前車が右折をするため道路の中央または右側端に寄って通行しているときは、その左側を通行しなければなりません。
3. 正しい。
4. 誤り。進路を変更した場合にその変更した後の進路と同一の進路を後方から進行してくる車両等の速度または方向を急に変更させることとなるおそれがあるときは、進路を変更してはなりません。

■**問4** 【正解2】　　　　　☞「3-3車両の交通方法」、「3-4交差点等における通行方法」

1. 正しい。

2. 誤り。車両等が徐行しなければならないは、道路のまがりかど附近、上り坂の頂上附近または勾配の急な下り坂を通行するときです。

3. 正しい。

4. 正しい。

■**問5** 【正解1】　　　　　　　　　☞「3-4交差点等における通行方法」

1. 誤り。車両等（優先道路を通行している車両等を除く。）は、交通整理の行なわれていない交差点に入ろうとする場合において、交差道路が優先道路であるとき、またはその通行している道路の幅員よりも交差道路の幅員が明らかに広いものであるときは、徐行しなければなりません。

2. 正しい。

3. 正しい。

4. 正しい。

■**問6** 【正解2】　　　　　☞「3-4交差点等における通行方法」、「3-5停車、駐車」

1. 正しい。

2. 誤り。車両は、法令の規定により駐車する場合に、車両の右側の道路上に3.5m以上の余地がないこととなる場所においては、駐車してはなりません。

3. 正しい。

4. 正しい。

■**問7** 【正解1，3】　　　　　　　　　　　　　☞「3-5停車、駐車」

1. 正しい。

2. 誤り。駐車が禁止されているのは、人の乗降、貨物の積卸し、駐車または自動車の格納もしくは修理のため道路外に設けられた施設または場所の道路に接する自動車用の出入口から3m以内です。

3. 正しい。

4. 誤り。駐車が禁止されているのは、火災報知機から1m以内です。

■問8 【正解3】 　　　　　　　　☞「3-7乗車、積載」、「3-9使用者の義務」

1. 正しい。
2. 正しい。
3. 誤り。荷主が本肢のような「過積載運転の要求」という違反行為を行った場合、警察署長は、違反行為を行った荷主に対し、当該違反行為をしてはならない旨を命ずることができます。
4. 正しい。

■問9 【正解2, 4】 　　　　　　☞「3-3車両の交通方法」、「3-8運転者の義務」

1. 誤り。身体障害者用の車椅子が通行しているときは、一時停止し、または徐行して、その通行を妨げないようにしなければなりません。
2. 正しい。
3. 誤り。乗客の乗降のため停留所に停車していた乗合自動車が発進するため進路を変更しようとして方向指示器等により合図をした場合には、その後方の車両は、その速度または方向を急に変更しなければならないこととなる場合を除き、合図をした乗合自動車の進路の変更を妨げてはなりません。
4. 正しい。

■問10 【正解A② 　B① 　C① 　D①】 　　　　☞「3-8運転者の義務」

　交通事故があったときは、当該交通事故に係る車両等の運転者その他の乗務員は、直ちに車両等の運転を停止して、（A＝負傷者を救護）し、道路における（B＝危険を防止）する等必要な措置を講じなければならない。この場合において、当該車両等の運転者（運転者が死亡し、または負傷したためやむを得ないときは、その他の乗務員）は、警察官が現場にいるときは当該警察官に、警察官が現場にいないときは直ちに最寄りの警察署の警察官に当該交通事故が発生した日時および場所、当該交通事故における（C＝死傷者の数）および負傷者の負傷の程度並びに損壊した物およびその損壊の程度、当該交通事故に係る車両等の積載物並びに（D＝当該交通事故について講じた措置）を報告しなければならない。

■**問11【正解1，2】** ☞「3-8運転者の義務」、「3-9使用者の義務」

1．正しい。

2．正しい。

3．誤り。積載物が道路に転落または飛散したときは、速やかに転落または飛散した物を除去する等道路における危険を防止するため必要な措置を講じなければなりません。

4．誤り。故障その他の理由により高速自動車国道等の本線車道等またはこれらに接する路肩もしくは路側帯において当該自動車を運転することができなくなったときは、当該自動車が故障その他の理由により停止しているものであることを表示しなければなりません。

■**問12【正解A②　B①　C①　D②】** ☞「3-9使用者の義務」

　車両の運転者が道路交通法第66条（過労運転等の禁止）の規定に違反して過労により（A＝正常な運転）ができないおそれがある状態で車両を運転する行為（以下「過労運転」という。）を当該車両の使用者（当該車両の運転者であるものを除く。）の業務に関してした場合において、当該過労運転に係る（B＝車両の使用者）が当該車両につき過労運転を防止するため必要な（C＝運行の管理）を行っていると認められないときは、当該車両の使用の本拠の位置を管轄する公安委員会は、当該車両の使用者に対し、過労運転が行われることのないよう運転者に指導しまたは助言することその他過労運転を防止するため（D＝必要な措置をとる）ことを指示することができる。

3

道路交通法

テーマ別過去問

道路交通法
【重要数字まとめ】

定義	駐車に該当しないもの	貨物の積卸しのための停止で5分を超えないもの
速度	車両総重量8トン以上または最大積載重量5トン以上の貨物自動車が高速道路を走行する際の最高速度	80km/h
駐停車禁止	交差点の側端、道路のまがりかどから	5m以内
	横断歩道、自転車横断帯から	
	安全地帯の左側の前後の側端から	10m以内
	バス、路面電車の停留所から	
	踏切の前後から	
駐車禁止	火災報知機から	1m以内
	道路外施設等の自動車用の出入口から	3m以内
	道路工事の区域から	5m以内
	消防用機械器具の置場、消防用防火水槽、これらの道路に接する出入口から	
	消火栓、指定消防水利の標識や消防用防火水槽の取り入れ口から	
合図	右左折・転回するとき	30m手前
	同一方向に進行しながら進路を右左方に変更するとき（進路変更）	3秒前
積載制限	積載物の長さ	自動車の長さにその長さの10分の1の長さを加えたものまで
	積載物の高さ	3.8mからその自動車の積載をする場所の高さを減じたもの
	積載方法の制限（前後）	自動車の長さの10分の1の長さを超えてはみ出さないこと

第 **4** 章

労働基準法

労働基準法は、労働者に対する労働条件の最低基準を定めた法律です。この基準を下回るような労働契約は認められません。試験での出題数は【30問中6問】です。トラック運転者にのみ適用される特別ルールである『[4-9]～[4-11]労働時間等の改善基準』の内容が極めて重要です。

4-1 労働条件の原則

労働基準法は、労働条件に関する最低基準を定めた法律であり、労働基準法上の基準を理由として労働条件を低下させてはなりません。また、労働条件については、労働者と使用者が対等の立場で決定すべきとされています。

1 労働条件の原則 　　　　　　　　　　重要度 ★★★

　労働条件は、労働者が人たるに値する生活を営むための必要を充たすべきものでなければなりません。労働基準法は労働条件の最低基準を定めたものであり、労働関係の当事者は、この基準を理由として労働条件を低下させてはならないことはもとより、その向上を図るように努めなければなりません。

●労働基準法上の基準を理由とする労働条件の低下は絶対禁止！
　労働基準法上の基準を理由とする労働条件の低下については、当事者間（労働者と使用者）で合意があったとしても許されません！

2 労働条件の決定 　　　　　　　　　　　重要度 ★★

　労働条件は、労働者と使用者が、対等の立場において決定すべきものであり、労働者および使用者の双方が、労働協約、就業規則および労働契約を遵守し、誠実に各々その義務を履行しなければなりません。

労働協約	労働条件等について、労働組合と使用者との間で締結する書面による協定（両当事者の署名または記名押印が必要）
就業規則	労働者が就業上遵守すべき規律や労働条件に関する具体的ルールについて定められた規則
労働契約	労働者が使用者に使用されて労働し、使用者がこれに対して賃金を支払うことを内容とする労働者と使用者との契約

3 差別的取扱い・強制労働の禁止 　　　　重要度 ★★

(1) 均等待遇

　使用者は、労働者の国籍、信条または社会的身分を理由として、賃金、労働時間その他の労働条件について、差別的取扱いをしてはなりません。

(2) 男女同一賃金の原則

　使用者は、労働者が女性であることを理由として、賃金について、男性と差

別的取扱いをしてはなりません。

（3）強制労働の禁止

　使用者は、暴行、脅迫、監禁その他精神または身体の自由を不当に拘束する手段によって、労働者の意思に反して労働を強制してはなりません。

> **●語尾に注目！**
> 「～してはならない」（絶対禁止）であり、「しないよう努めなければならない」（努力義務）ではない！
> ▶ 国籍等による労働条件等の差別的取扱い
> ▶ 性別による賃金の差別的取扱い
> ▶ 強制労働
>
>

4 労働基準法

4 　中間搾取の排除　　　　　　　　　　　重要度　★

　何人も、法律に基づいて許される場合（例：労働者派遣事業）の外、業として他人の就業に介入して利益を得てはなりません。

5 　公民権行使の保障　　　　　　　　　　重要度　★

　使用者は、労働者が労働時間中に、選挙権その他公民としての権利を行使し、または公の職務（例：裁判員）を執行するために必要な時間を請求した場合においては、拒んではなりません。ただし、権利の行使または公の職務の執行に妨げがない限り、請求された時刻を変更することができます。

6 　用語の定義（労働者と使用者）　　　　重要度　★★

　「労働者」とは、職業の種類を問わず、事業または事務所に使用される者で、賃金を支払われる者をいいます。また、「使用者」とは、事業主または事業の経営担当者その他その事業の労働者に関する事項について、事業主のために行為をするすべての者をいいます。

■ポイント

・労働基準法上の基準を理由とする労働条件の低下**は許されない**。

➡練習問題4-1（〇×問題）は、p.193をご覧ください。

4-2 労働契約

労働基準法で定めている基準を下回るような労働契約は違法となります。また、解雇制限、解雇の予告、解雇手当てなど、解雇に関する規定はよく試験に出題されるので、しっかり読んでおきましょう。

1 労働基準法違反の契約　　重要度 ★★

　労働基準法で定める基準に達しない労働条件を定める労働契約は、その部分（＝違反している部分）については無効となります。この場合において、無効となった部分は、労働基準法で定める基準によることとなります。

2 契約期間　　重要度 ★★★

　労働契約は、期間の定めのないものを除き、一定の事業の完了に必要な期間を定めるもののほかは、3年（厚生労働大臣が定める基準に該当する専門的知識等を有する労働者または満60歳以上の労働者との労働契約にあっては、5年）を超える期間について締結してはなりません。

3 労働条件の明示　　重要度 ★

　使用者は、労働契約の締結に際し、所定の労働条件を明示（＝はっきりと示すこと）しなければなりません。この場合において、賃金および労働時間に関する事項など所定の事項については、<u>厚生労働省令で定める方法</u>※により明示しなければなりません。　※原則は書面だが、労働者が希望した場合はFAXやメールも可

●原則として書面で明示しなければならないもの
① 労働契約の期間に関する事項
② 就業場所、業務内容に関する事項
③ 始業・終業の時刻、残業の有無、休憩時間、休日、休暇に関する事項
④ 賃金（退職手当および臨時に支払われる賃金を除く）の決定、計算・支払の方法、賃金の締切り・支払の時期に関する事項
⑤ 退職に関する事項（解雇の事由を含む）

● **明示しなければならないが、明示方法は問わないもの**（※一部抜粋）

①賃金の昇給に関する事項

②退職手当に関する事項

③臨時に支払われる賃金、賞与および最低賃金額に関する事項 …など

　※ ただし、「①賃金の昇給に関する事項」以外の事項については、これらに関する定
　　めをしない（＝このような制度がない）場合は、明示する必要はない。

▼労働条件の明示

【労働条件】
・賃金
・労働時間など

書面で明示

・退職金
・ボーナスなど

※明示方法は問わない
（もちろん書面での明示でも可）

労働者　　　　　　　　使用者

4 労働基準法

④ 労働契約の即時解除　　　　　　　重要度 ★★★

　労働契約の締結に際し、使用者から明示された労働者に対する賃金、労働時間その他法令に定める労働条件が、事実と相違する場合には、労働者は、即時に労働契約を解除することができます。

　なお、この場合において、就業のために住居を変更した労働者が、契約解除の日から14日以内に帰郷する場合には、使用者は、必要な旅費を負担しなければなりません。

⑤ 賠償予定の禁止　　　　　　　　　重要度 ★★

　使用者は、労働契約の不履行について違約金を定め、または損害賠償額を予定する契約をしてはなりません。

● **損害賠償額を予定する労働契約は絶対禁止！**

　違約金や損害賠償額を予定する契約は、労働者の同意が得られたとしても許されません！ なお、この規定は、あらかじめ違約金や損害賠償の金額を決めることを禁止したものであり、労働契約の不履行により実際に生じた損害に対して賠償を請求することまで禁止しているわけではありません。

⑥　強制貯金　　　　　　　　　　　重要度　★

　使用者は、労働契約に附随して貯蓄の契約をさせ、または貯蓄金を管理する契約（強制貯金の契約）をしてはなりません。

　ただし、労働者の貯蓄金をその委託を受けて管理することは認められており、この場合においては、労働者の過半数で組織する労働組合（労働組合がないときは労働者の過半数を代表する者）との書面による協定をし、これを行政官庁に届け出なければなりません。

⑦　解雇制限　　　　　　　　　　　重要度　★★★

　使用者は、①労働者が業務上負傷し、または疾病にかかり療養のために休業する期間およびその後30日間、②産前産後の女性が法の規定によって休業する期間（p.200「6. 産前産後の就業禁止期間」参照）およびその後30日間は、解雇してはなりません。

　ただし、使用者が、法の規定による打切補償（p.202「1. 療養補償と打切補償」参照）を支払う場合または天災事変その他やむを得ない事由のために事業の継続が不可能となった場合においては、この限りではありません。

> ●**解雇権濫用の法理**
> 　解雇は、客観的に合理的な理由を欠き、社会通念上相当であると認められない場合は、その権利を濫用したものとして、無効となります。

⑧　解雇の予告　　　　　　　　　　重要度　★★★

　使用者は、労働者を解雇しようとする場合においては、少なくとも30日前にその予告をしなければならず、30日前に予告をしない使用者は、30日分以上の平均賃金を支払わなければなりません。

　ただし、天災事変その他やむを得ない事由のために事業の継続が不可能となった場合または労働者の責に帰すべき（＝労働者に責任がある）事由に基づいて解雇する場合においては、この限りではありません。

　なお、解雇の予告の日数は、1日について平均賃金を支払った場合においては、その日数を短縮することができます。たとえば、解雇日の10日前に解雇の予告をした場合、20日分の平均賃金の支払い義務が生じるということです。

9 解雇の予告の例外　　　　　重要度　★★

　前述の「解雇の予告」の規定は、①日々雇い入れられる者、②2ヵ月以内の期間を定めて使用される者、③季節的業務に4ヵ月以内の期間を定めて使用される者、④試みの使用期間中※の者のいずれかに該当する労働者については適用されません。

　ただし、①に該当する者が1ヵ月を超えて引き続き使用されるに至った場合、②または③に該当する者が所定の期間を超えて引き続き使用されるに至った場合、④に該当する者が14日を超えて引き続き使用されるに至った場合においては、この限りではありません。

※「試みの使用期間」とは、解雇の予告の規定が適用されない期間（雇用から14日間）のこという。いわゆる企業が任意で設ける試用期間などとは異なる

10 退職時等の証明　　　　　重要度　★★

　労働者が、退職の場合において、使用期間、業務の種類、その事業における地位、賃金または退職の事由（退職の事由が解雇の場合には、その理由を含む）について証明書を請求した場合においては、使用者は、遅滞なくこれを交付しなければなりません。

　なお、この証明書には、労働者の請求しない事項を記入してはなりません。

11 金品の返還　　　　　重要度　★★

　使用者は、労働者の死亡または退職の場合において、権利者（＝死亡の場合は相続人、退職の場合は労働者本人）からの請求があった場合においては、7日以内に賃金を支払い、積立金、保証金、貯蓄金その他名称の如何を問わず、労働者の権利に属する金品を返還しなければなりません。

▼金品の返還

権利者　請求　7日以内　使用者

■ポイント

・「契約期間」「労働契約の即時解除」「解雇制限」「解雇の予告」についてはよく試験に出題されているので、数字やキーワードを覚えておくこと。

➡練習問題4-2（〇×問題）は、p.193をご覧ください。

4

労働基準法

賃金

賃金の支払いには「①通貨払い、②直接払い、③全額払い、④毎月1回以上払い、⑤一定期日払い」の5原則があります。試験では「平均賃金の定義」についての問題がよく出題されています。

1 賃金の定義　　　　　　　　　　重要度 ★

　賃金とは、賃金、給料、手当、賞与その他名称の如何を問わず、労働の対償として使用者が労働者に支払うすべてのものをいいます。

2 平均賃金の定義　　　　　　　　重要度 ★★★

　平均賃金とは、これを算定すべき事由の発生した日以前3ヵ月間にその労働者に対し支払われた賃金の総額を、その期間の総日数で除した金額をいいます。

$$平均賃金 = \frac{算定事由発生日以前3ヵ月間の賃金総額}{算定事由発生日以前3ヵ月間の総日数}$$

3 賃金の支払い　　　　　　　　　重要度 ★★

　賃金は、通貨で、直接労働者に、その全額を支払わなければなりません。ただし、法令または労働協約に別段の定めがある場合等には、通貨以外のもので支払い、また、法令に別段の定めがある場合、または労働組合等との書面による協定がある場合には、賃金の一部を控除して支払うことができます。

　また、臨時に支払われる賃金、賞与等を除き、毎月1回以上、一定の期日を定めて支払わなければなりません。

4 非常時払　　　　　　　　　　　重要度 ★

　使用者は、労働者が出産、疾病、災害その他厚生労働省令で定める非常の場合の費用に充てるために請求する場合においては、支払期日前であっても、既往の労働に対する賃金を支払わなければなりません。

5 休業手当　　　　　　　　　　　重要度 ★

　使用者の責に帰すべき（＝使用者に責任がある）事由による休業の場合にお

いては、使用者は、休業期間中、労働者に、その平均賃金の100分の60以上
の手当を支払わなければなりません。

6　出来高払制の保障給　　　　重要度　★★

　出来高払制その他の請負制で使用する労働者については、使用者は、労働時間に応じ一定額の賃金の保障をしなければなりません。

7　賃金台帳　　　　重要度　★

　使用者は、各事業場ごとに賃金台帳を調製し、賃金計算の基礎となる事項および賃金の額その他厚生労働省令で定める事項を賃金支払の都度遅滞なく記入しなければなりません。

4
労働基準法

■ポイント

- 平均賃金とは、算定すべき事由の発生した日以前3ヵ月間にその労働者に対し支払われた賃金の総額を、その期間の総日数で除した金額をいう。

練習問題4-1（○×問題）

① 労働基準法で定める労働条件の基準は最低のものであるから、労働関係の当事者は、当事者間の合意がある場合を除き、この基準を理由として労働条件を低下させてはならない。

② 使用者は、労働者が女性であることを理由として、賃金について、男性と差別的取扱いをしないように努めなければならない。

③「労働者」とは、職業の種類を問わず、事業または事業所に使用される者で賃金の支払われる者をいう。

練習問題4-2（○×問題）

④ 労働契約は、期間の定めのないものを除き、原則として、1年を超える期間について締結してはならない。

⑤ 使用者は、労働契約の締結に際し、労働者に対して賃金、労働時間その他の労働条件を明示しなければならず、明示された労働条件が事実と相違する場合においては、労働者は、即時に労働契約を解除することができる。

⑥ 使用者は、労働者が業務上負傷し、または疾病にかかり療養のために休業する期間およびその後6週間並びに産前産後の女性が労働基準法の規定によって休業する期間およびその後8週間は、解雇してはならない。

⑦ 使用者は、労働者を解雇しようとする場合においては、少くとも30日前にその予告をしなければならない。30日前に予告をしない使用者は、30日分以上の平均賃金を支払わなければならない。

練習問題4-3（○×問題）

⑧ 平均賃金とは、これを算定すべき事由の発生した日以前3ヵ月間にその労働者に対し支払われた賃金の総額を、その期間の所定労働日数で除した金額をいう。

⑨ 賃金は、臨時に支払われる賃金、賞与その他これに準ずるもので厚生労働省令で定める賃金を除き、毎月1回以上、一定の期日を定めて支払わなければならない。

⑩ 出来高払制その他の請負制で使用する労働者については、使用者は、労働時間にかかわらず一定額の賃金の保障をしなければならない。

解答

① × 当事者間の合意の有無にかかわらず、労働基準法上の基準を理由とする労働条件の低下は許されない。

② × 女性であることを理由として、賃金について、男性と差別的取扱いをしてはならない。

③ ○

④ × 労働契約は、原則として、3年を超えてはならない。

⑤ ○

⑥ × 解雇が制限されているのは、労働者が業務上の負傷等により療養のために休業する期間およびその後30日間、産前産後の女性が休業する期間およびその後30日間である。

⑦ ○

⑧ × 平均賃金とは、これを算定すべき事由の発生した日以前3ヵ月間にその労働者に対し支払われた賃金の総額を、その期間の総日数で除した金額をいう。

⑨ ○

⑩ × 出来高払制その他の請負制で使用する労働者については、労働時間に応じ一定額の賃金の保障をしなければならない。

4-4 労働時間、休憩、休日、有給休暇

労働時間や休憩、休日に関する規定は、試験対策としてだけでなく、使用者や労働者として知っておくべき重要な内容となります。重要な数字をしっかり覚えておきましょう。

1 法定労働時間 重要度 ★★

　使用者は、労働者に、休憩時間を除き1週間について40時間を超えて労働させてはなりません。また、1週間の各日については、休憩時間を除き1日について8時間を超えて労働させてはなりません。

　ただし、災害その他避けることのできない事由によって、臨時の必要がある場合には、使用者は、行政官庁の許可を受けて（※事態急迫のために行政官庁の許可を受ける暇がない場合においては、事後に遅滞なく届け出る）、その必要の限度において労働時間を延長し、または休日に労働させることができます。

2 休憩 重要度 ★★

　使用者は、労働時間が6時間を超える場合においては少なくとも45分、8時間を超える場合においては少なくとも1時間の休憩時間を労働時間の途中に与えなければなりません。

3 法定休日 重要度 ★★★

　使用者は、労働者に対して、毎週少なくとも1回、または4週間を通じ4日以上の休日を与えなければなりません。

4 時間外労働・休日労働 重要度 ★★★

　使用者は、労働者の過半数で組織する労働組合（労働組合がない場合には労働者の過半数を代表する者）との書面による協定をし、これを行政官庁に届け出た場合には、法定労働時間や法定休日の規定にかかわらず、その協定で定めるところにより労働時間を延長し、または休日に労働させることができます。

4

労働基準法

　なお、この協定においては、次の事項を定めるものとされています。

① 労働時間を延長し、または休日に労働させることができる労働者の範囲

② 対象期間（労働時間を延長し、または休日に労働させることができる期間を
　いい、1年間に限る）

③ 労働時間を延長し、または休日に労働させることができる場合

④ 対象期間における1日、1ヵ月、1年のそれぞれの期間について労働時間を
　延長して労働させることができる時間または労働させることができる休日
　の日数

⑤ 労働時間の延長および休日の労働を適正なものとするために必要な事項と
　して厚生労働省令で定める事項

5　時間外労働・休日労働の上限　　　　重要度 ★★

（1）時間外労働の上限

　時間外労働（休日労働は含まず）は、原則として、<u>1ヵ月で45時間、1年で</u>
<u>360時間</u>※を超えてはなりません。

※ 法令に定める変形労働時間制で労働させる場合には、1ヵ月で42時間、1年で320時間

（2）臨時的な特別の事情がある場合の時間外労働

　臨時的な特別の事情（通常予見することのできない業務量の大幅な増加など）
があり（1）の時間を超えて労働させる必要がある場合には、労使間の合意に基づ
き、以下の範囲内で労働時間を延長し、または休日労働をさせることができます。

① 時間外労働は、1年で720時間を超えないこと。

② 時間外労働と休日労働の合計は、1ヵ月で100時間未満とすること。

③ 時間外労働と休日労働の合計について、「2ヵ月平均」、「3ヵ月平均」、「4ヵ
　月平均」、「5ヵ月平均」、「6ヵ月平均」が、すべて1ヵ月当たり80時間を超
　えないこと。

④ （1）に定める1ヵ月の時間外労働の原則（45時間まで）を超えることができ
　る月数は、1年で6ヵ月以内とすること。

> ● 自動車運転業務に対する特例（労基法附則140条）
> 　自動車運転業務に対しては、上記（1）の規定は適用されず、（2）について
> は猶予期間を経て令和6年4月1日より以下のように取り扱われます。

① 臨時的な特別の事情がある場合における時間外労働の上限については、令和6年4月1日より、720時間ではなく960時間の上限が適用される。

②〜④　令和6年4月1日以降も適用されない（※将来的な適用を目指す）。

注）この特例は、<u>自動車運転業務に従事する従業員（運転者）のみが対象であり、運送事業者の従業員全員が対象になるわけではない</u>。

つまり、運行管理業務や事務業務に従事する従業員には、上記「5.時間外労働・休日労働の上限」の規定が、すでにそのまま適用されているということである！

（3）健康上特に有害な業務の労働時間の延長

坑内労働その他厚生労働省令で定める健康上特に有害な業務の労働時間の延長は、1日について2時間を超えてはなりません。

6　時間外、休日および深夜の割増賃金　　重要度　★★

（1）時間外労働・休日労働の割増賃金

使用者が、労働時間を延長し、または休日に労働させた場合には、その時間またはその日の労働については、通常の労働時間または労働日の賃金の計算額の2割5分以上5割以下の範囲内で政令で定める率以上の率で計算した割増賃金を支払わなければなりません。

ただし、延長して労働させた時間が1ヵ月について60時間を超えた場合には、その超えた時間の労働については、通常の労働時間の賃金の計算額の5割以上の率で計算した割増賃金を支払わなければなりません。

（2）深夜業務の割増賃金

使用者が、午後10時から午前5時まで（厚生労働大臣が必要であると認める地域または期間については午後11時から午前6時まで）の間において労働させた場合においては、その時間の労働については、通常の労働時間の賃金の計算額の2割5分以上の率で計算した割増賃金を支払わなければなりません。

7　時間計算　　重要度　★★

労働時間は、事業場を異にする場合においても、労働時間に関する規定の適用については通算されます（例：1日にA事業場とB事業場でそれぞれ4時間働いた場合、その日の労働時間は8時間となる）。

4

労働基準法

8　年次有給休暇の付与　　　　　重要度 ★★★

　使用者は、その雇入れの日から起算して6ヵ月間継続勤務し全労働日の8割以上出勤した労働者に対して、継続し、または分割した10労働日の有給休暇を与えなければなりません。

9　年次有給休暇の付与の時季　　　　重要度 ★★

(1) 労働者の申し出による付与

　使用者は、有給休暇を労働者の請求する時季に与えなければなりません。ただし、請求された時季に有給休暇を与えることが事業の正常な運営を妨げる場合には、他の時季に与えることができます。

(2) 使用者の時季指定による付与

　前項目「8.年次有給休暇の付与」の規定により10労働日以上の有給休暇を付与しなければならない労働者に対しては、有給休暇の日数のうち5日については、基準日（有給休暇が付与された日）から1年以内の期間に、労働者ごとにその時季を定めることにより与えなければなりません。

● **労働者からの意見聴取**

　使用者の時季指定による有給休暇の付与については、あらかじめ、有給休暇を与えることを労働者に明らかにした上で、その時季について労働者の意見を聴かなければなりません。

10　年次有給休暇取得における出勤率の算定　重要度 ★

　①労働者が業務上負傷し、または疾病にかかり療養のために休業した期間、②法に定める育児休業または介護休業をした期間、③産前産後の女性が法の規定によって休業する期間（p.200「6. 産前産後の就業禁止期間」参照）は、年次有給休暇取得のための出勤率の算定上、出勤したものとみなされます。

■ **ポイント**

・労働時間、休憩、休日、有給休暇いずれもよく試験に出題されており、数字を正確に覚えることがポイントである。

➡練習問題4-4（○×問題）は、p.201をご覧ください。

年少者、妊産婦

> 未成年者や産前産後の女性労働者については、就業が制限されている時間帯や期間があります。「産前産後の就業禁止期間」については比較的よく試験で出題されています。

1 年少者の証明書　　　　　　　　　重要度 ★

　使用者は、満18才に満たない者について、その年齢を証明する<u>戸籍証明書</u>※を事業場に備え付けなければなりません。

※住民票記載事項証明書が適切とされている

2 未成年者の労働契約　　　　　　　　重要度 ★

　親権者または<u>後見人</u>※は、未成年者に代って労働契約を締結してはなりません。ただし、労働契約が未成年者に不利であると認める場合には、将来に向ってこれを解除することができます。　　　　　※親権者がいない場合の法定代理人

3 未成年者の賃金　　　　　　　　　　重要度 ★

　未成年者は、独立して賃金を請求することができます。親権者または後見人は、未成年者の賃金を代って受け取ってはなりません。

4 深夜業　　　　　　　　　　　　　　重要度 ★★

　使用者は、満16才以上の男性を交替制によって使用する場合その他法令で定める場合を除き、満18才に満たない者を午後10時から午前5時までの間において使用してはなりません。

5 帰郷旅費　　　　　　　　　　　　　重要度 ★

　満18才に満たない者が解雇の日から14日以内に帰郷する場合には、使用者は、法令で定める場合を除き、必要な旅費を負担しなければなりません。

4

労働基準法

6 産前産後の就業禁止期間　　　重要度 ★★

　使用者は、6週間（多胎妊娠（たたいにんしん）※の場合にあっては、14週間）以内に出産する予定の女性が休業を請求した場合には、その者を就業させてはなりません。

　また、産後8週間を経過しない女性を就業させてはなりません。ただし、産後6週間を経過した女性が請求した場合において、その者について医師が支障がないと認めた業務に就かせることは、差し支えありません。

※2人以上の赤ちゃんを同時に妊娠すること

▼産前産後の就業禁止期間

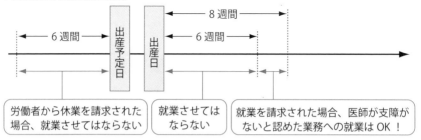

7 妊産婦の保護　　　重要度 ★

　使用者は、妊産婦が請求した場合においては、時間外労働、休日労働または深夜業をさせてはなりません。

8 育児時間　　　重要度 ★

　生後満1年に達しない生児を育てる女性は、所定の休憩時間のほか、1日2回各々少なくとも30分、その生児を育てるための時間を請求することができます。

■ポイント

・6週間以内に出産予定の女性から請求された場合や産後8週間以内の女性を就業させてはならない。ただし、産後6週間を経過した女性から請求があり、医師が認めた業務に就かせることは可能である。

練習問題4-4（○×問題）

① 使用者は、労働者に、休憩時間を除き1週間について40時間を超えて、労働させてはならない。また、1週間の各日については、労働者に、休憩時間を除き1日について8時間を超えて、労働させてはならない。

② 使用者は、労働者に対して、毎週少なくとも2回、または4週間を通じ8日以上の休日を与えなければならない。

③ 使用者は、労働者の過半数で組織する労働組合（労働組合がないときは労働者の過半数を代表する者）との書面による協定をし、これを行政官庁に届け出た場合には、その協定で定めるところによって労働時間を延長し、または休日に労働させることができる。

④ 使用者が、労働時間を延長し、または休日に労働させた場合においては、その時間またはその日の労働については、通常の労働時間または労働日の賃金の計算額の2割5分以上5割以下の範囲内でそれぞれ政令で定める率以上の率で計算した割増賃金を支払わなければならない。

⑤ 使用者は、その雇入れの日から起算して6ヵ月間継続勤務し全労働日の8割以上出勤した労働者に対して、継続し、または分割した5労働日の有給休暇を与えなければならない。

練習問題4-5（○×問題）

⑥ 使用者は、8週間以内に出産する予定の女性が休業を請求した場合においては、その者を就業させてはならない。

⑦ 使用者は、産後8週間を経過しない女性を就業させてはならない。ただし、産後6週間を経過した女性が請求した場合において、その者について医師が支障がないと認めた業務に就かせることは、差し支えない。

解答

① ○
② × 毎週少なくとも1回、または4週間を通じ4日以上の休日を与えなければならない。
③ ○
④ ○
⑤ × 雇入れの日から6ヵ月間継続勤務し全労働日の8割以上出勤した労働者には10労働日の有給休暇を与えなければならない。
⑥ × 就業させてはならないのは、6週間以内に出産する予定の女性が休業を請求した場合である。
⑦ ○

Check!

4-6 災害補償

労働者が業務中にケガをしたり、死亡したりした場合には、使用者は一定の補償を行わなければなりません。この項目も数字を覚えることがポイントですが、近年の試験ではあまり出題されていません。

1 療養補償と打切補償　　　　　重要度 ★

(1) 療養補償

労働者が業務上負傷し、または疾病にかかった場合には、使用者は、その費用で必要な療養を行い、または必要な療養の費用を負担しなければなりません。

(2) 打切補償

療養補償を受ける労働者が、療養開始後3年を経過しても負傷または疾病がなおらない場合には、使用者は、平均賃金の1,200日分の打切補償を行い、その後は労働基準法の規定による補償を行わなくてもよいとされています。

2 休業補償　　　　　重要度 ★

労働者が、業務上の負傷または疾病による療養のため、労働することができないために賃金を受けない場合には、使用者は、労働者の療養中、平均賃金の100分の60の休業補償を行わなければなりません。

3 遺族補償　　　　　重要度 ★

労働者が業務上死亡した場合においては、使用者は、遺族に対して、平均賃金の1,000日分の遺族補償を行わなければなりません。

4 葬祭料　　　　　重要度 ★

労働者が業務上死亡した場合においては、使用者は、葬祭を行う者に対して、平均賃金の60日分の葬祭料を支払わなければなりません。

■ポイント

・数字を覚えることがポイントだが、近年はあまり出題されていない。

➡練習問題4-6 (○×問題) は、p.206をご覧ください。

202

4-7 就業規則その他

就業規則は、いわば会社内のルールブックのようなものであり、作成や変更の手続きなどはしっかりと覚えましょう。また、労働者名簿、賃金台帳など重要な書類については、一定期間の保存が義務付けられています。

1 就業規則の作成・届出の義務　　重要度 ★★

　常時10人以上の労働者を使用する使用者は、所定の事項について就業規則を作成し、行政官庁に届け出なければなりません。これらの事項を変更した場合も同様です。

▼就業規則の作成・届出の義務

2 就業規則の作成の手続　　重要度 ★★★

　使用者は、就業規則の作成・変更については、労働者の過半数で組織する労働組合（労働組合がないときは労働者の過半数を代表する者）の意見を聴かなければなりません。

▼就業規則の作成の手続

※意見を聴けばよいのであって、同意までは不要！

4

労働基準法

203

3 制裁規定の制限   重要度 ★★

　就業規則で、労働者に対して減給の制裁を定める場合には、その減給は、1回の額が平均賃金の1日分の半額を超え、総額が一賃金支払期における賃金の総額の10分の1を超えてはなりません（⇒つまり、減給は10%まで）。

4 法令および労働協約との関係   重要度 ★

　就業規則は、法令または当該事業場について適用される労働協約（p.186「2. 労働条件の決定」参照）に反してはなりません。行政官庁は、法令または労働協約に抵触する就業規則の変更を命ずることができます。

5 法令等の周知義務   重要度 ★★

　使用者は、労働基準法およびこれに基づく命令の要旨、就業規則等を、常時各作業場の見やすい場所へ掲示し、または備え付けること、書面を交付することその他の厚生労働省令で定める方法によって、労働者に周知させなければなりません。

6 労働者名簿   重要度 ★

　使用者は、各事業場ごとに労働者名簿を、各労働者（日々雇い入れられる者を除く）について調製し、労働者の氏名、生年月日、履歴その他厚生労働省令で定める事項を記入しなければなりません。

7 記録の保存   重要度 ★★

　使用者は、労働者名簿、賃金台帳および雇入れ、解雇、災害補償、賃金その他労働関係に関する重要な書類を<u>5年間</u>※保存しなければなりません。

※経過措置として、当分の間は3年間

■ポイント

・ 就業規則を作成・変更する際は、労働組合等の意見を聴かなければならないのであり、同意を得ることまでは不要である。

➡練習問題4-7（○×問題）は、p.206をご覧ください。

4-8 安全衛生（健康診断）

健康診断については安全衛生法という法律に定められています。運行管理者試験では、これまで第5章の「実務上の知識および能力」から出題されていましたが、平成28年度試験以降、労働基準法関係からも出題されています。

1 健康診断 　　重要度 ★★★

事業者は、労働者に対し、所定の項目について医師による健康診断を行わなければなりません。健康診断の種類は以下の通りです。

	受診の対象	受診の時期
①雇入時の健康診断	常時使用する労働者	雇い入れるとき
②定期健康診断	常時使用する労働者 （③の特定業務従事者を除く）	1年以内ごと
③特定業務従事者の健康診断	深夜業（原則として、午後10時〜午前5時までの間における業務）など特定の業務に常時従事する労働者	当該業務への配置替えの際および6ヵ月以内ごと

なお、①の雇入時の健康診断については、「健康診断の受診後3ヵ月を経過しない者」を雇い入れる場合において、その者が当該健康診断の結果を証明する書面を提出したときは、当該健康診断の項目に相当する項目については、この限りではないとされています。

2 健康診断の結果に基づく医師からの意見聴取 　重要度 ★★

事業者は、健康診断の項目に異常の所見があると診断された労働者については、当該健康診断の結果に基づき、健康を保持するために必要な措置について、医師の意見を聴かなければなりません。

●医師からの意見聴取の期日
① 労働者が雇入時の健康診断など所定の健康診断を受けた場合、当該健康診断が行われた日から3ヵ月以内に、医師からの意見聴取を行うこと。
② 深夜業に従事する労働者が、自ら受けた自発的健康診断の結果を証明する書面を事業者に提出した場合、当該健康診断の結果を証明する書面が提出された日から2ヵ月以内に、医師からの意見聴取を行うこと。

4
労働基準法

3　診断結果の記録・通知　　　　　重要度　★★★

　事業者は、労働者が受けた健康診断の結果に基づき、健康診断個人票を作成し、5年間保存しなければなりません。

　また、健康診断を受けた労働者に対し、遅滞なく、当該健康診断の結果を通知しなければなりません。この通知は、労働者からの請求の有無などにかかわらず、必ず通知しなければなりません。

■ポイント

・ 健康診断の実施時期はよく試験に出題されているので、正確に覚えておくこと。
・ 健康診断個人票は5年間保存する。

練習問題4-6（○×問題）

① 労働者が業務上負傷し、または疾病にかかり、その療養のため、労働することができないために賃金を受けない場合においては、使用者は、労働者の療養中平均賃金の100分の60の休業補償を行わなければならない。

練習問題4-7（○×問題）

② 常時5人以上の労働者を使用する使用者は、法令に定める事項について就業規則を作成し、行政官庁に届け出なければならない。

③ 使用者は、就業規則の作成または変更について、労働者の過半数で組織する労働組合（労働組合がないときは労働者の過半数を代表する者）と協議し、その内容について同意を得なければならない。

④ 就業規則で、労働者に対して減給の制裁を定める場合においては、その減給は、1回の額が平均賃金の1日分の半額を超え、総額が一賃金支払期における賃金の総額の10分の1を超えてはならない。

⑤ 使用者は、労働基準法およびこれに基づく命令の要旨、就業規則、時間外労働および休日労働に関する協定等を、常時各作業場の見やすい場所へ掲示し、または備え付けること、書面を交付することその他の厚生労働省令で定める方法によって、労働者に周知させなければならない。

練習問題 4-8（○×問題）

⑥ 事業者は、常時使用する労働者を雇い入れるときは、当該労働者に対し、健康診断を行わなければならない。ただし、医師による健康診断を受けた後、6ヵ月を経過しない者を雇い入れる場合において、その者が当該健康診断の結果を証明する書面を提出したときは、当該健康診断の項目に相当する項目については、この限りではない。

⑦ 事業者は、常時使用する労働者（深夜業を含む業務等所定の業務に従事する労働者を除く。）に対し、1年以内ごとに1回、定期健康診断を行わなければならない。

⑧ 事業者は、深夜業を含む業務に常時従事する労働者に対し、当該業務への配置換えの際1年以内ごとに1回、定期健康診断を行わなければならない。

⑨ 事業者は、労働者が受けた健康診断の結果に基づき健康診断個人票を作成し、3年間保存しなければならない。

⑩ 事業者は、事業者が行う健康診断を受けた労働者に対し、遅滞なく、当該健康診断の結果を通知しなければならない。

解答

① ○
② × 常時10人以上の労働者を使用する使用者は、就業規則を作成し、行政官庁に届け出なければならない。
③ × 就業規則の作成・変更については、労働組合等と協議し、その内容について意見を聴かなければならない。
④ ○
⑤ ○
⑥ × 雇入れ時の健康診断の受診の例外となるのは、医師による健康診断を受けた後、3ヵ月を経過しない者を雇い入れる場合である。
⑦ ○
⑧ × 深夜業に常時従事する労働者に対しては、当該業務への配置換えの際および6ヵ月以内ごとに1回、定期健康診断を行わなければならない。
⑨ × 健康診断個人票は5年間保存しなければならない。
⑩ ○

4

労働基準法

4-9 労働時間等の改善基準① (拘束時間)

ここからは、事業用自動車の運転者 (運送会社のドライバー) に適用される特別ルールである『自動車運転者の労働時間等の改善のための基準』という厚生労働省が定めた告示について学習します。非常に重要な項目です。

1 改善基準の目的等　　　　　　　　　　重要度 ★★

　自動車運転者の労働時間等の改善のための基準 (以下、「改善基準」という) は、自動車運転者 (四輪以上の自動車の運転の業務に主として従事する労働者) の労働時間等の改善のための基準を定めることにより、自動車運転者の労働時間等の労働条件の向上を図ることを目的としています。

　労働関係の当事者は、この基準を理由として自動車運転者の労働条件を低下させてはならないことはもとより、その向上に努めなければなりません。

　使用者は、季節的繁忙その他の事情により、労働基準法の規定に基づき臨時に労働時間を延長し、または休日に労働させる場合においても、その時間数または日数を少なくするように努めなければなりません。

●**用語の定義**(拘束時間・休息期間)

(1)「拘束時間」とは、労働時間、休憩時間その他の使用者に拘束されている時間 (=始業時刻から終業時刻までの時間) をいいます。

(2)「休息期間」とは、使用者の拘束を受けない期間 (=勤務と次の勤務の間の時間で、睡眠時間を含む労働者の生活時間として、労働者にとって自由な時間) をいいます。

▼拘束時間・休息期間

始業			終業	始業
拘束時間			休息期間 (食事・睡眠 etc.)	
労働時間	休憩時間	労働時間		

2 トラック運転者の1ヵ月の拘束時間　重要度 ★★★

　貨物自動車運送事業に従事する自動車運転者（トラック運転者）の拘束時間
は、1ヵ月について293時間を超えてはなりません。ただし、労使協定がある
ときは、1年のうち6ヵ月までは、1年間についての拘束時間が3,516時間を超
えない範囲内において、320時間まで延長することができます。

原則	1ヵ月について293時間
延長	労使協定があれば、1年のうち6ヵ月までは、320時間まで延長可能 ただし、1年間の拘束時間が3,516時間を超えてはならない

【例題1】

　下表は、トラック運転者の1年間における各月の拘束時間の例を示したもの
であるが、このうち、改善基準に適合するものを1つ選びなさい。ただし、「1
ヵ月についての拘束時間の延長に関する労使協定」があるものとする。

（令和元年度第1回試験 問23）

1.

	4月	5月	6月	7月	8月	9月	10月	11月	12月	1月	2月	3月	1年間
拘束時間	279	289	295	275	319	285	280	269	322	295	290	293	3,491

2.

	4月	5月	6月	7月	8月	9月	10月	11月	12月	1月	2月	3月	1年間
拘束時間	293	289	293	294	315	285	280	290	301	293	294	293	3,520

3.

	4月	5月	6月	7月	8月	9月	10月	11月	12月	1月	2月	3月	1年間
拘束時間	296	280	295	290	309	295	283	280	296	297	300	291	3,512

4.

	4月	5月	6月	7月	8月	9月	10月	11月	12月	1月	2月	3月	1年間
拘束時間	285	288	293	295	317	285	284	269	320	294	295	290	3,515

4

労働基準法

●解法のポイント

> ※以下のいずれかに該当すると改善基準に違反することになる！
> ① 1年間の拘束時間が3,516時間を超えている！
> ② 拘束時間が320時間を超えている月がある！
> ③ 拘束時間が293時間を超えている月が6ヵ月を超えている（＝7ヵ月以上ある）！
> 【注意】「○時間を超えている」ということは、「○時間ちょうど」は含まれない。つまり、上記の解法のポイント②の場合、拘束時間がちょうど320時間の月があったとしても違反になるわけではない。

【正解　4】

1. 適合していない。12月の拘束時間が320時間を超えています（解法②）。
2. 適合していない。1年間の拘束時間が3,516時間を超えています（解法①）。
3. 適合していない。拘束時間が293時間を超えている月が7ヵ月（4月、6月、8月、9月、12月、1月、2月）あります（解法③）。
4. 適合している。1年間の拘束時間の合計は3,516時間を超えておらず、1ヵ月の拘束時間が320時間を超えている月もなく、293時間を超えている月は5ヵ月（7月、8月、12月、1月、2月）です。

3 トラック運転者の1日の拘束時間等　　重要度　★★★

　1日（始業時刻から起算して24時間をいう）についての拘束時間は、13時間を超えてはならず、当該拘束時間を延長する場合であっても、最大拘束時間は、16時間としなければなりません。この場合において、1日についての拘束時間が15時間を超える回数は、1週間について2回以内としなければなりません。
　また、勤務終了後、継続8時間以上の休息期間を与えなければなりません。

| 原則 | 拘束時間は1日13時間まで、休息期間は継続8時間以上 |
| 延長 | 拘束時間を延長する場合、①最大拘束時間は16時間まで、②拘束時間が15時間を超える回数は1週間で2回以内 |

●1日の拘束時間の考え方

トラック運転者の「1日」は、始業時刻から起算して24時間をいうので、「1日の拘束時間」は、<u>始業時刻から起算して24時間の中で拘束されていた時間</u>となります。たとえば、下図のように月曜が始業9時、火曜が始業8時の場合、「月曜の9時～火曜の9時までの24時間（下図①）の中で拘束されていた時間」が月曜の拘束時間となり、「火曜の8時～水曜の8時までの24時間（下図②）の中で拘束されていた時間」が火曜の拘束時間となります。

ここで注意するのは、「火曜の8時～9時までの1時間」の取扱いです。火曜の8時～9時までの1時間（下図③）は、月曜と火曜どちらの拘束時間にも含まれます。なぜなら、「火曜の8時～9時までの1時間」は、「月曜の9時～火曜の9時までの24時間」、「火曜の8時～水曜の8時までの24時間」どちらにも含まれる時間だからです（ダブルカウントされる拘束時間）。

▼月曜が始業9時、火曜が始業8時の場合の拘束時間の考え方

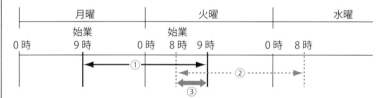

①の24時間（◀──▶）の中で拘束されていた時間が月曜の拘束時間となる！
②の24時間（◀┄┄▶）の中で拘束されていた時間が火曜の拘束時間となる！
③の1時間（◀──▶）は<u>月曜の拘束時間にも火曜の拘束時間にも含まれる！</u>

たとえば、月曜の勤務状況が始業9時～終業19時、火曜の勤務状況が始業8時～終業18時の場合、それぞれの拘束時間は以下のようになります。

・月曜の拘束時間：月曜の9時～19時＋火曜の8時～9時＝11時間
・火曜の拘束時間：火曜の8時～18時＝10時間

なお、勤務中にフェリーに乗船した場合、<u>フェリー乗船時間については休息期間として取り扱われます</u>（p.226「5.フェリー乗船の特例」参照）ので、拘束時間には含まれず、拘束時間から差し引きます。

4

労働基準法

【例題2】

　下図は、トラック運転者の5日間の勤務状況の例を示したものであるが、次の1～4の拘束時間のうち、改善基準における1日についての拘束時間として、<u>正しいものを1つ選びなさい。</u>　　　　　　　　　　　　（平成27年度第2回試験 問23）

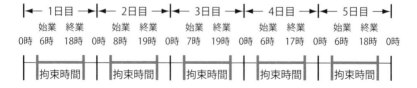

1. 1日目：12時間　　2日目：12時間　　3日目：12時間　　4日目：11時間
2. 1日目：12時間　　2日目：11時間　　3日目：12時間　　4日目：11時間
3. 1日目：12時間　　2日目：12時間　　3日目：13時間　　4日目：11時間
4. 1日目：12時間　　2日目：11時間　　3日目：13時間　　4日目：11時間

● 解法のポイント

・ ダブルカウントされる拘束時間に注意して解く！

【正解　3】

　各日の拘束時間は以下のようになります。

・ 1日目：6時～18時＝12時間
・ 2日目：8時～19時＋3日目の7時～8時＝12時間

　　※ 2日目の拘束時間は、「2日目の8時～3日目の8時の24時間の中で拘束されていた時間」なので、「3日目の7時～8時」は、2日目の拘束時間にも含まれる。

・ 3日目：7時～19時＋4日目の6時～7時＝13時間

　　※ 3日目の拘束時間は、「3日目の7時～4日目の7時の24時間の中で拘束されていた時間」なので、「4日目の6時～7時」は、3日目の拘束時間にも含まれる。

・ 4日目：6時～17時＝11時間

　したがって、正しいものは肢3となります。

【例題3】

　下図は、トラック運転者の1週間の勤務状況の例を示したものであるが、改善基準に定める拘束時間等に関する次の記述のうち、正しいものを2つ選びなさい。ただし、すべて1人乗務の場合とする。　（平成29年度第2回試験 問22）

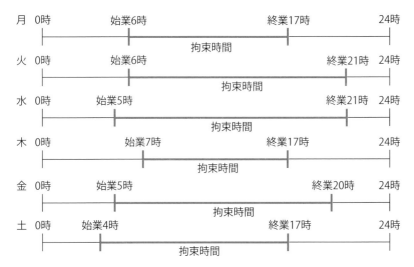

（注）日曜日は休日とする。

1. 1日についての拘束時間が改善基準に定める最大拘束時間に違反する勤務はない。
2. 1日についての拘束時間が15時間を超えることができる1週間についての回数は、改善基準に違反していない。
3. 勤務終了後の休息期間は、改善基準に違反しているものはない。
4. 木曜日に始まる勤務の1日についての拘束時間は、この1週間の勤務の中で拘束時間が最も短い。

●解法のポイント

> ① ダブルカウントされる拘束時間に注意して各日の拘束時間を求める！
> ② 拘束時間が16時間を超えている日がある ⇒ 最大拘束時間に違反！
> ③ 拘束時間が15時間を超えている日が1週間で2回を超えている（＝3回以上ある）⇒ 拘束時間が15時間を超えることができる1週間についての回数に違反！
> ④ 休息期間が8時間未満の日がある ⇒ 勤務終了後の休息期間に違反！

【正解　1，3】

　各日の拘束時間・休息期間は以下のようになります（解法①）。

＜拘束時間＞

・　月曜：始業6時〜終業17時＝11時間（※肢4）
・　火曜：始業6時〜終業21時＋水曜の5時〜6時＝16時間（※肢2）

　　※ 火曜の拘束時間は、「火曜の6時〜水曜の6時の24時間の中で拘束されていた時間」なので、「水曜の5時〜6時」は、火曜の拘束時間にも含まれる。

・水曜：始業5時〜終業21時＝16時間（※肢2）
・木曜：始業7時〜終業17時＋金曜の5時〜7時＝12時間

　　※ 木曜の拘束時間は、「木曜の7時〜金曜の7時の24時間の中で拘束されていた時間」なので、「金曜の5時〜7時」は、木曜の拘束時間にも含まれる。

・金曜：始業5時〜終業20時＋土曜の4時〜5時＝16時間（※肢2）

　　※ 金曜の拘束時間は、「金曜の5時〜土曜の5時の24時間の中で拘束されていた時間」なので、「土曜の4時〜5時」は、金曜の拘束時間にも含まれる。

・土曜：始業4時〜終業17時＝13時間

＜休息期間＞

・　月曜：終業17時〜火曜の始業6時＝13時間
・　火曜：終業21時〜水曜の始業5時＝8時間
・　水曜：終業21時〜木曜の始業7時＝10時間
・　木曜：終業17時〜金曜の始業5時＝12時間
・　金曜：終業20時＋土曜の始業4時＝8時間

以上を踏まえ、以下のように正誤判断します。

1. 正しい。拘束時間が16時間を超えている日はないので、1日についての拘束時間が改善基準に定める最大拘束時間に違反している勤務はありません（解法②）。

2. 誤り。拘束時間が15時間を超える回数が1週間で2回を超えている（＝火、水、金の3回ある）ので、1日についての拘束時間が15時間を超えることができる1週間についての回数は、改善基準に違反しています（解法③）。

3. 正しい。すべての日において、8時間以上の休息期間を与えているので、勤務終了後の休息期間は、改善基準に違反しているものはありません（解法④）。

4. 誤り。この1週間の勤務の中で拘束時間が最も短いのは月曜です。

4
労働基準法

【ワンポイントアドバイス】
　1日の拘束時間については【例題2】【例題3】と2問の例題を解きましたが、【例題2】は、ダブルカウントされる拘束時間の考え方さえ理解していれば解くことができるので、比較的易しい問題といえます。
　それに対し、【例題3】を解くには、ダブルカウントされる拘束時間の考え方だけでなく、「1日の最大拘束時間は16時間まで」、「1日の拘束時間が15時間を超えることができる回数は1週間で2回以内」という知識も必要なので難易度が高めですが、しっかり覚えましょう！

▮▮ **ポイント**

・ 改善基準については数字の暗記が重要なポイントである。p.249の【重要数字まとめ】も参照して重要な数字を整理しておくこと。
・ 例題のような特殊な問題も出題されるので、出題スタイルに慣れておくとよい。
・ 1日の拘束時間の「ダブルカウントされる拘束時間」の考え方は、必ず覚えておくこと。

➡練習問題4-9（○×問題）は、p.228をご覧ください。

 労働時間等の改善基準②
（運転時間）

4-10

当然ですが、トラック運転者の主たる業務は運転業務です。安全な運転を行うため運転時間や連続運転時間には上限が定められています。前節の拘束時間と同様に非常に重要な項目なので時間をかけて学習しましょう。

1 トラック運転者の運転時間　　　　　　重要度 ★★★

　運転時間は、2日（始業時刻から起算して48時間をいう）を平均し1日当たり9時間、2週間を平均し1週間当たり44時間を超えてはなりません。

●運転時間の考え方

　運転時間が改善基準に違反するかどうかは、単純に1日9時間、1週間で44時間までしか運転できないというわけではなく、以下のように「特定日」という特殊な考え方により、2日間または2週間の平均で判断します。

① 1日の運転時間の考え方

　1日の運転時間は、特定の日を起算日として2日ごとに区切り、その2日間の平均で違反の有無を判断しますが、「[特定日の前日]と[特定日]の運転時間の平均」と「[特定日]と[特定日の翌日]の運転時間の平均」が、ともに9時間を超えている場合には、改善基準に違反します。

▼「1日の運転時間」の考え方

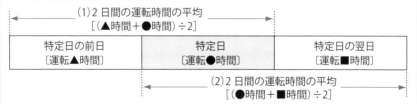

（1）と（2）どちらも9時間を超えていない場合	違反しない
（1）と（2）どちらか一方だけが9時間を超えている場合	
（1）と（2）どちらも9時間を超えている場合	違反！

② 1週間の運転時間の考え方

　1週間の運転時間は、特定の日を起算日として2週間ごとに区切り、その2週間の平均で違反の有無を判断しますが、「2週間の運転時間の平均」が44時間を超えている場合には、改善基準に違反することになります。

▼「1週間の運転時間」の考え方

1週目の運転時間合計：▲時間
2週目の運転時間合計：■時間

[（▲時間＋■時間）÷2]が44時間を超えていると違反！

【例題4】

　下図は、トラック運転者の運転時間の例を示したものであるが、2日目を特定日とした場合、次のうち、2日を平均して1日当たりの運転時間について改善基準に違反しているものを2つ選びなさい。　（平成26年度臨時試験 問23）

4
労働基準法

1.	1日目	2日目	3日目
	運転時間 9時間	運転時間 10時間	運転時間 9時間

2.	1日目	2日目	3日目
	運転時間 10時間	運転時間 9時間	運転時間 9時間

3.	1日目	2日目	3日目
	運転時間 8時間	運転時間 11時間	運転時間 8時間

4.	1日目	2日目	3日目
	運転時間 11時間	運転時間 9時間	運転時間 8時間

● 解法のポイント

①「特定日の前日と特定日の運転時間の平均」と「特定日と特定日の翌日の運転時間の平均」を求める⇒どちらも9時間を超えていると違反！
（※「どちらも9時間を超えていない場合」や「どちらか一方だけが9時間を超えている場合」は違反ではない）

【正解　1，3】

　2日目を特定日とした場合の「特定日の前日（1日目）と特定日（2日目）の運転時間の平均」と「特定日（2日目）と特定日の翌日（3日目）の運転時間の平均」は、それぞれ次のようになります。

1.　1日目と2日目の運転時間の平均＝（9時間＋10時間）÷2＝9.5時間
　　2日目と3日目の運転時間の平均＝（10時間＋9時間）÷2＝9.5時間
2.　1日目と2日目の運転時間の平均＝（10時間＋9時間）÷2＝9.5時間
　　2日目と3日目の運転時間の平均＝（9時間＋9時間）÷2＝9時間
3.　1日目と2日目の運転時間の平均＝（8時間＋11時間）÷2＝9.5時間
　　2日目と3日目の運転時間の平均＝（11時間＋8時間）÷2＝9.5時間
4.　1日目と2日目の運転時間の平均＝（11時間＋9時間）÷2＝10時間
　　2日目と3日目の運転時間の平均＝（9時間＋8時間）÷2＝8.5時間

　以上により、「1日目と2日目の運転時間の平均」と「2日目と3日目の運転時間の平均」が、ともに9時間を超えている肢1と肢3が違反となります。

【例題5】

　下表は、トラック運転者の1ヵ月の勤務状況の例を示したものであるが、改善基準に定める運転時間に関する次の記述のうち、正しいものを1つ選びなさい。なお、1人乗務とし、「1ヵ月についての拘束時間の延長に関する労使協定」があり、下表の1ヵ月は、当該協定により1ヵ月についての拘束時間を延長することができる月に該当するものとする。　　　　　　　　　（平成28年度第1回試験 問23）

第1週		1日	2日	3日	4日	5日	6日	7日	週の合計時間
	各日の運転時間	6	10	8	9	10	5	休日	48
	各日の拘束時間	12	15	12	12	13	13		77

第2週		8日	9日	10日	11日	12日	13日	14日	週の合計時間
	各日の運転時間	5	5	10	9	10	5	休日	44
	各日の拘束時間	9	10	13	12	14	12		70

第3週		15日	16日	17日	18日	19日	20日	21日	週の合計時間
	各日の運転時間	5	8	7	8	5	6	休日	39
	各日の拘束時間	12	10	11	12	12	10		67

		22日	23日	24日	25日	26日	27日	28日	週の合計時間
第4週	各日の運転時間	5	5	5	8	9	8	休日	40
	各日の拘束時間	11	10	12	13	12	11		69

		29日	30日	31日	週の合計時間	1ヵ月の合計時間
第5週	各日の運転時間	7	7	8	22	193
	各日の拘束時間	11	12	12	35	318

（注1）2週間の起算日は1日とする。
（注2）各労働日の始業時刻は午前8時とする。

1. 当該5週間のすべての日を特定日とした2日を平均し1日当たりの運転時間（以下「1日当たりの運転時間」という。）および2週間を平均し1週間当たりの運転時間（以下「1週間当たりの運転時間」という。）は、改善基準に違反しているものがある。

2. 1日当たりの運転時間は改善基準に違反しているものがあるが、1週間当たりの運転時間は改善基準に違反しているものはない。

3. 1日当たりの運転時間は改善基準に違反しているものはないが、1週間当たりの運転時間は改善基準に違反しているものがある。

4. 1日当たりの運転時間および1週間当たりの運転時間は、改善基準に違反しているものはない。

4

労働基準法

●解法のポイント

①「1日当たりの運転時間」は、すべての日を特定日として判断するので、1日～31日まですべての日を特定日とし、前日および翌日との運転時間の平均をそれぞれ算出して違反の有無を判断する。
　⇒（【例題4】と同じように）どちらも9時間を超えていると違反！

②「1週間当たりの運転時間」は、特定の日を起算日として2週間ごとに区切り、2週間の運転時間の平均で判断するので、1日を起算日とする本問の場合（※問題の表の下に書かれている（注1）参照）、「第1週～第2週（1日～14日）の運転時間の平均」、「第3週～第4週（15日～28日）の運転時間の平均」で、それぞれ違反の有無を判断する。
　⇒2週間の運転時間の平均が44時間を超えていると違反！

【注意】1週間当たりの運転時間は、「起算日から2週間ごと」に区切って判断するので、1日を起算日とする本問の場合、「第1週〜第2週（1日〜14日）の運転時間の平均」、「第3週〜第4週（15日〜28日）の運転時間の平均」で、それぞれ違反の有無を判断すればよく、「第2週〜第3週（8日〜21日）の運転時間の平均」を考慮する必要はない。

【正解　1】

「1日当たりの運転時間」については、第2週の11日を特定日とした場合、「特定日の前日（10日）と特定日（11日）の運転時間の平均」が（10時間＋9時間）÷2＝9.5時間、「特定日（11日）と特定日の翌日（12日）の運転時間の平均」が（9時間＋10時間）÷2＝9.5時間であり、どちらも9時間を超えているため、改善基準に違反しています。

「1週間当たりの運転時間」については、「第1週〜第2週の運転時間の平均」が（48時間＋44時間）÷2＝46時間であり、44時間を超えているため、改善基準に違反しています。

以上により、1日当たりの運転時間および1週間当たりの運転時間は、改善基準に違反しているので、肢1が正解となります。

② トラック運転者の連続運転時間　　重要度　★★★

連続運転時間（1回が連続10分以上で、かつ、合計が30分以上の運転の中断をすることなく連続して運転する時間をいう）は、4時間を超えてはなりません。

●連続運転時間の考え方（原則）
連続運転時間が改善基準に違反しているかどうかは、運転開始後4時間以内または4時間経過直後に「30分以上の運転中断」をしているかどうかで判断します（▼図①）。なお、この「30分以上の運転中断」については、少なくとも1回につき10分以上（※10分未満の場合、運転中断の時間として扱われない）とした上で分割することもできます（▼図②）。
⇒ つまり、運転時間の合計が4時間を超える前に「合計30分以上の運転中断」をしなければならず（＝※「合計30分以上の運転中断」をした時点で連続運転がリセットされるイメージ）、「合計30分以上の運転中断」をする前に運転時間の合計が4時間を超えてしまうと、改善基準に違反することになります。

▼連続運転時間の考え方

①	運転 4時間以内または4時間				休憩等 30分

②	運転 1時間	休憩等 10分	運転 3時間	休憩等 20分

【違反する例】

❶

運転 4時間10分	休憩等

❸

運転 1時間	休憩等 10分	運転 3時間10分	休憩等 20分

❷

運転 4時間	休憩等 20分

❹

運転 2時間	休憩等 5分	運転 2時間	休憩等 25分

● 連続運転時間の考え方（応用知識）

　連続運転の違反の有無を判断する際は、以下の点もポイントとなります。

(1)「運転中断の時間」とは、「運転していない時間」のことなので、休憩だけでなく荷役作業（荷積み・荷下ろし）の時間も運転中断の時間としてカウントされます！（※荷役作業の時間は労働時間ではあるが、運転時間ではない！）

(2) 運転中断の時間を分割する場合において、10分未満の休憩等は運転中断の時間としては扱われませんが、この意味は、運転の途中に10分未満の休憩等を取ると違反になるというわけではなく、10分未満の休憩等は、運転中断の時間としてカウントされないということです！

4

労働基準法

【例題6】

　下表は、トラック運転者の運転時間および休憩時間の例を示したものであるが、このうち、連続運転の中断方法として改善基準に適合しているものを2つ選びなさい。

（平成27年度第1回試験 問22）

1.
（乗務開始）　　　　　　　　　　　　　　　　　　　　　　　（乗務終了）

運転時間 2時間10分	休憩 15分	運転時間 1時間30分	休憩 15分	運転時間 1時間	休憩 10分	運転時間 3時間

2.
（乗務開始）　　　　　　　　　　　　　　　　　　　　　　　（乗務終了）

運転時間 3時間	休憩 20分	運転時間 30分	休憩 5分	運転時間 30分	休憩 5分	運転時間 3時間30分	休憩 20分	運転時間 30分

3.
（乗務開始）　　　　　　　　　　　　　　　　　　　　　　　（乗務終了）

運転時間 2時間10分	休憩 10分	運転時間 1時間50分	休憩 20分	運転時間 2時間10分	休憩 10分	運転時間 50分	休憩 10分	運転時間 1時間10分

4.
（乗務開始）　　　　　　　　　　　　　　　　　　　　　　　（乗務終了）

運転時間 1時間35分	休憩 5分	運転時間 1時間20分	休憩 20分	運転時間 1時間	休憩 10分	運転時間 3時間	休憩 30分	運転時間 1時間30分

●解法のポイント

① 運転4時間以内または4時間に対し、30分以上の運転中断をしているか？
② 10分未満の休憩等の場合、運転中断の時間としてカウントされない！

【正解　1，4】

1. 適合している。前半、運転4時間以内（1回目：2時間10分＋2回目：1時間30分＝3時間40分）に対し、合計30分の運転中断（1回目の休憩：15分＋2回目の休憩：15分）をしており、後半も4時間の運転（3回目：1時間＋4回目：3時間）後に乗務を終了しています。

2. 適合していない。10分未満の休憩（＝2回目および3回目の休憩：各5分）は、運転の中断時間として扱われません（解法②）。したがって、運転状況が〔運転3時間⇒休憩20分⇒運転4時間30分（2回目の運転30分＋3回目の運転30分＋4回目の運転3時間30分）…〕となり、連続運転時間が4時間を超えています。

3. 適合していない。前半（＝「休憩20分」まで）は問題ありませんが、後半（＝3回目の運転以降）を見ると、〔運転2時間10分⇒休憩10分⇒運転50分⇒休憩10分⇒運転1時間10分〕という運転状況であり、「30分以上の運転中断」

をする前に運転時間の合計が4時間を超えています（＝4時間10分）（解法①）。

4. 適合している。10分未満の休憩（＝1回目の休憩：5分）は、運転中断の時間として扱われませんが（解法②）、それでも運転4時間以内（1回目：1時間35分＋2回目：1時間20分＋3回目：1時間＝3時間55分）に対し、合計30分の運転中断（2回目の休憩：20分＋3回目の休憩：10分）をしています。後半も連続運転時間が4時間に達する前に30分の運転中断（休憩）をしています。

【例題7】

　下図は、トラック運転者の乗務状況の例を示したものであるが、このうち、連続運転の中断方法として改善基準に違反しているものを1つ選びなさい。

（平成28年度第2回試験 問23 改変）

1. （乗務開始）〜（乗務終了）

運転	荷積み	運転	休憩	運転	荷下ろし	運転	休憩	運転	荷積み	休憩	運転
30分	30分	3時間	30分	1時間30分	15分	2時間	1時間	2時間	30分	10分	1時間

2. （乗務開始）〜（乗務終了）

運転	荷下ろし	運転	休憩	荷積み	運転	休憩	運転	休憩	運転	荷下ろし	運転
1時間	20分	2時間	20分	30分	1時間30分	1時間	2時間30分	20分	1時間30分	20分	2時間

3. （乗務開始）〜（乗務終了）

運転	休憩	荷積み	運転	荷積み	休憩	運転	休憩	運転	荷下ろし	休憩	運転
2時間	15分	20分	2時間30分	20分	1時間	1時間	5分	2時間	20分	5分	2時間

4. （乗務開始）〜（乗務終了）

運転	荷積み	運転	休憩	運転	荷下ろし	運転	休憩	運転	荷下ろし	休憩	運転
30分	40分	1時間30分	5分	1時間30分	20分	1時間	1時間	2時間	20分	25分	2時間

4　労働基準法

223

【正解 3】

　肢3の運転状況を見ると、前半（＝「休憩1時間」まで）は問題ありませんが、後半（＝3回目の運転以降）が〔運転1時間⇒休憩5分⇒運転2時間⇒荷下ろし20分⇒休憩5分⇒運転2時間〕という運転状況であり、10分未満の休憩は運転中断の時間として扱われないため（解法②）、最初の休憩5分は運転中断の時間とはなりません（※2回目の5分休憩については、20分の荷下ろしの後にそのまま休憩しているため、合計25分の運転中断となる）。

　つまり、運転状況は〔運転3時間（運転1時間＋運転2時間）⇒運転中断25分（荷下ろし20分＋休憩5分）⇒運転2時間〕となり、「30分以上の運転中断」をする前に運転時間の合計が4時間を超えています（＝5時間）。したがって、連続運転時間が4時間を超えることになり、改善基準に違反しています。

【ワンポイントアドバイス】

　【例題4】～【例題7】まで、運転時間・連続運転時間について4問の例題を解きましたが、このような問題が苦手だという受験生は多いです。

　ただ、運転時間・連続運転時間の問題は、本試験では、現在学習している労働基準法のみならず、この後に学習する「第5章 実務上の知識および能力」からも出題されることも多いので、しっかりと学習しましょう！

■ポイント

- 運転時間は「特定日の考え方」、連続運転時間は「運転時間の合計が4時間を超える前に合計30分以上の運転中断をすること」を理解することがポイントである。

➡練習問題4-10（○×問題）は、p.228をご覧ください。

4-11 労働時間等の改善基準③（その他）

前々節「4-9 労働時間等の改善基準①（拘束時間）」では拘束時間や休息期間の原則を学習しましたが、本節のような特例もあります。若干複雑なルールもありますが、近年の試験では出題が増えてきています。

1 休息期間の確保　　　　　　　　　　　　　重要度 ★★★

　使用者は、トラック運転者の休息期間については、当該運転者の住所地（＝運転者の自宅）における休息期間がそれ以外の場所（例：職場の仮眠施設など）における休息期間より長くなるように努めなければなりません。

2 休息期間の分割付与の特例　　　　　　　　重要度 ★★★

　業務の必要上、勤務の終了後継続8時間以上の休息期間を与えることが困難な場合には、当分の間、一定期間における全勤務回数の2分の1を限度に、休息期間を拘束時間の途中および拘束時間の経過直後に分割して与えることができます。この場合、分割された休息期間は、1日において1回当たり継続4時間以上、合計10時間以上でなければなりません。

▼休息期間の分割付与の例

始業6時	16時	20時	終業24時	始業6時
拘束時間① 10時間	休息期間① 4時間	拘束時間② 4時間	休息期間② 6時間	

（拘束時間の合計：14時間　分割付与された休息期間の合計：10時間）

3 2人乗務の特例　　　　　　　　　　　　　重要度 ★★★

　運転者が同時に1台の自動車に2人以上乗務する場合（車両内に身体を伸ばして休息することができる設備がある場合に限る）には、1日の最大拘束時間を20時間まで延長することができます。また、休息期間は4時間まで短縮することができます。

4 隔日勤務の特例　　　　　　　　　　　重要度 ★★

　業務の必要上やむを得ない場合には、当分の間、次の条件の下で隔日勤務（＝1日で2日分の勤務を行うような業務形態）に就かせることができます。

① 2暦日における拘束時間は、21時間を超えてはなりません。

　　ただし、事業場内仮眠施設等において、夜間に4時間以上の仮眠時間を与える場合には、2週間について3回を限度に、2暦日における拘束時間を24時間まで延長することができます。この場合おいても、2週間における総拘束時間は126時間を超えることはできません。

② 勤務終了後、継続20時間以上の休息期間を与えなければなりません。

5 フェリー乗船の特例　　　　　　　　　重要度 ★★★

　運転者が勤務の中途においてフェリーに乗船する場合、フェリー乗船時間は、原則として、休息期間として取り扱うものとし、この休息期間とされた時間を勤務終了後に与えるべき休息期間から減ずることができます。

　ただし、その場合でも、減算後の休息期間は、2人乗務の場合を除き、フェリー下船時刻から勤務終了時刻までの時間の2分の1を下回ってはなりません。

▼フェリーに乗船した場合における特例

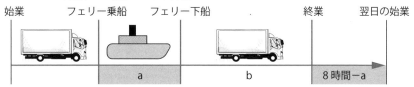

・ フェリーに乗船している時間（a）は、休息期間として取り扱い、勤務終了後の休息期間（原則8時間以上）から減ずる（＝差し引く）ことができる。

・ フェリー乗船時間を差し引いた後の勤務終了後の休息期間（8時間－a）は、フェリー下船〜終業までの時間（b）÷2を下回ってはならない。

▼2分の1ルールに違反する例

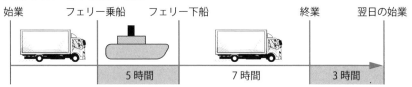

※フェリー乗船時間5時間は、休息期間として取り扱い、勤務終了後の休息期間（原則8時間）から差し引くことができるので、<u>勤務終了後の休息期間は、8時間－5時間＝3時間とすることができる。</u>しかし、フェリー下船〜終業までの時間が7時間のため、<u>フェリー乗船時間を差し引いた後の勤務終了後の休息期間（3時間）がフェリー下船〜終業までの時間÷2（7時間÷2＝3.5時間）を下回る</u>ため違反となる！

6 休日の取扱い　　　　重要度 ★

　休日は、休息期間＋24時間の連続した時間をいいます。ただし、前述の特例（休息期間の分割付与、2人乗務、フェリー乗船）の場合も含め、いかなる場合であっても、この時間が30時間を下回ってはなりません。

7 時間外労働協定　　　　重要度 ★★

　労使当事者は、時間外労働協定においてトラック運転者に係る一定期間についての延長時間について協定するに当たっては、当該一定期間は、2週間および1ヵ月以上3ヵ月以内の一定の期間とするものとされています。

> ●時間外労働協定の締結について
> 　上記の規定は、時間外労働協定において、時間外労働は「2週間で〇時間まで」、「1ヵ月以上3ヵ月以内の一定期間（例：1ヵ月）で〇時間まで」のように、<u>時間外労働の上限を区切って定めること</u>を意味しています。

8 休日労働　　　　重要度 ★★★

　使用者は、トラック運転者に休日に労働させる場合は、当該労働させる休日は2週間について1回を超えないものとし、当該休日の労働によって改善基準に定める拘束時間および最大拘束時間の限度を超えないものとしなければなりません。

■ポイント
・改善基準のポイントは、とにかく数字の暗記である。しっかり覚えておくこと。

練習問題 4-9 （○×問題）

① 拘束時間は、1ヵ月について293時間を超えないものとすること。ただし、労使協定があるときは、1年のうち6ヵ月までは、1年間についての拘束時間が3,516時間を超えない範囲内において、320時間まで延長することができる。

② 1日についての拘束時間は、13時間を超えないものとし、当該拘束時間を延長する場合であっても、最大拘束時間は、16時間とすること。この場合において、1日についての拘束時間が13時間を超える回数は、1週間について2回以内とすること。

練習問題 4-10 （○×問題）

③ 運転時間は、2日を平均し1日当たり8時間、2週間を平均し1週間当たり40時間を超えないものとすること。

④ 連続運転時間（1回が連続5分以上で、かつ、合計が30分以上の運転の中断をすることなく連続して運転する時間をいう）は、4時間を超えないものとすること。

練習問題 4-11 （○×問題）

⑤ 使用者は、トラック運転者の休息期間については、当該運転者の住所地における休息期間がそれ以外の場所における休息期間より長くなるように努めるものとする。

⑥ 業務の必要上、勤務の終了後継続8時間以上の休息期間を与えることが困難な場合には、当分の間、一定期間における全勤務回数の2分の1を限度に、休息期間を拘束時間の途中および拘束時間の経過直後に分割して与えることができるものとする。この場合において、分割された休息期間は、1日において1回当たり継続4時間以上、合計10時間以上でなければならないものとする。

⑦ トラック運転者が同時に1台の事業用自動車に2人以上乗務する場合（車両内に身体を伸ばして休息することができる設備がある場合に限る）においては、1日についての最大拘束時間を21時間まで延長することができる。また、休息期間は、4時間まで短縮することができるものとする。

⑧ 業務の必要上やむを得ずトラック運転者を隔日勤務に就かせる場合は、2暦日における拘束時間は、一定の要件に該当する場合を除き、21時間を超えてはならない。また、勤務終了後、継続20時間以上の休息期間を与えなければならない。

⑨ トラック運転者が勤務の中途においてフェリーに乗船する場合、フェリー乗船時間については、原則として、休息期間として取り扱うものとし、この休息期間とされた時間を勤務終了後に与えるべき休息期間の時間から減ずることができるものとする。ただし、その場合においても、減算後の休息期間は、フェリー下船時刻から勤務終了時刻までの間の時間の3分の1を下回ってはならない。

⑩ 労使当事者は、時間外労働協定においてトラック運転者に係る一定期間についての延長時間について協定するに当たっては、当該一定期間は、2週間及び1ヵ月以上3ヵ月以内の一定の期間とするものとする。

⑪ 使用者は、トラック運転者に労働基準法第35条の休日に労働させる場合は、当該労働させる休日は4週間について3回を超えないものとし、当該休日の労働によって改善基準第4条第1項に定める拘束時間および最大拘束時間の限度を超えないものとする。

4

労働基準法

解答••

① ○

② × 後半が誤り。拘束時間を延長する場合において、1日の拘束時間が15時間を超える回数は、1週間について2回以内とすること。

③ × 運転時間は、2日を平均し1日当たり9時間、2週間を平均し1週間当たり44時間を超えてはならない。

④ × 連続運転時間とは、1回が連続10分以上で、かつ、合計が30分以上の運転の中断をすることなく連続して運転する時間をいう。

⑤ ○

⑥ ○

⑦ × 1台のトラックに同時に2人以上乗務する場合には、1日の最大拘束時間を20時間まで延長することができる。

⑧ ○

⑨ × 後半が誤り。フェリーの乗船時間を休息期間として取扱い、勤務終了後の休息期間から減ずる場合でも、減算後の休息期間は、フェリー下船時刻から勤務終了時刻までの時間の2分の1を下回ってはならない。

⑩ ○

⑪ × 休日労働させる休日は2週間について1回を超えてはならない。

テーマ別過去問にチャレンジ

問　題

※ 解答にあたっては、各設問および選択肢に記載された事項以外は、考慮しない
ものとします。また、各問題の設問で求める数と異なる数の解答をしたもの、
および複数の解答を求める設問で一部不正解のものは、正解としません。

1 労働基準法全般 ——————————————————

■問1　　　　　　　　　　　　　　　　　　　　　　（平成30年度第1回試験）

　労働基準法（以下「法」という。）の定めに関する次の記述のうち、<u>正しいもの
を2つ</u>選びなさい。

1. 法で定める労働条件の基準は最低のものであるから、労働関係の当事者は、
   当事者間の合意がある場合を除き、この基準を理由として労働条件を低下
   させてはならないことはもとより、その向上を図るように努めなければな
   らない。
2. 労働契約は、期間の定めのないものを除き、一定の事業の完了に必要な期
   間を定めるもののほかは、3年（法第14条（契約期間等）第1項各号のいず
   れかに該当する労働契約にあっては、5年）を超える期間について締結して
   はならない。
3. 労働者は、労働契約の締結に際し使用者から明示された賃金、労働時間そ
   の他の労働条件が事実と相違する場合においては、少なくとも30日前に使
   用者に予告したうえで、当該労働契約を解除することができる。
4. 法第106条に基づき使用者は、この法律およびこれに基づく命令の要旨、
   就業規則、時間外労働・休日労働に関する協定等を、常時各作業場の見や
   すい場所へ掲示し、または備え付けること、書面を交付することその他の
   厚生労働省令で定める方法によって、労働者に周知させなければならない。

■**問2** （令和元年度第1回試験）

労働基準法に定める労働時間および休日等に関する次の記述のうち、<u>誤っているものを1つ</u>選びなさい。

1. 労働時間は、事業場を異にする場合においても、労働時間に関する規定の適用については通算する。
2. 使用者は、労働時間が6時間を超える場合においては少くとも30分、8時間を超える場合においては少くとも45分の休憩時間を労働時間の途中に与えなければならない。
3. 使用者は、労働者に対して、毎週少くとも1回の休日を与えなければならない。ただし、この規定は、4週間を通じ4日以上の休日を与える使用者については適用しない。
4. 使用者は、その雇入れの日から起算して6ヵ月間継続勤務し全労働日の8割以上出勤した労働者に対して、継続し、または分割した10労働日の有給休暇を与えなければならない。

■**問3** （平成30年度第1回試験）

労働基準法に定める就業規則についての次の記述のうち、<u>誤っているものを1つ</u>選びなさい。

1. 常時10人以上の労働者を使用する使用者は、始業および終業の時刻、休憩時間、休日、休暇等法令に定める事項について就業規則を作成し、行政官庁に届け出なければならない。
2. 就業規則で、労働者に対して減給の制裁を定める場合においては、その減給は、1回の額が平均賃金の1日分の半額を超え、総額が一賃金支払期における賃金の総額の10分の1を超えてはならない。
3. 使用者は、就業規則の作成または変更について、当該事業場に、労働者の過半数で組織する労働組合がある場合においてはその労働組合、労働者の過半数で組織する労働組合がない場合においては労働者の過半数を代表する者と協議し、その内容について同意を得なければならない。
4. 就業規則は、法令または当該事業場について適用される労働協約に反してはならない。また、行政官庁は、法令または労働協約に抵触する就業規則の変更を命ずることができる。

4
労働基準法

テーマ別過去問

2 安全衛生 (健康診断)

■問4 (平成29年度第2回試験)

労働基準法および労働安全衛生法の定める健康診断に関する次の記述のうち、誤っているものを1つ選びなさい。

1. 事業者は、常時使用する労働者（労働安全衛生規則（以下「規則」という。）に定める深夜業を含む業務等に常時従事する労働者を除く。）に対し、1年以内ごとに1回、定期に、規則に定める項目について医師による健康診断を行わなければならない。また、この健康診断の結果に基づき、健康診断個人票を作成し、5年間保存しなければならない。

2. 事業者は、健康診断の結果（当該健康診断の項目に異常の所見があると診断された労働者に係るものに限る。）に基づき、当該労働者の健康を保持するために必要な措置について、規則で定めるところにより、医師または歯科医師の意見を聴かなければならない。

3. 事業者は、事業者が行う健康診断を受けた労働者から請求があった場合に限り、当該労働者に対し、規則で定めるところにより、当該健康診断の結果を通知するものとする。

4. 事業者は、その労働時間の状況その他の事項が労働者の健康の保持を考慮して規則第52条の2で定める要件に該当する労働者からの申出があったときは、遅滞なく、当該労働者に対し、規則で定めるところにより、医師による面接指導を行わなければならない。

■問5 (令和2年度第1回試験)

労働基準法および労働安全衛生法の定める健康診断に関する次の記述のうち、誤っているものを1つ選びなさい。

1. 事業者は、常時使用する労働者を雇い入れるときは、当該労働者に対し、労働安全衛生規則に定める既往歴および業務歴の調査等の項目について医師による健康診断を行わなければならない。ただし、医師による健康診断を受けた後、3ヵ月を経過しない者を雇い入れる場合において、その者が当該健康診断の結果を証明する書面を提出したときは、当該健康診断の項目に相当する項目については、この限りでない。

2. 事業者は、事業者が行う健康診断を受けた労働者に対し、遅滞なく、当該

健康診断の結果を通知しなければならない。

3. 事業者は、深夜業を含む業務等に常時従事する労働者に対し、当該業務への配置替えの際および6ヵ月以内ごとに1回、定期に、労働安全衛生規則に定める所定の項目について医師による健康診断を行わなければならない。

4. 事業者は、労働安全衛生規則で定めるところにより、深夜業に従事する労働者が、自ら受けた健康診断の結果を証明する書面を事業者に提出した場合において、その健康診断の結果（当該健康診断の項目に異常の所見があると診断された労働者に係るものに限る。）に基づく医師からの意見聴取は、当該健康診断の結果を証明する書面が事業者に提出された日から4ヵ月以内に行わなければならない。

3 労働時間等の改善基準

■問6　（平成30年度第2回試験）

「自動車運転者の労働時間等の改善のための基準」に定める目的等についての次の文中、A、B、C、Dに入るべき字句として<u>いずれか正しいものを1つ</u>選びなさい。

1. この基準は、自動車運転者（労働基準法（以下「法」という。）第9条に規定する労働者であって、　A　の運転の業務（厚生労働省労働基準局長が定めるものを除く。）に主として従事する者をいう。以下同じ。）の労働時間等の改善のための基準を定めることにより、自動車運転者の労働時間等の　B　を図ることを目的とする。

2. 労働関係の当事者は、この基準を理由として自動車運転者の労働条件を低下させてはならないことはもとより、その　C　に努めなければならない。

3. 使用者は、季節的繁忙期その他の事情により、法第36条第1項の規定に基づき臨時に　D　、または休日に労働させる場合においても、その時間数または日数を少なくするように努めるものとする。

A　① 四輪以上の自動車　　② 二輪以上の自動車
B　① 労働契約の遵守　　　② 労働条件の向上
C　① 維持　　　　　　　　② 向上
D　① 休息期間を短縮し　　② 労働時間を延長し

■**問7**　　　　　　　　　　　　　　　　　　　　（平成29年度第2回試験）

「自動車運転者の労働時間等の改善のための基準」に定める貨物自動車運送事業に従事する自動車運転者の拘束時間等についての次の文中、A、B、C、Dに入るべき字句を次の枠内の選択肢（①〜⑧）から選びなさい。

拘束時間は、1ヵ月について　　A　　を超えないものとすること。ただし、労使協定があるときは、1年のうち　　B　　までは、1年間についての拘束時間が　　C　　を超えない範囲内において、　　D　　まで延長することができる。

| ①293時間 | ②296時間 | ③320時間 | ④323時間 |
| ⑤3,516時間 | ⑥3,552時間 | ④3ヵ月 | ⑧6ヵ月 |

■**問8**　　　　　　　　　　　　　　　　　　　　（平成30年度第1回試験）

貨物自動車運送事業の「自動車運転者の労働時間等の改善のための基準」（以下「改善基準」という。）および厚生労働省労働基準局長の定める「一般乗用旅客自動車運送事業以外の事業に従事する自動車運転者の拘束時間および休息期間の特例について」（以下「特例通達」という。）等に関する次の記述のうち、誤っているものを1つ選びなさい。

1. 休息期間とは、勤務と次の勤務との間にあって、休息期間の直前の拘束時間における疲労の回復を図るとともに、睡眠時間を含む労働者の生活時間として、その処分は労働者の全く自由な判断にゆだねられる時間をいう。

2. 労使当事者は、時間外労働協定において貨物自動車運送事業に従事する自動車の運転者（以下「トラック運転者」という。）に係る一定期間についての延長時間について協定するに当たっては、当該一定期間は、2週間および1ヵ月以上6ヵ月以内の一定の期間とするものとする。

3. トラック運転者が勤務の中途においてフェリーに乗船する場合における拘束時間および休息期間は、フェリー乗船時間（乗船時刻から下船時刻まで）については、原則として、休息期間として取り扱うものとし、この休息期間とされた時間を改善基準第4条の規定および特例通達により与えるべき休息期間の時間から減ずることができるものとする。ただし、その場合においても、減算後の休息期間は、2人乗務の場合を除き、フェリー下船時刻から勤務終了時刻までの間の時間の2分の1を下回ってはならない。

4. 使用者は、トラック運転者の休息期間については、当該トラック運転者の住所地における休息期間がそれ以外の場所における休息期間より長くなるように努めるものとする。

■問9 （平成30年度第2回試験）

「自動車運転者の労働時間等の改善のための基準」（以下「改善基準告示」という。）において定める貨物自動車運送事業に従事する自動車運転者（以下「トラック運転者」という。）の拘束時間および運転時間等に関する次の記述のうち、正しいものを2つ選びなさい。ただし、1人乗務で、隔日勤務には就いていない場合とする。

1. 使用者は、トラック運転者の1日（始業時刻から起算して24時間をいう。）についての拘束時間については、13時間を超えないものとし、当該拘束時間を延長する場合であっても、最大拘束時間は、16時間とすること。この場合において、1日についての拘束時間が13時間を超える回数は、1週間について2回以内とすること。
2. 使用者は、トラック運転者の休息期間については、当該トラック運転者の住所地における休息期間がそれ以外の場所における休息期間より長くなるように努めるものとする。
3. 使用者は、トラック運転者に労働基準法第35条の休日に労働させる場合は、当該労働させる休日は2週間について1回を超えないものとし、当該休日の労働によって改善基準告示第4条第1項に定める拘束時間および最大拘束時間の限度を超えないものとする。
4. 使用者は、トラック運転者の連続運転時間（1回が連続5分以上で、かつ、合計が30分以上の運転の中断をすることなく連続して運転する時間をいう。）は、4時間を超えないものとすること。

■**問10**　　　　　　　　　　　　　　　　　　　　　　（令和元年度第1回試験）

　「自動車運転者の労働時間等の改善のための基準」および厚生労働省労働基準局長の定める「一般乗用旅客自動車運送事業以外の事業に従事する自動車運転者の拘束時間および休息期間の特例について」に関する次の記述のうち、<u>正しいものを2つ</u>選びなさい。

1. 使用者は、貨物自動車運送事業に従事する自動車運転者（以下「トラック運転者」という。）の運転時間は、2日（始業時刻から起算して48時間をいう。）を平均し1日当たり9時間、2週間を平均し1週間当たり44時間を超えないものとする。

2. 使用者は、業務の必要上、トラック運転者（1人乗務の場合）に勤務の終了後継続8時間以上の休息期間を与えることが困難な場合には、当分の間、一定期間における全勤務回数の3分の2を限度に、休息期間を拘束時間の途中および拘束時間の経過直後に分割して与えることができるものとする。この場合において、分割された休息期間は、1日（始業時刻から起算して24時間をいう。以下同じ。）において1回当たり継続4時間以上、合計10時間以上でなければならないものとする。

3. 使用者は、トラック運転者（隔日勤務に就く運転者以外のもの。）が同時に1台の事業用自動車に2人以上乗務する場合（車両内に身体を伸ばして休息することができる設備がある場合に限る。）においては、1日についての最大拘束時間を20時間まで延長することができる。

4. 使用者は、業務の必要上やむを得ない場合には、当分の間、トラック運転者を隔日勤務に就かせることができる。この場合、2暦日における拘束時間は、26時間を超えないものとする。

■問11 （令和元年度第1回試験）

　下表は、貨物自動車運送事業に従事する自動車運転者（隔日勤務に就く運転者以外のもの。）の1年間における各月の拘束時間の例を示したものであるが、このうち、「自動車運転者の労働時間等の改善のための基準」に<u>適合するものを1つ選びなさい</u>。ただし、「1ヵ月についての拘束時間の延長に関する労使協定」があるものとする。

1.

	4月	5月	6月	7月	8月	9月	10月	11月	12月	1月	2月	3月	1年間
拘束時間	279	289	295	275	319	285	280	269	322	295	290	293	3,491

2.

	4月	5月	6月	7月	8月	9月	10月	11月	12月	1月	2月	3月	1年間
拘束時間	293	289	293	294	315	285	280	290	301	293	294	293	3,520

3.

	4月	5月	6月	7月	8月	9月	10月	11月	12月	1月	2月	3月	1年間
拘束時間	296	280	295	290	309	295	283	280	296	297	300	291	3,512

4.

	4月	5月	6月	7月	8月	9月	10月	11月	12月	1月	2月	3月	1年間
拘束時間	285	288	293	295	317	285	284	269	320	294	295	290	3,515

4

労働基準法

テーマ別過去問

■問12　　　　　　　　　　　　　　　　　　　　（令和元年度第1回試験）

　下図は、貨物自動車運送事業に従事する自動車運転者（1人乗務で隔日勤務に就く運転者以外のもの。）の5日間の勤務状況の例を示したものであるが、次の1～4の拘束時間のうち、「自動車運転者の労働時間等の改善のための基準」における1日についての拘束時間として、正しいものを1つ選びなさい。

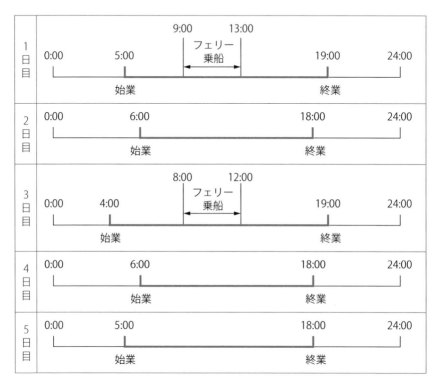

1. 1日目：14時間　2日目：12時間　3日目：15時間　4日目：12時間

2. 1日目：10時間　2日目：12時間　3日目：11時間　4日目：12時間

3. 1日目：10時間　2日目：14時間　3日目：11時間　4日目：13時間

4. 1日目：14時間　2日目：14時間　3日目：15時間　4日目：13時間

■**問13**　

　下図は、貨物自動車運送事業に従事する自動車運転者の1週間の勤務状況の例を示したものであるが、「自動車運転者の労働時間等の改善のための基準」（以下「改善基準告示」という。）に定める拘束時間等に関する次の記述のうち、誤っているものを1つ選びなさい。ただし、すべて1人乗務の場合とする。なお、解答にあたっては、下図に示された内容および各選択肢に記載されている事項以外は考慮しないものとする。

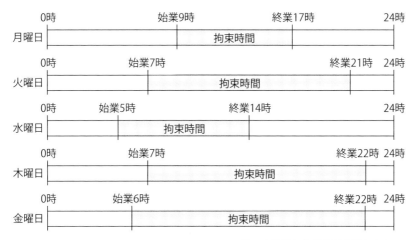

注：土曜日及び日曜日は休日とする。

1. 1日についての拘束時間が改善基準告示に定める最大拘束時間に違反する勤務はない。
2. 1日についての拘束時間が15時間を超えることができる1週間についての回数は、改善基準告示に違反していない。
3. 勤務終了後の休息期間は、改善基準告示に違反しているものはない。
4. 水曜日に始まる勤務の1日についての拘束時間は、この1週間の勤務の中で1日についての拘束時間が最も短い。

■問14

　下表は、貨物自動車運送事業に従事する自動車運転者の1ヵ月の勤務状況の例を示したものであるが、「自動車運転者の労働時間等の改善のための基準」に定める拘束時間および運転時間等に照らし、次の1～4の中から<u>違反している事項をすべて</u>選びなさい。なお、1人乗務とし、「1ヵ月についての拘束時間の延長に関する労使協定」があり、下表の1ヵ月は、当該協定により1ヵ月についての拘束時間を延長することができる月に該当するものとする。また、「時間外労働および休日労働に関する労働協定」があるものとする。

第1週		1日	2日	3日	4日	5日	6日	7日	週の合計時間
	各日の運転時間	7	6	8	6	7	9	休日	43
	各日の拘束時間	12	10	12	10	12	13		69

第2週		8日	9日	10日	11日	12日	13日	14日	週の合計時間
	各日の運転時間	9	10	9	5	7	5	休日	45
	各日の拘束時間	13	15	13	9	11	9		70

第3週		15日	16日	17日	18日	19日	20日	21日	週の合計時間
	各日の運転時間	9	5	10	6	9	5	休日	44
	各日の拘束時間	15	9	16	10	15	9		74

第4週		22日	23日	24日	25日	26日	27日	28日	週の合計時間
	各日の運転時間	6	7	5	9	9	8	休日	44
	各日の拘束時間	10	10	9	15	14	13		71

第5週		29日	30日	31日	週の合計時間	1ヵ月（第1週～第5週）の合計時間
	各日の運転時間	8	7	8	23	199
	各日の拘束時間	12	11	12	35	319

（注1）2週間の起算日は1日とする。
（注2）各労働日の始業時刻は午前8時とする。

1. 1日についての最大拘束時間
2. 当該5週間のすべての日を特定日とした2日を平均した1日当たりの運転時間
3. 1日を起算日とし、2週間を平均した1週間当たりの運転時間
4. 1日についての拘束時間が15時間を超える1週間の回数

■問15

（平成30年度第2回試験）

　下図は、貨物自動車運送事業に従事する自動車運転者の運転時間および休憩時間の例を示したものであるが、このうち、連続運転の中断方法として「自動車運転者の労働時間等の改善のための基準」に適合しているものを2つ選びなさい。

1.

乗務開始	運転	休憩	運転	休憩	運転	休憩	運転	休憩	運転	休憩	運転	休憩	運転	乗務終了
	30分	10分	2時間	15分	30分	10分	1時間30分	1時間	2時間	15分	1時間30分	10分	1時間	

2.

乗務開始	運転	休憩	運転	休憩	運転	休憩	運転	休憩	運転	休憩	運転	休憩	運転	乗務終了
	1時間	15分	2時間	10分	1時間	15分	1時間	1時間	1時間30分	10分	1時間	5分	30分	

3.

乗務開始	運転	休憩	運転	休憩	運転	休憩	運転	休憩	運転	休憩	運転	休憩	運転	乗務終了
	2時間	10分	1時間30分	10分	30分	10分	1時間	1時間	1時間	10分	1時間	10分	2時間	

4.

乗務開始	運転	休憩	運転	休憩	運転	休憩	運転	休憩	運転	休憩	運転	休憩	運転	乗務終了
	1時間	10分	1時間30分	15分	30分	5分	1時間30分	1時間	2時間	10分	1時間30分	10分	30分	

解 答 ・ 解 説

※問題を解くために参考となる参照項目を「☞」の後に記してあります。

■**問1** 【正解 2，4】 ☞「4-1労働条件の原則」、「4-2労働契約」、「4-7就業規則その他」

1. 誤り。「労働基準法上の基準を理由とする労働条件の低下」は当事者間の合意があったとしても許されません。
2. 正しい。
3. 誤り。労働者は、労働契約の締結に際し使用者から明示された労働条件が事実と相違する場合においては、即時に労働契約を解除することができます。
4. 正しい。

■**問2** 【正解 2】 ☞「4-4労働時間、休憩、休日、有給休暇」

1. 正しい。
2. 誤り。休憩時間は、労働時間が6時間を超える場合には少なくとも45分、8時間を超える場合には少なくとも1時間与えなければなりません。
3. 正しい。
4. 正しい。

■**問3** 【正解 3】 ☞「4-7就業規則その他」

1. 正しい。
2. 正しい。
3. 誤り。就業規則の作成または変更については、労働組合等の意見を聴かなければなりません。
4. 正しい。

■**問4** 【正解 3】 ☞「4-8安全衛生（健康診断）」

1. 正しい。
2. 正しい。
3. 誤り。健康診断の結果の通知は、労働者からの請求の有無などにかかわらず、必ず行う必要があります。
4. 正しい。

■**問5 【正解 4】** ☞「4-8安全衛生（健康診断）」

1. 正しい。
2. 正しい。
3. 正しい。
4. 誤り。深夜業に従事する労働者の健康診断の結果に基づく医師からの意見聴取は、健康診断の結果を証明する書面が事業者に提出された日から2ヵ月以内に行わなければなりません。

■**問6 【正解 A① B② C② D②】** ☞「4-9労働時間等の改善基準①（拘束時間）」

1. この基準は、自動車運転者（法第9条に規定する労働者であって、（A＝四輪以上の自動車）の運転の業務（厚生労働省労働基準局長が定めるものを除く。）に主として従事する者をいう。）の労働時間等の改善のための基準を定めることにより、自動車運転者の労働時間等の（B＝労働条件の向上）を図ることを目的とする。
2. 労働関係の当事者は、この基準を理由として自動車運転者の労働条件を低下させてはならないことはもとより、その（C＝向上）に努めなければならない。
3. 使用者は、季節的繁忙その他の事情により、法第36条第1項の規定に基づき臨時に（D＝労働時間を延長し）、または休日に労働させる場合においても、その時間数または日数を少なくするように努めるものとする。

■**問7 【正解 A① B⑧ C⑤ D③】** ☞「4-9労働時間等の改善基準①（拘束時間）」

拘束時間は、1ヵ月について（A＝293時間）を超えないものとすること。ただし、労使協定があるときは、1年のうち（B＝6ヵ月）までは、1年間についての拘束時間が（C＝3,516時間）を超えない範囲内において、（D＝320時間）まで延長することができる。

■**問8 【正解 2】** ☞「4-9労働時間等の改善基準①（拘束時間）」、「4-11労働時間等の改善基準③（その他）」

1. 正しい。
2. 誤り。時間外労働協定においてトラック運転者に係る一定期間についての延長時間について協定するに当たっては、当該一定期間は、2週間および1ヵ月以上3ヵ月以内の一定の期間としなければなりません。
3. 正しい。
4. 正しい。

4

労働基準法

テーマ別過去問

■問9 【正解　2，3】
☞「4-9労働時間等の改善基準①（拘束時間）」、
「4-10労働時間等の改善基準②（運転時間）」、
「4-11労働時間等の改善基準③（その他）」

1. 誤り。後半の記述が誤りです。トラック運転者の1日の拘束時間を延長する場合において、1日の拘束時間が15時間を超える回数は、1週間について2回以内としなければなりません。

2. 正しい。

3. 正しい。

4. 誤り。連続運転時間とは、「1回が連続10分以上で、かつ、合計が30分以上の運転の中断をすることなく連続して運転する時間」をいいます。

■問10 【正解　1，3】
☞「4-10労働時間等の改善基準②（運転時間）」、
「4-11労働時間等の改善基準③（その他）」

1. 正しい。

2. 誤り。勤務の終了後継続8時間以上の休息期間を与えることが困難な場合には、一定期間における全勤務回数の2分の1を限度に、休息期間を拘束時間の途中および拘束時間の経過直後に分割して与えることができます。

3. 正しい。

4. 誤り。トラック運転者を隔日勤務に就かせる場合、2暦日における拘束時間は、21時間を超えてはなりません。

■問11 【正解　4】
☞「4-9労働時間等の改善基準①（拘束時間）」

1. 改善基準に適合していない。12月の拘束時間が320時間を超えています。

2. 改善基準に適合していない。1年間の拘束時間が3,516時間を超えています。

3. 改善基準に適合していない。1ヵ月の拘束時間293時間を超えている月が7ヵ月（4月、6月、8月、9月、12月、1月、2月）あります。

4. 改善基準に適合している。1年間の拘束時間が3,516時間を超えておらず、拘束時間が320時間を超えている月もありません。そして、拘束時間が293時間を超えている月は5ヵ月（7月、8月、12月、1月、2月）です。

■問12【正解　3】　☞「4-9労働時間等の改善基準①（拘束時間）」

　トラック運転者の1日の拘束時間は、「始業時刻から起算して24時間のなかで拘束されていた時間」をいいます。なお、フェリー乗船時間については「休息期間」として取り扱われるため、拘束時間には含まれません。

・ 1日目：5:00 ～ 19:00 ＝ 14時間－フェリー乗船時間4時間（9:00 ～ 13:00）＝10時間
・ 2日目：6:00 ～ 18:00 ＋ 3日目の4:00 ～ 6:00 ＝ 14時間
　（※2日目の拘束時間は、「2日目の6:00 ～ 3日目の6:00の24時間の中で拘束されていた時間」なので、「3日目の4:00 ～ 6:00」は2日目の拘束時間にも含まれる）
・ 3日目：4:00 ～ 19:00（＝15時間）－フェリー乗船時間4時間（8:00 ～ 12:00）＝11時間
・ 4日目：6:00 ～ 18:00 ＋ 5日目の5:00 ～ 6:00 ＝ 13時間
　（※4日目の拘束時間は、「4日目の6:00 ～ 5日目の6:00の24時間の中で拘束されていた時間」なので、「5日目の5:00 ～ 6:00」は4日目の拘束時間にも含まれる）

■問13【正解　2】　☞「4-9労働時間等の改善基準①（拘束時間）」

　各日の拘束時間・休息期間は以下のようになります。

＜拘束時間＞

・ 月曜日：始業9時～終業17時＋火曜日の7時～9時＝10時間
　（※月曜日の拘束時間は「月曜日の9時～火曜日の9時の24時間の中で拘束されていた時間」なので、「火曜日の7時～9時」は、月曜日の拘束時間にも含まれる）
・ 火曜日：始業7時～終業21時＋水曜日の5時～7時＝16時間（※肢2）
　（※火曜日の拘束時間は「火曜日の7時～水曜日の7時の24時間の中で拘束されていた時間」なので、「水曜日の5時～7時」は、火曜日の拘束時間にも含まれる）
・ 水曜日：始業5時～終業14時＝9時間（※肢4）
・ 木曜日：始業7時～終業22時＋金曜日の6時～7時＝16時間（※肢2）
　（※木曜日の拘束時間は「木曜日の5時～金曜日の5時の24時間の中で拘束されていた時間」なので、「金曜日の6時～7時」は、木曜日の拘束時間にも含

4 労働基準法

テーマ別過去問

まれる）
・ 金曜日：始業6時〜終業22時＝16時間（※肢2）

＜休息期間＞
・ 月曜日：終業17時〜火曜の始業7時＝14時間
・ 火曜日：終業21時〜水曜の始業5時＝8時間
・ 水曜日：終業14時〜木曜の始業7時＝17時間
・ 木曜日：終業22時〜金曜の始業6時＝8時間

以上を踏まえ、以下のように正誤判断します。

1. 正しい。拘束時間が16時間を超えている日はないので、1日についての拘束時間が改善基準に定める最大拘束時間に違反している勤務はありません。
2. 誤り。拘束時間が15時間を超える回数が2回を超えている（＝火曜日、木曜日、金曜日の3回ある）ので、1日についての拘束時間が15時間を超えることができる1週間についての回数は、改善基準に違反しています。
3. 正しい。すべての日において、8時間以上の休息期間を与えているので、勤務終了後の休息期間は、改善基準に違反しているものはありません。
4. 正しい。この1週間の勤務の中で水曜日の拘束時間が最も短いです。

■問14【正解　2】

☞「4-9労働時間等の改善基準①（拘束時間）」、
「4-10労働時間等の改善基準②（運転時間）」

1. 違反していない。本問の勤務状況を見ると、拘束時間が16時間を超えている日はないので、改善基準に違反していません。
2. 違反している。本問の勤務状況を見ると、9日を特定日とした場合、「特定日の前日（8日）と特定日（9日）の運転時間の平均」が（9時間＋10時間）÷2＝9.5時間、「特定日（9日）と特定日の翌日（10日）の運転時間の平均」が（10時間＋9時間）÷2＝9.5時間であり、どちらも9時間を超えているため、改善基準に違反しています。
3. 違反していない。本問の勤務状況を見ると、「第1週と第2週の運転時間の平均」は（43時間＋45時間）÷2＝44時間で、44時間を超えていないので改善基準に違反していません。「第3週と第4週の運転時間の平均」も（44時間＋44時間）÷2＝44時間で、44時間を超えていないので改善基準に違反していません。

1週間の運転時間は、「起算日から2週間ごと」に区切って判断するので、1日を起算日[問題の表の下に書かれている（注1）参照]とする本問の場合、「第1週～第2週（1日～14日）の運転時間の平均」、「第3週～第4週（15日～28日）の運転時間の平均」でそれぞれ違反の有無を判断すればよく、「第2週～第3週（8日～21日）の運転時間の平均」を考慮する必要はありません。

4. 違反していない。本問の勤務状況を見ると、拘束時間が15時間を超えている日の回数は、第1週、第2週、第4週、第5週は0回、第3週が1回（17日）であり、いずれの週においても2回以内なので改善基準に違反していません。

■問15【正解　2，3】　　　　　　　☞「4-10労働時間等の改善基準②（運転時間）」

1. 適合していない。前半（3回目の休憩：10分まで）は、運転時間4時間以内（1回目：30分＋2回目：2時間＋3回目：30分＝3時間）に対し、合計30分以上の運転中断（1回目の休憩：10分＋2回目の休憩：15分＋3回目の休憩：10分＝35分）をしているので問題ありません。

   中間（4回目の運転）も1時間30分の運転後に1時間の運転中断（休憩）をしているので問題ありません。

   しかし、後半（5回目の運転以降）を見ると、〔運転2時間⇒休憩15分⇒運転1時間30分⇒休憩10分⇒運転1時間〕という運転状況であり、「30分以上の運転中断」をする前に運転時間の合計が4時間を超えています（＝4時間30分）。したがって、連続運転時間が4時間を超えることになり、改善基準に違反しています。

2. 適合している。前半（3回目の休憩：15分まで）は、運転時間4時間（1回目：1時間＋2回目：2時間＋3回目：1時間）に対し、合計30分以上の運転中断（1回目の休憩：15分＋2回目の休憩：10分＋3回目の休憩：15分＝40分）をしているので問題ありません。

   中間（4回目の運転）も1時間の運転後に1時間の運転中断（休憩）をしているので問題ありません。

   後半（5回目の運転以降）の10分未満の休憩（＝最後の休憩：5分）は、運転中断の時間として扱われませんが、それでも、運転状況は〔運転1時間30分⇒休憩10分⇒運転1時間30分（運転1時間＋運転30分）⇒乗務終了〕となり、運転時間の合計が4時間を超える前に乗務を終了しているので問題ありません。

3. 適合している。前半（3回目の休憩：10分まで）は、運転時間4時間（1回目：2時間＋2回目：1時間30分＋3回目：30分）に対し、合計30分の運転中断（1回目の休憩：10分＋2回目の休憩：10分＋3回目の休憩：10分）をしているので問題ありません。

   中間（4回目の運転）も1時間の運転後に1時間の運転中断（休憩）をしているので問題ありません。

   後半（5回目の運転以降）も4時間の運転（5回目：1時間＋6回目：1時間＋7回目：2時間）後に乗務を終了しているので問題ありません。

4. 適合していない。10分未満の休憩（＝3回目の休憩：5分）は、運転中断の時間として扱われないので、乗務開始からの運転状況は〔運転1時間⇒休憩10分⇒運転1時間30分⇒休憩15分⇒運転2時間（3回目の運転：30分＋4回目の運転：1時間30分）…〕となり、「30分以上の運転中断」をする前に運転時間の合計が4時間を超えています（＝4時間30分）。したがって、連続運転時間が4時間を超えることになり、改善基準に違反しています。

運行管理者試験　受験の心構え5箇条

（※その1～3は123ページ）

●その4. 「誤っているものを1つ選ぶ問題」を落とすな！

　近年の試験では『正しいものを2つ選ぶ問題』や『選択肢すべての正誤判断をする問題』など出題パターンがさまざまですが、効率よく得点を稼ぐには、『誤っているものを1つ選ぶ問題』を落とさない！　ということです。誤っているものを1つ選ぶ問題の場合、他の選択肢に対する知識が不十分でも、正解となる1つの選択肢の誤りがわかれば正解することができるので、このような問題を取りこぼさず、しっかりと得点源にしてください。

●その5. 「時間切れ」に注意するべし！

　近年の試験では、複合的な知識を問うような問題が出題されることもあり、解くのに時間がかかる問題が増えてきています。「時間切れで問題が解けなかった…」というのでは非常にもったいないので、試験の際は、時間切れにならないようなペース配分を心掛けてください。

労働基準法
【重要数字まとめ】

Ⅰ 労働基準法条文関係

労働契約	契約期間	原則として3年（所定の労働者の場合5年）まで
	解雇制限期間	業務上の負傷等による休業期間＋その後30日間 産前産後の女性の法令休業期間＋その後30日間
	解雇予告	30日前に予告、予告をしない場合は30日分以上の平均賃金（解雇予告手当）の支払いが必要
	解雇予告の例外 （予告なく解雇可能）	①日雇いの者、②2ヵ月以内の期間で使用される者、③季節的業務に4ヵ月以内の期間で使用される者、④試の使用期間中の者（14日を超えて引き続き使用される者を除く）
	金品の返還	権利者からの請求後、7日以内
労働時間等	労働時間	休憩時間を除き、1週間40時間、1日8時間まで
	休憩時間	労働時間が6時間を超える場合、少なくとも45分、労働時間が8時間を超える場合、少なくとも1時間
	休日	毎週少なくとも1回、または4週間で4日以上
	有給休暇の付与	雇入れの日から6ヵ月間継続勤務し、全労働日の8割以上出勤した労働者に対して10労働日
妊産婦	産前の就業禁止	6週間以内に出産予定の女性が休業を請求した場合
	産後の就業禁止	産後8週間を経過していない場合（ただし、産後6週間を経過した女性が就業を請求した場合は例外あり）
就業規則	就業規則の作成および届出の義務	常時10人以上の労働者を使用する場合
	就業規則の制裁規定	1回の額：平均賃金の1日分の半額まで 総額：賃金総額の10分の1まで
他	重要書類の保存期間	5年間（※経過措置により当分の間は3年間）

4

労働基準法

ーマ別過去問

II 安全衛生（健康診断）関係

健康診断	雇入時の健康診断の受診の例外	健康診断を受けた後、3ヵ月を経過しない者を雇い入れる場合
	定期健康診断	1年以内ごと
	特定業務従事者の健康診断	当該業務への配置替え時＋6ヵ月以内ごと
	診断結果についての医師からの意見聴取の期日	①所定の健康診断が行われた日から3ヵ月以内 ②自発的健康診断の結果を証明する書面が事業者に提出された日から2ヵ月以内
	健康診断個人票の保存期間	5年間

III 労働時間等の改善基準

拘束時間等	1ヵ月の拘束時間	原則	293時間まで
		延長	1年間のうち6ヵ月までは、1年間の拘束時間合計が3,516時間を超えない範囲内で320時間まで延長可能
	1日の拘束時間	原則	13時間まで
		延長	延長する場合は最長16時間まで。また、15時間を超える回数は1週間について2回以内
	休息期間の付与		勤務終了後、継続8時間以上
運転時間	運転時間		1日当たり9時間、1週間当たり44時間まで
	連続運転時間の定義		「1回が連続10分以上で、かつ、合計が30分以上の中断」をすることなく連続して運転する時間
	連続運転時間		4時間まで
特例	休息期間の分割付与		一定期間における全勤務回数の2分の1を限度に、分割付与が可能。分割された休息期間は、1回当たり継続4時間以上で合計10時間以上でなければならない
	2人乗務の特例		1回当たりの最大拘束時間を20時間まで延長でき、休息期間は4時間まで短縮可能
	隔日勤務の特例		2暦日における拘束時間は21時間まで。勤務終了後、継続20時間以上の休息期間が必要
	フェリー乗船における減算後の休息期間		フェリー下船時刻から勤務終了時刻までの間の時間の2分の1を下回ってはならない
その他	時間外労働協定の締結期間		2週間および1ヵ月以上3ヵ月未満
	休日労働の限度		2週間について1回まで

第 **5** 章

実務上の知識および能力

実務上の知識および能力は、まさに運行管理者が行う運行管理業務に関する実務上の知識や能力についての理解度が問われる科目です。法令の横断的な知識、事例判断能力、トラブルへの対処能力など非常に広範囲から難しい問題が出題されます。試験での出題数は【30問中7問】です。

5-1 自動車の運転

実務上の知識および能力については、さまざまな角度から知識を問われます。本節は、運転者の感覚・能力、自動車に働く自然力など、やや専門的な内容ですが、試験での出題頻度も高いので、しっかり学習しましょう。

1 静止視力と動体視力　　　重要度 ★

　静止したまま静止した物を見るときの視力（静止視力）に比べ、動きながら物を見る場合または動いている物を見る場合の視力（動体視力）は低くなるので、低速で自動車を運転しているときよりも、高速で運転しているときの方が視力は低下し、それだけ危険な状態の発見が遅れることになります。

　なお、動体視力は加齢による低下率や個人差が大きいです。

2 速度と視野　　　重要度 ★★

　自動車の速度が速くなるほど、運転者の視野は狭くなり、遠くを注視するようになるために、近くは見えにくくなります。

　したがって、速度を出し過ぎると、近くから飛び出してくる歩行者や自転車などを見落としやすくなるので注意する必要があります。

　なお、40km/hでの視野は両目で100度程度、100km/hだと40度程度まで狭くなります。

▼速度と視野の関係

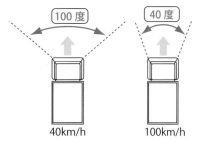

3 死角　　　重要度 ★★

　自動車は、運転者が直接見ることができない箇所に対して後写鏡やアンダーミラー等を備えるなどして構造上の死角が少なくなるよう設計されていますが、なお、死角は存在します。「車両の構造上の死角」、「運転席による死角」、「前走車、対向車など他の交通による死角」、「道路構造、建物、樹木等道路環境による死角」、「夜間走行時の死角」等があるので、これらの死角の特性に十分注意して運転する必要があります。

4 距離の錯覚　　　　　重要度 ★★★

　前方の自動車を大型車と乗用車から同じ距離で見た場合、それぞれの視界や見え方が異なり、大型車の場合には運転席が高いため、車間距離に余裕があるように感じ、車間距離をつめてもあまり危険に感じない傾向となるので、この点に注意して常に適正な車間距離をとって運転する必要があります。

▼運転席の高さと視野の関係

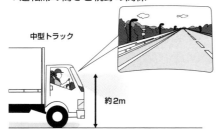

中型トラック
約2m

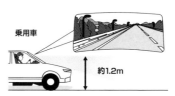

乗用車
約1.2m

5 二輪車に対する注意点　　　　　重要度 ★★★

　四輪車を運転する場合、二輪車との衝突事故を防止するための注意点として、①二輪車は死角に入りやすいため、その存在に気づきにくく、また、②二輪車は速度が実際より遅く感じたり、距離が遠くに見えたりする特性があることなどを理解しておく必要があります。

6 空走距離・制動距離・停止距離　　　　　重要度 ★★★

　運転者が走行中に危険を発見（認知）してからブレーキをかけ、自動車が完全に停止するまでには、ある程度の時間と距離が必要ですが、危険を認知して判断し、ブレーキ操作に至る（＝ブレーキ操作を行い、ブレーキが効きはじめる）までに要する時間を空走時間（または反応時間）といいます。

　空走時間は1秒くらいかかるといわれており、この間に走行した距離を空走距離、ブレーキが実際に効きはじめてから停止するまでに走行した距離を制動距離といいます。

　つまり、危険認知から停止するまでには、「空走距離と制動距離を合わせた距離」が必要になり、この距離を停止距離といいます（空走距離＋制動距離＝停止距離）。

5

実務上の知識および能力

▼停止距離のしくみ

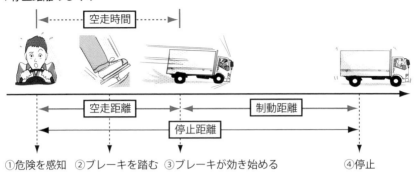

①危険を感知　②ブレーキを踏む　③ブレーキが効き始める　　　　④停止

　なお、自動車を運転するとき、特に他の自動車に追従して走行するときは、自車の速度と停止距離に留意し、前車との追突等の危険が発生した場合でも<u>安全に停止できるような速度または車間距離</u>を保って運転する必要があります。

　安全な車間距離の目安は、一般的に「停止距離以上の距離」とされています。

7 自動車に働く自然力　　　　　　　　　　重要度　★★

(1) 慣性力

　物体が外部から力を受けない限り、そのまま停止または等速度運動を続けようとする性質を慣性といい、これによって生じる力を慣性力といいます。

　自動車の慣性力は、重量が重くなるほど、また、速度が速くなるほど大きくなり、制動距離が長くなります。また、路面やタイヤの状態によっても変化し、地面が濡れていて、タイヤが磨耗している場合、地面が乾燥してタイヤが磨耗していない状態と比較して制動距離が2倍程度長くなります。

(2) 遠心力

　自動車がカーブや曲がり角でハンドルを切ると遠心力が働きます。遠心力とは、円運動する物体が円の外側へ向かう力のことをいい、自動車に乗っている人の身体が外側に振られて傾くのも遠心力によるものです。

　遠心力は重量や速度の大きさに応じて大きくなります。また、カーブの半径が小さいほど大きくなり、自動車の重量および速度が同一の場合には、曲がろうとするカーブの半径が2分の1になると遠心力の大きさは2倍になります。

（3）衝撃力

　運動している物体が他の物体に衝突して短い時間内にその運動を止められると、運動エネルギーが一気に力に変換するため非常に大きな力が双方の物体に働きます。この力を衝撃力といいます。

　衝突の際の衝撃力は重量や速度の大きさに応じて大きくなります。また、重量が同一の自動車2台が、双方50km/hで正面衝突した場合の衝撃力は、100km/hで走行中の自動車が壁に衝突した場合と同じで、自分の速度だけでなく相手の自動車の速度を加えた速度（相対速度）で衝撃力が発生します。

●**慣性力・遠心力・衝撃力の大きさに関する共通事項**
① 重量が重いほど大きくなり、重量に比例して大きくなる。
② 自動車の速度が速いほど大きくなり、速度の2乗に比例する。
　→速度が2倍になれば、慣性力・遠心力・衝撃力は4倍になる！
　→速度が3倍になれば、慣性力・遠心力・衝撃力は9倍になる！
　（※「慣性力が○倍になる」ということは「制動距離が○倍長くなる」ということ）

8　追越しにかかる時間・距離　　重要度　★★★

　自動車が追越しをするときは、前の自動車の走行速度に応じた追越し距離、追越し時間が必要になります。

　前の自動車と追越しをする自動車の速度差が小さい場合には追越しに長い時間と距離が必要になることから、無理な追越しをしないよう注意して運転する必要があります。

▼前車と追越しをする自動車の速度差が「小さい」場合とは…

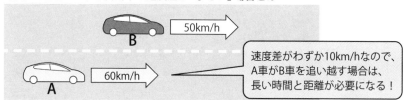

※反対に、前車との速度差が「大きい」場合（例：前車が50km/h、後車が100km/h）、あっという間に追い抜けるので、追越しに必要となる時間と距離は短くなる！

5　実務上の知識および能力

9　内輪差・外輪差　　重要度 ★★

　自動車がカーブを曲がる際、左右および前後輪はおのおの別の軌跡を通ります。後輪は前輪より内側を通り、「内側の前輪と内側の後輪が描く軌跡の差」を内輪差といい、「外側の前輪と外側の後輪が描く軌跡の差」を外輪差といいます。

　大型車は内輪差が大きく、左後方に運転者席から見えない箇所（死角）があるので歩行者や自転車を巻き込まないように注意が必要です。

　また、車両全長が長い大型車が右左折する場合、ハンドルを一気にいっぱいに切ると、車体後部のオーバーハング部分※のはみ出し量が多くなり、対向車や後続車との接触事故が起きる危険があるので、大型車の右左折においては、ハンドルをゆっくり切るような運転を心がける必要があります。

▼内輪差と外輪差

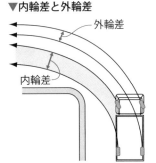

　　　　　　　※最後輪より車両後端までのはみ出し部分

10　緊急時の措置　　重要度 ★★

(1) 踏切での対応

　自動車の故障等により踏切内で運行不能となったときは、一刻も早く列車の運転士に、踏切支障報知装置（踏切非常ボタン）や非常信号用具等（発炎筒等）を使用して、踏切内に自動車が立ち往生していることを知らせるとともに、自動車を踏切の外に移動させることに努めなければなりません。

▼踏切内で立ち往生してしまったときは…

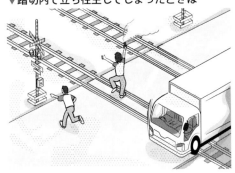

※踏切内で立ち往生してしまったときは、速やかに列車に対し適切な防護措置をとり（＝踏切内に自動車が立ち往生していることを知らせ）、その後、自動車を踏切の外に移動させるための措置を講じる。

（2）大地震発生時の対応

　道路を走行中、大地震が発生した場合に、自動車を置いて避難するときは、できるだけ道路外の場所に移動します。

　やむを得ず道路上に置いて避難するときは、道路の左側に寄せて駐車し、エンジンを止め、（緊急車両や避難者の通行の妨げになった場合にすぐに移動させることができるように）エンジンキーは抜かず、窓を閉め、ドアはロックしないようにします。

（3）高速道路走行時の対応

　高速道路で故障等により運転ができなくなったときは、停車することができる幅のある路側帯に停車させ、自動車の後方の路上に停止表示器材（p.112「11. 停止表示器材（三角表示板など）」参照）を置くほか、夜間（昼間で視界が200m以下のときを含む）の場合、非常点滅表示灯、駐車灯または尾灯を点けなければなりません。

5

実務上の知識および能力

■ポイント

- 走行中の四輪車から二輪車を見ると、二輪車の速度が実際より遅く感じたり、距離が遠くに見えたりする特性がある。
- 安全な車間距離の目安は、停止距離以上の距離である。
- 前車と後車の速度差が小さい場合、追越し時間や距離が長くなる。
- 故障等により踏切内で立ち往生してしまった場合、速やかに列車に対し適切な防護措置をとる。
- 大地震発生時に自動車を道路上に置いて避難するときは、移動可能な状態にしておく。

➡練習問題5-1（〇×問題）は、p.260をご覧ください。

走行時に生じる諸現象

> 自動車の走行時には、以下のような危険な現象が生じることがあるので、注意が必要です。試験対策のみならず、交通事故防止の観点からも重要なところなので、自動車を運転される方はぜひ知っておいてください。

① 自動車の走行時に生じる諸現象　　　　　重要度 ★★★

(1) 蒸発現象

夜間の走行時において、自車のライトと対向車のライトで、お互いの光が反射し合い、その間にいる歩行者や自転車が見えなくなることをいいます。

▼蒸発現象

この状況は暗い道路で特に起こりやすいので、夜間の走行の際には十分注意する必要があります。

(2) ウェットスキッド現象

雨の降りはじめに、路面の油や土砂などの微粒子が雨と混じって滑りやすい膜を形成するため、タイヤと路面との摩擦係数が低下し、急ブレーキ時などにスリップすることをいいます。

これを防ぐため、雨の降りはじめには速度を落とし、車間距離を十分にとって、不用意な急ハンドルや急ブレーキを避ける必要があります。

(3) ハイドロプレーニング現象

路面が水でおおわれているときに高速で走行するとタイヤの排水作用が悪くなり、水上を滑走する状態になって操縦不能になることをいいます。

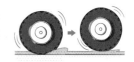

これを防ぐため、日頃よりスピードを抑えた走行に努め、タイヤの空気圧および溝の深さが適当であることを日常点検で確認する必要があります。

(4) スタンディングウェーブ現象

タイヤの空気圧不足で高速走行したとき、タイヤに波打ち現象が生じ、セパレーション（剥離）やコード切れ等が発生することをいいます。

これを防ぐため、タイヤの空気圧が適当であることを日常点検で確認する必要があります。

(5) フェード現象

フット・ブレーキを使い過ぎると、ブレーキ・ドラムやブレーキ・ライニングが摩擦のため過熱することにより、ドラムとライニングの間の摩擦力が低下し、ブレーキの効きが悪くなることをいいます。

これを防ぐため、長い下り坂などでは、エンジン・ブレーキ等を使用し、フット・ブレーキのみの使用を避ける必要があります。

(6) ベーパーロック現象

フット・ブレーキを使い過ぎると、ブレーキ・ドラムやブレーキ・ライニングなどが摩擦のため過熱してその熱がブレーキ液に伝わり、液内に気泡が発生することによりブレーキが正常に作用しなくなり効きが低下することをいいます。

これを防ぐため、長い下り坂などでは、エンジン・ブレーキ等を使用し、フット・ブレーキのみの使用を避ける必要があります。

5

実務上の知識および能力

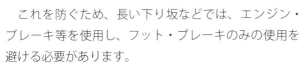

■ポイント

・ スタンディングウェーブ現象は、スタンディング「ウェーブ」現象 ⇒ タイヤの「波」打ち現象と、英単語の和訳で覚えると覚えやすい。

・ フェード現象とベーパーロック現象は、どちらも「フット・ブレーキを使い過ぎるとブレーキの効きが悪くなる」現象だが、ベーパーロック現象の説明には特徴的なキーワードとして「気泡」という文言があることを覚えておくとよい。

練習問題5-1（○×問題）

① 前方の自動車を大型車と乗用車から同じ距離で見た場合、それぞれの視界や見え方が異なり、大型車の場合には運転席が高いため、車間距離をつめてもあまり危険に感じない傾向となる。

② 走行中の四輪車から二輪車を見ると、二輪車の速度が実際より早く感じたり、距離が近くに見えたりする特性がある。

③ 他の自動車に追従して走行するときは、自車の速度と制動距離に留意し、前車との追突等の危険が発生した場合でも安全に停止できるよう、制動距離と同程度の車間距離を保って運転する必要がある。

④ 自動車が追越しをするときは、前の自動車の走行速度に応じた追越し距離、追越し時間が必要になるため、前の自動車と追越しをする自動車の速度差が小さい場合には追越しに長い時間と距離が必要になる。

⑤ 道路を走行中、大地震が発生した場合に、やむを得ず道路上に自動車を置いて避難するときは、道路の左側に寄せて駐車し、エンジンを止め、エンジンキーを付けたままにし、窓を閉め、ドアはロックしないようにする。

練習問題5-2（○×問題）

⑥ ウェットスキッド現象とは、路面が水でおおわれているときに高速で走行するとタイヤの排水作用が悪くなり、水上を滑走する状態になって操縦不能になることをいう。

⑦ ベーパーロック現象とは、長い下り坂などでフット・ブレーキを使い過ぎると、ブレーキ・ドラムやブレーキ・ライニングなどが摩擦のため過熱してその熱がブレーキ液に伝わり、液内に気泡が発生することによりブレーキが正常に作用しなくなり、効きが低下することをいう。

解答

① ○
② × 走行中の四輪車から二輪車を見ると、二輪車の速度が実際より遅く感じたり、距離が遠くに見えたりする特性がある。
③ × 他の自動車に追従して走行するときは、自車の速度と停止距離に留意し、安全な車間距離（停止距離と同程度以上の車間距離）を保って運転する必要がある。
④ ○
⑤ ○
⑥ × これはハイドロプレーニング現象の説明である。
⑦ ○

5-3 運転者の健康管理

運転者の健康管理を適切に行うことは、安全運転の確保や交通事故防止にもつながります。なお、健康診断に関する内容については、第4章の労働基準法関係から出題される場合もあります。

1 健康診断の重要性　　　　　重要度 ★★★

　第4章の労働基準法でも学習したように、事業者は、運転者に対し法令で定める健康診断を受診させなければなりません (p.205「1. 健康診断」参照)。

　ただし、運転者が自ら受けた健康診断 (人間ドックなど) であっても、法令で定める健康診断の項目を充足している場合は、法定健診として代用することができます。

2 睡眠時無呼吸症候群 (SAS)　　　重要度 ★★★

　漫然運転※や居眠り運転の原因の一つとして、睡眠時無呼吸症候群 (SAS) という病気があります。この病気は、睡眠中に呼吸が止まる無呼状態が断続的に繰り返される病気で、大きないびきや昼間の強い眠気などの症状がみられますが、疲労によるものだと思ってしまうこともあり、本人が自覚しづらい病気です。また、狭心症や心筋梗塞などの合併症を引き起こすおそれがあります。

※「運転以外のことを考えていた」、「ボーっとしていた」等により、前方への注意が欠けている状態 (＝注意力が散漫な状態)

3 アルコール依存症　　　　　　重要度 ★★

　常習的な飲酒運転の背景には、アルコール依存症という病気があるといわれています。この病気は専門医による早期の治療をすることにより回復が可能とされていますが、一度回復しても飲酒することにより再発することがあるため、アルコール依存症から回復した運転者に対しても飲酒に関する指導を継続的に行う必要があります。

5

実務上の知識および能力

④ アルコールの処理時間　　　重要度 ★★★

　健康リスクの少ない節度ある適度な飲酒の目安は、純アルコール20gと言われており、これを「アルコールの1単位」といいます。個人差もありますが、1単位のアルコールを処理するための必要な時間の目安は、概ね4時間とされています。

▼純アルコール20g（アルコールの1単位）を含む酒類

ビール	アルコール5% 500mL缶	日本酒	アルコール15% 180mL（1合）
チューハイ	アルコール7% 350mL缶	焼酎	アルコール25% 100mL（コップ半分）
ワイン	アルコール12% 200mL（小グラス2杯）	ウイスキー	アルコール43% 60mL（ダブル1杯）

⑤ 生活習慣病　　　重要度 ★★

　近年、脳血管疾患や心臓病などに起因した運転中の突然死による事故が増加傾向にあり、これらの病気の要因が生活習慣に関係していることから生活習慣病と呼ばれています。この病気は、暴飲暴食や運動不足などの習慣が積み重なって発病するので、健康診断の結果に基づいて生活習慣の改善を図ることが重要です。

●脳血管疾患の予防

　脳血管疾患とは脳の血管の異常によって、脳細胞が壊れる病気の総称であり、主な脳血管疾患には脳梗塞、脳内出血、くも膜下出血などがあります。
　これらの疾患は、MRI検査やCT検査などで早期に発見することが可能ですが、健康診断では脳そのものの疾患を診る項目は設定されていないため、定期健康診断で発見することは困難です。

■ポイント

・健康診断に関しては、第4章：労働基準法関係から出題されることもある。
・睡眠時無呼吸症候群やアルコールの処理時間に関する問題は、よく出題されている。

➡練習問題5-3（○×問題）は、p.265をご覧ください。

5-4 交通事故の防止対策

プライベートでも仕事でも交通事故の防止対策は非常に重要です。特に、運転業務に従事する者に対しては、事業者や運行管理者が適切な交通事故防止対策を講じていく必要があります。

1 交通事故の類型別発生状況 　　　重要度 ★★★

事業用貨物自動車が第1当事者となった人身事故の類型別発生状況をみると、「追突事故」が最も多く、続いて「出会い頭衝突」の順となっています。

※平成26年〜令和元年まで同様

2 交通事故発生の要因 　　　重要度 ★★

交通事故の多くは、見かけ上は運転者の運転操作ミスや交通違反などの人的要因（ヒューマンエラー）によって発生していますが、その背景には、運転操作を誤ったり、やむを得ず交通違反をしてしまったりするような状況に繋がる背景要因が潜んでいることが少なくありません。

したがって、事業用自動車による事故防止を着実に推進するためには、運転者の人的要因とともに、発生した事故の調査や事故原因の分析、事故の背景にある運行管理その他の要因を総合的に調査・分析することが重要です。

3 ヒヤリ・ハット 　　　重要度 ★★

運転中に他の自動車等と衝突・接触するおそれなどがあったと認識した状態をいいます。1件の重大な事故（死亡・重傷事故等）が発生する背景には多くのヒヤリ・ハットがあるとされており、このヒヤリ・ハットを調査し減少させていくことは、交通事故防止対策に有効な手段となっています。

4 指差呼称 　　　重要度 ★★

運転者の錯覚、誤判断、誤操作等を防止するための手段であり、道路の信号や標識などを指で差し、その対象が持つ名称や状態を声に出して確認することをいい、安全確認に重要な運転者の意識レベルを高めるなど自動車事故防止対策に有効な手段の一つとして活用されています。

5 実務上の知識および能力

5 適性診断　　　　　　　　　　　　　重要度　★★★

　運転者の運転行動、運転態度および性格等を客観的に把握し、安全運転にとって好ましい方向へ変化するように動機付けを行うことにより、<u>運転者自身の安全意識を向上させるためのもの</u>【注：運転に適さない者を運転者として選任しないようにするためのものではありません！】であり、ヒューマンエラーによる事故の発生を未然に防止するための有効な手段となっています。

6 安全運転支援装置等　　　　　　　　　重要度　★★

(1) 映像記録型ドライブレコーダー

　交通事故や急ブレーキ、急ハンドルなどにより自動車が一定以上の衝撃を受けると、衝突前と衝突後の前後10数秒間の映像などを記録（※常時記録の機器もある）する装置。運転者のブレーキやハンドル操作などの運転状況を記録し、解析することで運転のクセ等を読み取ることができるものもあります。

(2) 衝突被害軽減ブレーキ

　レーダー等で検知した前方の車両等に衝突する危険性が生じた場合に運転者にブレーキ操作を行うよう促し、さらに衝突する可能性が高くなると自動的にブレーキが作動し、衝突による被害を軽減させる装置。<u>走行時の周囲の環境によっては障害物を正しく認識できないことや、衝突を回避できないこともある</u>ため、細心の注意をはらう必要があります。

(3) アンチロック・ブレーキシステム（ABS）

　急ブレーキ時などにタイヤがロックするのを防ぐことにより、車両の進行方向の安定性を保ち、また、ハンドル操作で障害物を回避できる可能性を高める装置。効果的に作動させるためには、<u>できるだけ強くブレーキペダルを踏み続ける</u>ことが重要です。

▮ポイント

・事業用貨物自動車が第1当事者となった人身事故の類型別発生状況は、追突事故が最も多く、続いて出会い頭衝突の順となっている。
・適性診断は、運転者自身の安全意識を向上させるためのものである。

練習問題5-3（○×問題）

① 事業者は、法令により定められた健康診断を実施しなければならないが、運転者が自ら受けた健康診断（人間ドックなど）でも必要な定期健康診断の項目を充足している場合は、法定健診として代用することができる。

② 睡眠時無呼吸症候群は、狭心症や心筋梗塞などの合併症を引き起こすおそれはないが、安全運転を続けていくためには早期の発見および治療が不可欠である。

③ アルコール依存症とは、専門医による早期の治療をすることで回復が可能だが、一度回復しても飲酒することにより再発することがある。

④ 飲酒により摂取されたアルコールを処理するために必要な時間の目安は、たとえばビール500mL（アルコール5％）の場合、概ね2時間である。

練習問題5-4（○×問題）

⑤ 近年の事業用貨物自動車が第1当事者となった人身事故の類型別発生状況をみると、「追突」が最も多く、続いて「出会い頭衝突」の順である。

⑥ 適性診断は、運転者の運転能力、運転態度および性格等を客観的に把握し、運転の適性を判定することにより、運転に適さない者を運転者として選任しないようにするためのものである。

⑦ デジタル式運行記録計は、自動車の運行中、交通事故や急ブレーキ、急ハンドルなどにより当該自動車が一定以上の衝撃を受けると、衝突前と衝突後の前後10数秒間の映像などを記録する装置である。

解答 ••

① ○

② ×　睡眠時無呼吸症候群は、狭心症や心筋梗塞などの合併症を引き起こすおそれがある。

③ ○

④ ×　ビール500mL（アルコール5％）のアルコールを処理するために必要な時間の目安は、概ね4時間である。

⑤ ○

⑥ ×　適性診断は、運転者の運転行動や運転態度が安全運転にとって好ましい方向へ変化するように動機付けを行うことにより、運転者自身の安全意識を向上させるためのものである。

⑦ ×　これはドライブレコーダーの説明である。

5

実務上の知識および能力

点呼の実施

近年の試験では、この項目からの出題が増えています。点呼の実施方法やアルコール検知器の活用など、より実務に直結した内容となっています。重要度の高いものばかりなので、時間をかけてじっくり学習してください。

1 点呼を行う場所 　　　　　　重要度 ★★

　点呼を行う場所については、決まった定義はありませんが、点呼は、運転者に対して運行の安全確保にかかわる事項について報告を求め、必要な指示をするものであることから、報告や指示が正確に行われるよう騒音等に配慮し、点呼がスムーズに実施できるような独立した所で行うのが理想といえます。

2 「運行上やむを得ない場合」の点呼 　　　重要度 ★★★

(1)「運行上やむを得ない場合」とは

　乗務前および乗務後の点呼は対面で行うのが原則ですが、運行上やむを得ない場合は電話その他の方法で行うことができます。

　電話その他の方法で点呼を行うことができる「運行上やむを得ない場合」とは、他の営業所や宿泊施設など、いわゆる遠隔地で乗務が開始または終了するため、運転者の所属営業所で対面点呼が実施できない場合等をいい、「車庫と営業所が離れている場合」や「早朝・深夜等において点呼執行者が営業所に出勤していない場合」は該当しません。

▼「運行上やむを得ない場合」に該当しない例（電話点呼NG！）

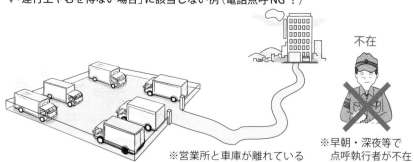

不在

※営業所と車庫が離れている

※早朝・深夜等で
点呼執行者が不在

●**対面で行うことができない場合の点呼の実施方法**
　携帯電話、業務無線等により運転者と直接対話できるものでなければならず、電子メール、FAX等一方的な連絡方法は該当しません。
　また、電話その他の方法による点呼を運転中に行ってはなりません。

　なお、運転者が「所属営業所以外の営業所」で乗務を開始・終了する場合、たとえば、A営業所に所属する運転者が自社のB営業所で乗務を開始・終了する場合には、より一層の安全を確保する観点から、A営業所の運行管理者等との電話点呼のほか、B営業所において運転者の酒気帯びの有無、疾病、疲労、睡眠不足等の状況を可能な限り対面で確認することが望ましいとされています。

(2) 点呼執行者の車庫への派遣

　点呼は営業所で行うことが原則ですが、営業所と車庫が離れている場合には、必要に応じて運行管理者や補助者を車庫へ派遣して点呼を行うこととされています。これは対面点呼を確実に実施するためです。

　この場合、酒気帯びの有無の確認については、「車庫に設置したアルコール検知器」、「運行管理者等が持参したアルコール検知器」または「自動車に設置されているアルコール検知器」を使用します。

　なお、前述したように、営業所と車庫が離れている場合というのは「運行上やむを得ない場合」には該当しないので、電話点呼を行うことはできません。

3　交替運転者への点呼　　重要度　★★

　「乗務を開始しようとする運転者」に対しては、運行上やむを得ない場合を除き、対面による点呼を行わなければなりませんが、「乗務」とは、業務として事業用自動車に乗車することをいうので、長距離運行のため交替運転者を同乗させるような場合、出庫時から同乗する交替運転者も「乗務を開始しようとする運転者」に該当します。

　したがって、この場合、出庫時から運転をする運転者はもちろんのこと、同乗する交替運転者に対しても対面による点呼を実施する必要があります。

　その上で、より一層の安全を確保する観点から、さらに運転を交替する地点においても、交替運転者に対して電話等により点呼を行うとなおよいでしょう。

▼交替運転者への点呼

4 補助者が行う点呼　　　　　　　　　重要度 ★★★

　補助者は、運行管理者の履行補助を行う者であり、代理業務を行える者ではありませんが、点呼については、その一部を補助者に行わせることができます（⇒つまり、すべての点呼を補助者に行わせることは認められない！）。

　ただし、補助者に点呼の一部を行わせる場合でも、当該営業所の運行管理者が行う点呼は、点呼を行うべき総回数の少なくとも3分の1以上でなければなりません。【例：1ヵ月間の点呼の総回数が60回の場合、20回以上は運行管理者が点呼を行う！】

▼補助者が行う点呼

●補助者への指導・監督

　補助者が行う補助業務は、運行管理者の指導・監督のもと行われるものであり、補助者が行う点呼において、疾病、疲労、睡眠不足等により安全な運転をすることができないおそれがあることが確認された場合には、直ちに運行管理者に報告を行い、運行の可否の決定等について指示を仰ぎ、その結果に基づき運転者に対し指示を行わなければなりません。

5　アルコール検知器の使用　　　重要度 ★★★

　乗務前点呼、乗務後点呼、中間点呼のいずれの場合においても、酒気帯びの有無については、必ずアルコール検知器を使用して確認する必要があります。

> ●**不適切な実施例**
> ① 乗務前の点呼において、アルコール検知器が故障により作動しなかったことから、<u>当該運転者からの前日の飲酒の有無についての報告と、当該運転者の顔色、呼気の臭い、応答の声の調子等による確認から酒気を帯びていないと判断できたので、当該運転者を乗務させた。</u>
> ② 乗務前の点呼における運転者の酒気帯びの有無について、アルコール検知器により確認しているので、当該運転者の乗務後の点呼においては、<u>当該運転者からの報告と目視等による確認で酒気を帯びていないと判断できる場合は、アルコール検知器を用いての確認はしていない。</u>

6　アルコール検知器の活用等　　　重要度 ★★★

(1)「酒気帯びの有無」とは

　点呼時に確認する「酒気帯びの有無」とは、道路交通法で定める呼気中のアルコール濃度1リットル当たり0.15ミリグラム以上であるか否かを問わないとされています（⇒「道路交通法違反としての酒気帯び運転（p.152「●酒気帯び運転の基準と罰則」参照）に該当するか否か」ではない）。

　つまり、アルコール検知器による酒気帯びの有無の判定は、<u>「呼気中のアルコール濃度1リットル当たり0.15ミリグラム以上であるか否か」ではなく、「アルコールが検知されるか否か」によって行う</u>ということです。

▼アルコール検知器による酒気帯びの有無の確認

アルコール検知器　　0.15mg/ℓ 未満でも乗務✕

※ わずかでもアルコールが検知された場合には乗務させない！

5

実務上の知識および能力

269

(2) アルコール検知器の備え付け

　事業者は、<u>アルコール検知器を営業所ごとに備え、常時有効に保持しなければなりません</u>が、「アルコール検知器を営業所ごとに備え」とは、以下のものをいいます。

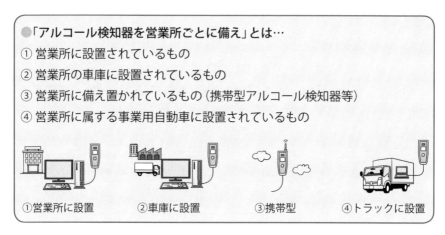

●「アルコール検知器を営業所ごとに備え」とは…
① 営業所に設置されているもの
② 営業所の車庫に設置されているもの
③ 営業所に備え置かれているもの（携帯型アルコール検知器等）
④ 営業所に属する事業用自動車に設置されているもの

①営業所に設置　　②車庫に設置　　③携帯型　　④トラックに設置

　また、「常時有効に保持」とは、正常に作動し、故障がない状態で保持しておくことをいいます。このため、アルコール検知器の製作者が定めた取扱説明書に基づき、適切に使用し、管理し、保守するとともに、定期的に故障の有無を確認し、故障がないものを使用しなければなりません。

7　状況に応じたアルコール検知器の使用　　重要度　★★

(1) 電話点呼を行う場合

　電話等の方法で点呼をする場合には、<u>運転者に携帯型アルコール検知器を携行させ、または事業用自動車に設置されているアルコール検知器を使用させ</u>、アルコール検知器の測定結果を電話その他の方法（通信機能により電送させる方法を含む）で報告させることで酒気帯びの有無の確認を行います。

▼電話点呼の場合における酒気帯びの有無の確認

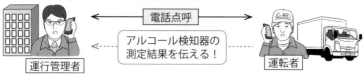

電話点呼

アルコール検知器の
測定結果を伝える！

運行管理者　　　運転者

（2）自社の他の営業所で乗務を開始・終了する場合

　たとえば、A営業所に所属する運転者が同一事業者のB営業所で乗務を開始・終了するため、A営業所の運行管理者等と電話点呼をする場合において、B営業所に備えられたアルコール検知器（B営業所に常時設置されており、検査日時・測定数値を自動的に記録できる機能を有するものに限る）を使用し、測定結果を電話でA営業所の運行管理者等に報告したときは、「運転者の所属営業所（A営業所）に備えられたアルコール検知器」を用いたとみなされます。

▼他の営業所に備えられたアルコール検知器の使用

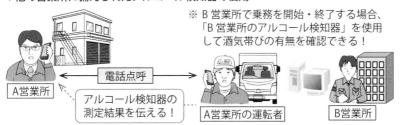

8 IT点呼　　　　　　　　　　　　　　　　　重要度　★★

（1）IT点呼とは

　Gマーク営業所（安全性優良事業所としての認定を受け、Gマークを取得している営業所）においては、対面による点呼と同等の効果を有するものとして、国土交通大臣が定めた機器（＝テレビ電話やWebカメラなど、いわゆるIT機器）による点呼を行うことができ、これをIT点呼といいます。

　IT点呼は、以下のようなケースで実施することができます。

●IT点呼の種類
① 同一の営業所における、営業所⇔車庫
② 異なる営業所間における、営業所⇔他の営業所
③ 異なる営業所間における、営業所⇔他の営業所の車庫
④ 異なる営業所間における、営業所⇔遠隔地にいる他の営業所の運転者
⑤ 異なる営業所間における、車庫⇔車庫
⑥ 同一の営業所における、車庫⇔他の車庫

5

実務上の知識および能力

▼IT点呼の種類（※ABどちらもGマーク営業所である必要がある！）

④は、運行上やむを得ない場合（p.266「2.「運行上やむを得ない場合」の点呼」参照）に、遠隔地にいる他の営業所の運転者に対して行うIT点呼であり、遠隔地IT点呼といいます。遠隔地IT点呼を適切に行った場合は、運転者が所属する営業所の補助者との「電話その他の方法」による点呼に代えることができます。

⑤は異なる営業所間における車庫と車庫間、⑥は同一営業所における車庫と他の車庫間でのIT点呼です。

（2）IT点呼の実施

点呼は対面で行うことが原則であることから、IT点呼の実施は、1営業日のうち連続する16時間以内とされています。ただし、営業所と当該営業所の車庫間（▼IT点呼の種類の①）、営業所の車庫と当該営業所の他の車庫間（▼IT点呼の種類の⑥）については、実施時間の制限はありません。

なお、Gマーク営業所間においてIT点呼を実施した場合、点呼記録簿に記録する内容を、IT点呼を行う営業所およびIT点呼を受ける運転者が所属する営業所の双方で記録し、保存しなければなりません。

9 IT点呼の要件拡大　　　　　　　　　　重要度 ★

　IT点呼は、原則としてGマーク営業所のみ実施が可能ですが、次のいずれにも該当する営業所の場合、（Gマークを取得していなくても、）営業所と当該営業所の車庫間（▼IT点呼の種類の①）に限り、IT点呼を行うことができます。

① 開設されてから3年を経過していること。

② 過去3年間所属する運転者が自らの責に帰する事故報告規則第2条に掲げる事故（p.61〜63「2.「重大な事故」とは」参照）を引き起こしていないこと。

③ 過去3年間点呼の違反に係る行政処分または警告を受けていないこと。

④ 地方貨物自動車運送適正化事業実施機関（＝都道府県トラック協会）が行った巡回指導において、一定の基準以上であること。

10 他営業所点呼　　　　　　　　　　　　重要度 ★

　2地点間を定時で運行するなど定型的な業務形態にある同一事業者内のGマーク営業所に所属する運転者が、同一事業者内の他のGマーク営業所の運行管理者等により対面による点呼を行うことを他営業所点呼といいます。

　他営業所点呼を適切に行った場合は、運転者が所属する営業所の補助者との「電話その他の方法」による点呼に代えることができます。

▼他営業所点呼

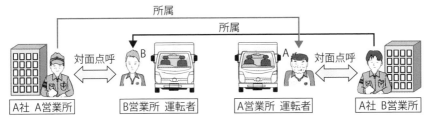

■ポイント

・ 重要度★★★の項目は試験での出題頻度が高い。**時間をかけてじっくり読み込むこと。**

➡練習問題5-5（○×問題）は、p.276をご覧ください。

5

実務上の知識および能力

 # 運行管理者の業務上の措置

近年の試験では、本節のような、運行管理者の業務上の措置に関し正誤判断が少し難しい事例問題も出題されており、出題の頻度も高くなっています。実際に試験で出題された不適切事例に目を通しておきましょう。

1 事業者への助言　　　　　重要度 ★★

　運行管理者は、事業者に対し、事業用自動車の運行の安全の確保に関し必要な事項について助言を行うことができます（p.57「5. 事業者への助言」参照）。

　したがって、運行管理者の業務範囲外の事項であっても、運行の安全の確保に関し必要な事項であれば助言することができます。

●不適切事例の出題例①

　運行管理者は、運転者不足による長時間乗務などにより、各運転者の健康状態に不安を抱いていた。運行管理者は、この状況を改善するためには新たに運転者を採用する必要があると考えていたが、運転者の確保は事業主の責任で行うべきものであり、自分の責任ではないので、運転者を確保する等の措置をとる必要があることを事業主に助言しなかった。

2 運行管理者と事業者との関係　　重要度 ★★

　運行管理者は運行管理の責任者としての責任を担っていますが、当然ながら、すべての業務を統括する事業者自身にも重い責任があります。

　したがって、運行管理者が法令に違反する運送を指示したことにより、運行管理者に対して運行管理者資格者証の返納命令が出された場合において、たとえ事業者自身がその指示を承知していなかったとしても、運行管理者に対する指導・監督を怠っているので、事業者自身も責任を問われることとなります。

●不適切事例の出題例②

　過積載による運送を指示したことにより、運行管理者に対し運行管理者資格者証の返納命令が出されたが、この指示について事業者は承知していなかったので、事業者として責任を問われることはない。

3 運行管理者の責任　　　　　　　　　　重要度 ★★

　運行管理者は、事業者の代理人として事業用自動車の輸送の安全確保に関する業務全般を行い、交通事故を防止する役割を担っています。しかし、だからといって、事故が発生した場合に、必ずしも事業者と同等の責任を負うことになるとは限りません。

　重大事故が起きた場合であっても運行管理者が行った運行管理業務上に一切問題がなければ、事故の原因と運行管理者の業務とは無関係であり、運行管理者が責任を負うことはないと考えられます。

> ●**不適切事例の出題例③**
> ① 運行管理者は、事業者の代理人として事業用自動車の輸送の安全確保に関する業務全般を行い、交通事故を防止する役割を担っている。したがって、事故が発生した場合には、事業者と同等の責任を負うこととなる。
> ② 事業者が、事業用自動車の定期点検を怠ったことが原因で重大事故を起こしたことにより、行政処分を受けることになった場合、当該重大事故を含む運行管理業務上に一切問題がなくても、事業者が行政処分を受ける際に、運行管理者が運行管理者資格者証の返納を命じられる。

4 運行管理者の役割　　　　　　　　　　重要度 ★★★

（1）運転者の健康状態の把握

　運行管理者は、乗務員の健康状態の把握に努め、疾病、疲労、睡眠不足その他の理由により安全な運転をし、またはその補助をすることができないおそれがある乗務員を事業用自動車に乗務させてはなりません（p.55「3. 一般的な運行管理者の業務」の⑤参照）。

　したがって、運転者が体調不良等に見舞われ運転を一時中断したような場合、運行再開の可否については、運転者の体調を考慮した上で運行管理者が判断すべきであり、少なくとも、運転者自身が判断・決定するよう指導することは適切ではありません。

5

実務上の知識および能力

(2) 異常気象時等に対する措置

　運行管理者は、異常気象等その他の理由により輸送の安全の確保に支障を生ずるおそれがあるときは、乗務員に対する適切な指示その他輸送の安全を確保するために必要な措置を講じなければなりませんp.56「3. 一般的な運行管理者の業務」の⑲参照）。

　したがって、異常気象等により安全な運転が継続できないような場合は、<u>運行管理者が運転者に対して適切な指示・措置を講じる必要があり、運転者自身に判断を委ねてしまうことは適切ではありません。</u>

●不適切事例の出題例④

① 運転中に安全運転の継続が困難となるような体調不良や異常を感じた場合、速やかに安全な場所に事業用自動車を停止させ、運行管理者に連絡し、指示を受けるよう指導している。また。その後の運転再開の可否については、体調の状況を運転者が自ら判断し決定するよう指導している。

② 異常気象時の措置については、異常気象時等処理要領を作成し、運転者全員に周知させており、運転者との緊急時における連絡体制も整えているので、運行の中断、待避所の確保、徐行運転等の運転に関わることについてはすべて運転者の判断に任せ、中断、待避したときに報告するよう指導している。

■ポイント

・ 運行管理者の役割に関する事例問題は、近年の試験で特によく出題されている。運行中、運転者が不測の事態に見舞われた時は、運行管理者が状況を的確に判断し、運転者に適切な指示をする必要がある。

練習問題5-5（○×問題）

① 遠隔地で乗務が開始または終了する場合、車庫と営業所が離れている場合、または運転者の出庫・帰庫が早朝・深夜であり、点呼を行う運行管理者等が営業所に出勤していない場合等、運行上やむを得ず、対面での点呼が実施できないときには、電話その他の方法による点呼を行うことができる。

②営業所と車庫が離れている場合において、運行管理者または補助者を車庫へ派遣して対面点呼を行うことは可能である。

③補助者に対し、点呼の一部を行わせる場合であっても、当該営業所において選任されている運行管理者が行う点呼は、点呼を行うべき総回数の3分の1以上でなければならない。

④点呼時のアルコール検知器による酒気帯びの有無の判定は、道路交通法施行令に規定する呼気中のアルコール濃度1リットル当たり0.15ミリグラム以上であるか否かで判断する。

練習問題5-6（〇×問題）

⑤事業用自動車の定期点検を怠ったことが原因で重大事故を起こした場合、当該重大事故を含む運行管理業務上に一切問題がなくても、運行管理者が運行管理者資格者証の返納を命じられる。

⑥運転中に安全運転の継続が困難となるような体調不良や異常を感じた場合、速やかに安全な場所に事業用自動車を停止させ、運行管理者に連絡し、指示を受けるよう指導している。また、その後の運行再開の可否については、体調の状況を運転者が自ら判断し決定するよう指導している。

⑦運行管理者は、事業用自動車の運行中に暴風雪等に遭遇した場合、運転者から迅速に状況を報告させるとともに、その状況に応じて、運行休止を含めた具体的な指示を行うこととしている。また、報告を受けた事項や指示した内容については、異常気象時等の措置として、詳細に記録している。

解答

① × 「車庫と営業所が離れている場合」や「早朝・深夜等において点呼執行者が営業所に出勤していない場合」は、電話その他の方法で点呼を行うことが認められている運行上やむを得ない場合には該当しない。

② 〇

③ 〇

④ × アルコール検知器による酒気帯びの有無の判定は、アルコールが検知されるか否かによって行う。

⑤ × 運行管理業務上に一切問題がなければ、運行管理者が責任を負うことはない。

⑥ × 運行再開の可否については運行管理者が判断すべきであり、運転者が自ら判断し決定するよう指導することは適切ではない。

⑦ 〇

5-7 計算問題のポイント

計算問題については、以前は四肢択一問題による出題でしたが、平成22年度第1回試験より出題方法が一部変更されました。変更後は、計算した値を記入するような問題も出題されているので、正確な計算力が求められます。

1 距離・時間・速度の計算　　　　　　　　　　重要度 ★★★

（1）走行距離の計算

走行距離は、次の数式で求めることができます。

● 数式1：走行距離＝平均速度（時速）×運転時間

【例】 時速50kmで2時間30分走行した場合の走行距離は…

50km/h × 2.5時間 ＝ 125kmとなります。

（2）運転時間の計算

運転時間は、次の数式で求めることができます。

● 数式2：運転時間＝走行距離÷平均速度（時速）

【例】 125kmの距離を時速50kmで走行した場合の運転時間は…

125km ÷ 50km/h ＝ 2.5時間 ＝ 2時間30分となります。

（3）平均速度の計算

平均速度は、次の数式で求めることができます。

● 数式3：平均速度（時速）＝走行距離÷運転時間

【例】 125kmの距離を2時間30分で走行した場合の平均速度は…

125km ÷ 2.5時間 ＝ 50km/hとなります。

● 参考 「はじき」の法則

「は」→速さ（速度）　「じ」→時間　「き」→距離

つまり、　距離＝速さ（速度）×時間
　　　　　速さ（速度）＝距離÷時間
　　　　　時間＝距離÷速さ（速度）

② 高速道路を走行する際の運転時間の設定　重要度 ★★★

【例題1】

　乗車定員2名、車両総重量11,500キログラム、最大積載量6,000キログラムの事業用トラックによる運送を行う際の運行計画として、道路標識等により最高速度が指定されていない高速自動車国道のA料金所とB料金所間（この間の距離は132キロメートル）の運転時間を1時間30分と設定した。この運転時間の設定が「適切」か「適切でない」かを解答しなさい。

【解法】

　「A料金所〜B料金所間（132km）を設定された運転時間（1時間30分）内で走行できるか」を考えますが、そのためには、本問の事業用トラックが高速道路を走行する際の最高速度を理解しておく必要があります。

　「車両総重量が8,000kg以上または最大積載量が5,000kg以上の貨物自動車」が高速道路を走行する際の最高速度は時速80kmであり（p.130「5.高速道路における最高速度」参照）、本問の事業用トラックも該当します。

　以上を踏まえ、以下①〜③のいずれの解法で正誤判断することができます。

◎解法①（※走行距離から正誤判断する）

　時速80kmで1時間30分（1.5時間）走行した場合、80km/h×1.5時間＝120kmなので、設定時間で120kmの距離しか走行できません。

◎解法②（※運転時間から正誤判断する）

　132kmの距離を時速80kmで走行する場合、132km÷80km/h＝1.65時間、これを「分」に変換すると1.65時間×60分＝99分（1時間39分）なので、運転時間を1時間39分以上に設定しなければ設定時間内に走行できません。

◎解法③（※平均速度（時速）から正誤判断する）

　132kmの距離を1時間30分で走行する場合、132km÷1.5時間＝88km/hなので、時速88km以上で走行しなければ設定時間内に走行できません。

　したがって、運転時間を1時間30分と設定したことは適切ではありません。

③ 停止距離の計算　　　　　　　　重要度　★★

「停止距離」および、停止距離を求める際に必要となる「空走時間を1秒間とした場合の空走距離」は、次の数式で求めることができます。

- ● 数式4：停止距離（m）＝空走距離（m）＋制動距離（m）
- ● 数式5：空走時間が1秒間の場合の空走距離（m）
　　　　　　＝1時間に走行する距離（m）÷ 3,600(秒)

【例題2】

　時速54 kmで走行中の自動車の運転者が、前車との追突の危険を認知しブレーキ操作を行い、ブレーキが効きはじめるまでに要する空走時間を1秒間とし、ブレーキが効きはじめてから停止するまでに走る制動距離を9mとする場合の当該自動車の停止距離を求めなさい。

【解法】

　54km＝54,000m、1時間＝60分＝3,600秒なので、この自動車は、3,600秒（1時間）で54,000m（54km）走行することになり、空走距離（＝1秒間に走行する距離）は、54,000m÷3,600秒＝15mとなります。

　制動距離は問題文にあるように9mなので、この自動車の停止距離は、空走距離15m＋制動距離9m＝24mとなります。

④ 車間距離の計算　　　　　　　　重要度　★★

【例題3】

　A自動車が前方のB自動車とともに時速90kmで70mの車間距離を保ちながらB自動車に追従して走行していたところ、突然、前方のB自動車が急ブレーキをかけたのを認め、A自動車も直ちに急ブレーキをかけ、A自動車、B自動車ともそのまま停止した。

　この場合、A自動車の空走時間を1秒間として、
① 停止時におけるA自動車とB自動車の車間距離は何mか求めなさい。

　A自動車がB自動車の急ブレーキに気づくのが更に1秒遅れた場合に、
② A自動車がB自動車との車間距離を3m残して停止するために必要な車間距離は何mか求めなさい。

　なお、この2台の自動車の時速90kmにおける制動距離は45mとし、空走時間が1秒の場合の停止距離は70mとする。

【解法】

① 停止時におけるA自動車とB自動車の車間距離

　A自動車は、前方のB自動車が急ブレーキをかけたのを認めてから自らもブレーキをかけているので、停止時におけるA自動車とB自動車の車間距離は「A自動車の空走距離」の分だけ縮まっていることになります。

　空走距離は「停止距離－制動距離」で求めることができる[※1]ので（p.253「6. 空走距離・制動距離・停止距離」、p.280「3. 停止距離の計算」参照）、A自動車の空走距離は、停止距離70m－制動距離45mで25m[※2]となり、停止時におけるA自動車とB自動車の車間距離は、70m－25mで45mとなります。

※1　「空走距離＋制動距離＝停止距離」なので、停止距離と制動距離がわかっている場合には、「停止距離－制動距離」で空走距離を求めることができる。

※2　空走時間が1秒間なので、90,000m÷3,600秒＝25m（p.280「3. 停止距離の計算」参照）と求めることもできる。

② A自動車がB自動車の急ブレーキに気づくのが更に1秒遅れた場合に、
　A自動車がB自動車との車間距離を3m残して停止するための車間距離

　A自動車がB自動車の急ブレーキに気づくのが更に1秒遅れたのでA自動車の空走距離は「2秒間に走行する距離」となります。1秒間に走行する距離が25mなので（①の空走距離の計算より）、2秒間に走行する距離は50mとなります。

　つまり、停止時におけるA自動車とB自動車の車間距離は、走行時の車間距離より50m縮まっていることになります。

　したがって、A自動車がB自動車との車間距離を3m残して停止するための車間距離は、A自動車の2秒間分の空走距離50m＋停止時の車間距離3mで53mとなります。

▓ **ポイント**

・「算数は苦手だ…」という方も、高速道路を走行する際の運転時間の設定については重要度が高いので、なるべく理解しておいてほしい。

練習問題 5-7

① 次の記述について、空欄に入る数字を回答しなさい。
　(1) 時速60kmで2時間走行した場合、走行距離は〔　A　〕kmとなる。
　(2) 時速80kmで〔　B　〕時間〔　C　〕分走行した場合、走行距離は280km
　　　となる。
　(3) 時速〔　D　〕kmで1時間30分走行した場合、走行距離は54kmとなる。

② 乗車定員2名、車両総重量9,000kg、最大積載量5,000kgの中型貨物自動車による運送を行う際の運行計画として、道路標識等により最高速度が指定されていない高速自動車国道のA料金所とB料金所間（距離220km）の運転時間を2時間30分と設定した。この運転時間の設定は適切である（○×で解答）。

③ 次の記述について、空欄に入る数字を回答しなさい。
　時速72kmで走行中の自動車の運転者が、前車との追突の危険を認知しブレーキ操作を行い、ブレーキが効きはじめるまでに要する空走時間を1秒間とし、ブレーキが効きはじめてから停止するまでに走る制動距離を29mとすると、当該自動車の停止距離は〔　　　　〕mとなる。

解答 ……………………………………………………………………………

① A　120　　　B　3　　　　C　30　　　　D　36
　(1) 60km/h×2時間＝120km
　(2) 280km÷80km/h＝3.5時間＝3時間30分
　(3) 54km÷1.5時間＝36km/h

② ×　運転時間を2時間30分と設定したことは適切ではない。本問の自動車が高速道路を走行する際の最高速度は時速80kmであることを踏まえ正誤判断する。
　　※走行距離から正誤判断する場合⇒80km/h×2.5時間＝200kmで、200kmの距離しか走行できない。
　　※運転時間から正誤判断する場合⇒220km÷80km/h＝2.75時間（2時間45分）で、少なくとも運転時間は2時間45分必要である。
　　※平均速度から正誤判断する場合⇒220km÷2.5時間＝88km/hで、少なくとも時速88km以上で走行する必要がある。

③ 49　停止距離は「空走距離＋制動距離」で求めることができる。本問の自動車は72km/hで走行しているので、空走距離は、72,000m÷3,600秒＝20mとなる。制動距離は29mなので、停止距離は、空走距離20m＋制動距離29m＝49mとなる。

5-8 運行記録計の読み取り

運行記録計の記録紙（タコグラフのチャート紙）には、①速度（時速）・②時刻・③走行距離の各数値が記録されます。それぞれの数値を正確に読み取れるようにしましょう。

1 アナログ式運行記録計　　　　　　　　　　　　　　重要度 ★

　一定の条件を満たす事業用自動車に乗務する場合には、当該事業用自動車の「瞬間速度」、「運行距離」、「運行時間」を運行記録計により記録しなければなりません（p.33「2. 運行記録計（タコグラフ）による記録」参照）。

　過去の試験では、アナログ式運行記録計（＝アナログタコグラフ：アナタコ）の記録を読み取った上で、最高速度違反や労働時間等の改善基準に定める連続運転時間の違反がないかを判断するような問題が出題されたこともあります。

▼図1　アナログ式運行記録計の記録の例

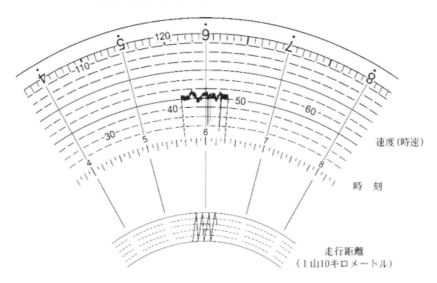

※アナログ式運行記録計では、瞬間速度、運行距離、運行時間が上図のように記録紙に記録されます。各数値の見方は次ページ▼図2を、数値の読み取りについては次ページ▼図3を参考にしてください。

▼図2　アナログ式運行記録計の記録の見方

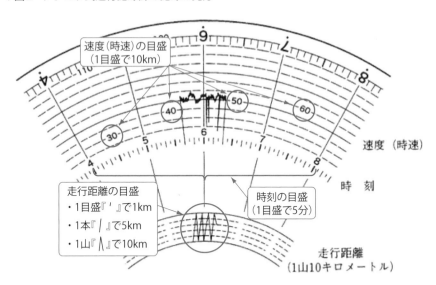

速度（時速）の目盛
（1目盛で10km）

走行距離の目盛
・1目盛『 ' 』で1km
・1本『 | 』で5km
・1山『 ∧ 』で10km

時刻の目盛
（1目盛で5分）

速度（時速）

時　刻

走行距離
（1山10キロメートル）

▼図3　アナログ式運行記録計の記録の読み取り

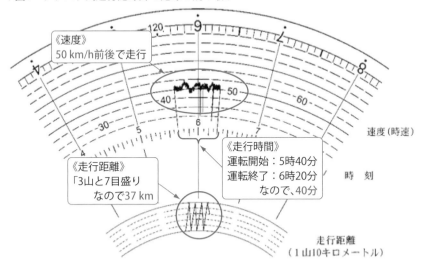

《速度》
50 km/h前後で走行

《走行時間》
運転開始：5時40分
運転終了：6時20分
　　　なので、40分

《走行距離》
「3山と7目盛り
　なので37 km

速度（時速）

時　刻

走行距離
（1山10キロメートル）

2 デジタル式運行記録計　　　　　　　　重要度　★★

　デジタル式運行記録計（＝デジタルタコグラフ：デジタコ）は、アナログ式
運行記録計と同様の「瞬間速度」、「運行距離」、「運行時間」の記録に加え、広
範な運行データをデジタル化（数値化）して電磁的方法（ハードディスク等）に
より記録する運行記録計です。記録図表は、24時間、12時間、8時間、12分、
6分等で表示・印刷ができます。

▼デジタル式運行記録計の記録の例（6分間記録図表）

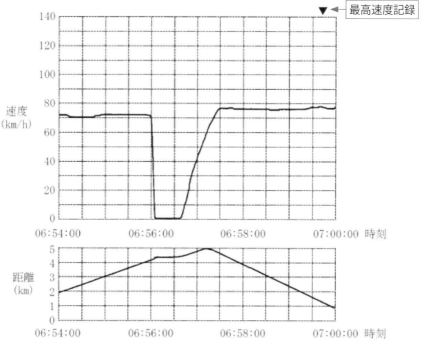

※ 上図は6:54 〜 7:00までの6分間の運行記録であり、記録の見方はアナログ式とほ
　ぼ同じです。
※ 速度の記録を見ると、70km/h台前半で走行していたが、6:56に急激に減速して（急
　ブレーキをかけて）停止し、その後、再度走行を開始して70km/h台後半で走行し
　ています。
※ 距離の記録を見ると、6分間で約7kmの距離を走行しています。

■ポイント

・ 令和2年8月試験で初めてデジタコの記録を読み取る問題が出題された。

テーマ別過去問にチャレンジ

問　題

※ 解答にあたっては、各設問および選択肢に記載された事項以外は、考慮しない
　ものとします。また、各問題の設問で求める数と異なる数の解答をしたもの、
　および複数の解答を求める設問で一部不正解のものは、正解としません。

1 自動車の運転 ─────────────────────

■問1　　　　　　　　　　　　　　　　　　　　　　（平成30年度第1回試験）

　自動車の運転に関する次の記述について、それぞれ「適切」か「適切でない」
かを解答しなさい。

1. 四輪車を運転する場合、二輪車との衝突事故を防止するための注意点として、
　①二輪車は死角に入りやすいため、その存在に気づきにくく、また、②二
　輪車は速度が実際より速く感じたり、距離が近くに見えたりする特性がある。
　したがって、運転者に対してこのような点に注意するよう指導する必要が
　ある。

2. 前方の自動車を大型車と乗用車から同じ距離で見た場合、それぞれの視界
　や見え方が異なり、大型車の場合には運転席が高いため、車間距離をつめ
　てもあまり危険に感じない傾向となるので、この点に注意して常に適正な
　車間距離をとるよう運転者を指導する必要がある。

3. 夜間等の運転において、①見えにくい時間帯に自車の存在を知らせるため
　早めの前照灯の点灯、②より広範囲を照射する走行用前照灯（ハイビーム）
　の積極的な活用、③他の道路利用者をげん惑させないよう適切なすれ違い
　用前照灯（ロービーム）への切替えの励行、を運転者に対し指導する必要が
　ある。

4. 衝突被害軽減ブレーキについては、同装置が正常に作動していても、走行時
　の周囲の環境によっては障害物を正しく認識できないことや、衝突を回避で
　きないことがあるため、当該装置が備えられている自動車の運転者に対し、
　当該装置を過信せず、細心の注意をはらって運転するよう指導する必要がある。

■問2

交通事故および緊急事態が発生した場合における事業用自動車の運行管理者または運転者の措置に関する次の記述について、それぞれ「適切」か「適切でない」かを解答しなさい。

1. 大型トラックに荷物を積載して運送中の運転者から、営業所の運行管理者に対し、「現在走行している地域の天候が急変し、集中豪雨のため、視界も悪くなってきたので、一時運転を中断している。」との連絡があった。連絡を受けた運行管理者は、「営業所では判断できないので、運行する経路を運転者自ら判断し、また、運行することが困難な状況に至った場合は、適当な待避場所を見つけて運転者自らの判断で運送の中断等を行うこと」を指示した。

2. 運転者は、中型トラックで高速道路を走行中、大地震が発生したのに気づき当該トラックを路側帯に停車させ様子を見ていた。この地震により高速道路の車両通行が困難となったので、当該運転者は、運行管理者に連絡したうえで、エンジンキーを持ってドアをロックして当該トラックを置いて避難した。

3. 運転者は、交通事故を起こしたので、二次的な事故を防ぐため、事故車両を安全な場所に移動させるとともに、ハザードランプの点灯、発炎筒の着火、停止表示器材の設置により他の自動車に事故の発生を知らせるなど、安全に留意しながら道路における危険防止の措置をとった。

4. 運転者が中型トラックを運転して踏切にさしかかりその直前で一旦停止した。踏切を渡った先の道路は混んでいるが、前の車両が前進すれば通過できると判断し踏切に進入したところ、車両の後方部分を踏切内に残し停車した。その後、踏切の警報機が鳴り、遮断機が下り始めたが、前方車両が動き出したため遮断機と接触することなく通過することができた。

5

実務上の知識および能力

テーマ別過去問

2 走行時に生じる諸現象

■問3   （平成30年度第2回試験）

　自動車の走行時に生じる諸現象とその主な対策に関する次の文中、A、B、C、Dに入るべき字句として<u>いずれか正しいものを1つ</u>選びなさい。

ア　　A　　とは、路面が水でおおわれているときに高速で走行するとタイヤの排水作用が悪くなり、水上を滑走する状態になって操縦不能になることをいう。これを防ぐため、日頃よりスピードを抑えた走行に努めるべきことや、タイヤの空気圧および溝の深さが適当であることを日常点検で確認することの重要性を、運転者に対し指導する必要がある。

　　①ハイドロプレーニング現象　　②ウェットスキッド現象

イ　　B　　とは、自動車の夜間の走行時において、自車のライトと対向車のライトで、お互いの光が反射し合い、その間にいる歩行者や自転車が見えなくなることをいう。この状況は暗い道路で特に起こりやすいので、夜間の走行の際には十分注意するよう運転者に対し指導する必要がある。

　　①クリープ現象　　②蒸発現象

ウ　　C　　とは、フット・ブレーキを使い過ぎると、ブレーキ・ドラムやブレーキ・ライニングなどが摩擦のため過熱してその熱がブレーキ液に伝わり、液内に気泡が発生することによりブレーキが正常に作用しなくなり効きが低下することをいう。これを防ぐため、長い下り坂などでは、エンジン・ブレーキ等を使用し、フット・ブレーキのみの使用を避けるよう運転者に対し指導する必要がある。

　　①ベーパーロック現象　　②スタンディングウェーブ現象

エ　　D　　とは、運転者が走行中に危険を認知して判断し、ブレーキ操作に至るまでの間に自動車が走り続けた距離をいう。自動車を運転するとき、特に他の自動車に追従して走行するときは、危険が発生した場合でも安全に停止できるような速度または車間距離を保って運転するよう運転者に対し指導する必要がある。

　　①制動距離　　②空走距離

3 運転者の健康管理 ─────────────────

■**問4**　　　　　　　　　　　　　　　　　（平成30年度第1回試験）

事業用自動車の運転者の健康管理に関する次の記述について、それぞれ「適切」か「適切でない」かを解答しなさい。

1. 事業者は、業務に従事する運転者に対し法令で定める健康診断を受診させ、その結果に基づいて健康診断個人票を作成して5年間保存している。また、運転者が自ら受けた健康診断の結果を提出したものについても同様に保存している。

2. 事業者や運行管理者は、点呼等の際に、運転者が意識や言葉に異常な症状があり普段と様子が違うときには、すぐに専門医療機関で受診させている。また、運転者に対し、脳血管疾患の症状について理解させ、そうした症状があった際にすぐに申告させるように努めている。

3. 事業者は、深夜（夜11時出庫）を中心とした業務に常時従事する運転者に対し、法令に定める定期健康診断を1年に1回、必ず、定期的に受診させるようにしている。

4. 事業者は、脳血管疾患の予防のため、運転者の健康状態や疾患につながる生活習慣の適切な把握・管理に努めるとともに、これらの疾患は定期健康診断において容易に発見することができることから、運転者に確実に受診させている。

5

実務上の知識および能力

テーマ別過去問

■問5　　　　　　　　　　　　　　（平成29年度第2回試験）

　事業用自動車の運転者の健康管理および就業における判断・対処に関する次の記述について、それぞれ「適切」か「適切でない」かを解答しなさい。

1. 事業者は、運転者が医師の診察を受ける際は、自身が職業運転者で勤務時間が不規則であることを伝え、薬を処方されたときは、服薬のタイミングと運転に支障を及ぼす副作用の有無について確認するよう指導している。

2. 事業者は、法令により定められた健康診断を実施することが義務づけられているが、運転者が自ら受けた健康診断（人間ドックなど）であっても法令で必要な定期健康診断の項目を充足している場合は、法定健診として代用することができる。

3. 事業者は、健康診断の結果、運転者に心疾患の前兆となる症状がみられたので、当該運転者に医師の診断を受けさせた。その結果、医師より「直ちに入院治療の必要はないが、より軽度な勤務において経過観察することが必要」との所見が出されたが、繁忙期であったことから、運行管理者の判断で従来と同様の乗務を続けさせた。

4. 漫然運転や居眠り運転の原因の一つとして、睡眠時無呼吸症候群（SAS）と呼ばれている病気がある。安全運転を確保するためには、この病気の早期発見が重要であることから、事業者は、運転者に対し雇い入れ時、その後は定期的に医療機器によるSASスクリーニング検査を実施している。

4 交通事故の防止対策

■問6　　　　　　　　　　　　　　（平成30年度第1回試験）

　交通事故防止対策に関する次の記述について、それぞれ「適切」か「適切でない」かを解答しなさい。

1. 適性診断は、運転者の運転能力、運転態度および性格等を客観的に把握し、運転の適性を判定することにより、運転に適さない者を運転者として選任しないようにするためのものであり、ヒューマンエラーによる交通事故の発生を未然に防止するための有効な手段となっている。

2. ドライブレコーダーは、事故時の映像だけでなく、運転者のブレーキ操作やハンドル操作などの運転状況を記録し、解析することにより運転のクセ等を読み取ることができるものがあり、運行管理者が行う運転者の安全運転の指導に活用されている。

3. 平成28年中の自動車乗車中死者の状況をみると、シートベルト非着用時の致死率は、着用時の致死率の10倍以上となっている。他方、自動車乗車中死者のシートベルト非着用者の割合は、全体の約40%を占めていることから、シートベルトの確実な着用は死亡事故防止の有効な手段となっている。

4. 交通事故の多くは、見かけ上運転者の運転操作ミスや交通違反等の人的要因によって発生しているが、その背景には、運転操作を誤ったり、交通違反せざるを得なかったりすることに繋がる背景要因が潜んでいることが少なくない。したがって、事業用自動車による事故防止を着実に推進するためには、事故の背景にある運行管理その他の要因を総合的に調査・分析することが重要である。

5 運転者に対して行う指導・監督

■問7　　　　　　　　　　　　　　　　（平成30年度第2回試験）

一般貨物自動車運送事業者が事業用自動車の運転者に対して行う指導・監督に関する次の記述のうち、適切なものをすべて選びなさい。

1. 自動車が追越しをするときは、前の自動車の走行速度に応じた追越し距離、追越し時間が必要になる。前の自動車と追越しをする自動車の速度差が小さい場合には追越しに長い時間と距離が必要になることから、無理な追越しをしないよう運転者に対し指導する必要がある。

2. 雪道への対応の遅れは、雪道でのチェーンの未装着のため自動車が登り坂を登れないこと等により後続車両が滞留し大規模な立ち往生を発生させることにもつながる。このことから運行管理者は、状況に応じて早めのチェーン装着等を運転者に対し指導する必要がある。

3. 運転中の携帯電話・スマートフォンの使用などは運転への注意力を著しく低下させ、事故につながる危険性が高くなる。このような運転中の携帯電話等の操作は法令違反であることはもとより、いかに危険な行為であるかを運行管理者は運転者に対し理解させて、運転中の使用の禁止を徹底する必要がある。

4. 平成28年中の事業用貨物自動車が第1当事者となった人身事故の類型別発生状況をみると、「出会い頭衝突」が最も多く、全体の約半分を占めており、続いて「追突」の順となっている。このため、運転者に対し、特に、交差点における一時停止の確実な履行と安全確認の徹底を指導する必要がある。

■問8　　　　　　　　　　　　　　　　　　　　　　（令和元年度第1回試験）

　一般貨物自動車運送事業者が事業用自動車の運転者に対して行う指導・監督に関する次の記述のうち、<u>適切なものをすべて選びなさい。</u>

1. 他の自動車に追従して走行するときは、常に「秒」の意識をもって自車の速度と制動距離（ブレーキが効きはじめてから止まるまでに走った距離）に留意し、前車への追突の危険が発生した場合でも安全に停止できるよう、制動距離と同程度の車間距離を保って運転するよう指導している。

2. 運転者は貨物の積載を確実に行い、積載物の転落防止や、転落させたときに危険を防止するために必要な措置をとることが遵守事項として法令で定められている。出発前に、スペアタイヤや車両に備えられている工具箱等も含め、車両に積載されているものが転落のおそれがないことを確認しなければならないことを指導している。

3. 運転者の目は、車の速度が速いほど、周辺の景色が視界から消え、物の形を正確に捉えることができなくなるため、周辺の危険要因の発見が遅れ、事故につながるおそれが高まることを理解させるよう指導している。

4. 飲酒により体内に摂取されたアルコールを処理するために必要な時間の目安については、個人差はあるが、たとえばビール500ミリリットル（アルコール5%）の場合、概ね4時間とされている。事業者は、これらを参考に、社内教育の中で酒気帯び運転防止の観点から飲酒が運転に及ぼす影響等について指導を行っている。

6 点呼の実施

■問9　　　　　　　　　　　　　　　　　　　　　　（令和元年度第1回試験）

　点呼の実施等に関する次の記述について、それぞれ「適切」か「適切でない」かを解答しなさい。

1. A営業所においては、運行管理者は昼間のみの勤務体制となっている。しかし、運行管理者が不在となる時間帯の点呼が当該営業所における点呼の総回数の7割を超えていることから、その時間帯における点呼については、事業者が選任した複数の運行管理者の補助者に実施させている。

2. 運行管理者は、乗務開始および乗務終了後の運転者に対し、原則、対面で点呼を実施しなければならないが、遠隔地で乗務が開始または終了する場合、

車庫と営業所が離れている場合、または運転者の出庫・帰庫が早朝・深夜であり、点呼を行う運行管理者が営業所に出勤していない場合等、運行上やむを得ず、対面での点呼が実施できないときには、電話、その他の方法で行っている。

3. 乗務後の点呼において、乗務を終了した運転者からの当該乗務に係る事業用自動車、道路および運行の状況についての報告は、特に異常がない場合には運転者から求めないこととしており、点呼記録表に「異常なし」と記録している。

4. 乗務前の点呼においてアルコール検知器を使用するのは、身体に保有している酒気帯びの有無を確認するためのものであり、道路交通法施行令で定める呼気中のアルコール濃度 1 リットル当たり 0.15 ミリグラム以上であるか否かを判定するためのものではない。

7 運行管理者の業務上の措置

■問10 　　　　　　　　　　　　　　　　　　　　（平成30年度第2回試験）

　運行管理の意義、運行管理者の役割等に関する次の記述について、それぞれ「適切」か「適切でない」かを解答しなさい。

1. 運行管理者は、仮に事故が発生していない場合でも、同業他社の事故防止の取組事例などを参考にしながら、現状の事故防止対策を分析・評価することなどにより、絶えず運行管理業務の改善に向けて努力していくことも重要な役割である。

2. 事業用自動車の点検および整備に関する車両管理については、整備管理者の責務において行うこととされていることから、運転者が整備管理者に報告した場合にあっては、点呼において運行管理者は事業用自動車の日常点検の実施について確認する必要はない。

3. 運行管理者は、運転者の指導教育を実施していく際、運転者一人ひとりの個性に応じた助言・指導（カウンセリング）を行うことも重要である。そのためには、日頃から運転者の性格や能力、事故歴のほか、場合によっては個人的な事情についても把握し、そして、これらに基づいて助言・指導を積み重ねることによって事故防止を図ることも重要な役割である。

5

実務上の知識および能力

テーマ別過去問

4. 事業者が、事業用自動車の定期点検を怠ったことが原因で重大事故を起こしたことにより、行政処分を受けることになった場合、当該重大事故を含む運行管理業務上に一切問題がなくても、運行管理者は事業者に代わって事業用自動車の運行管理を行っていることから、事業者が行政処分を受ける際に、運行管理者が運行管理者資格者証の返納を命じられる。

8 その他総合問題

■問11
（令和元年度第1回試験）

運行管理者は、荷主からの運送依頼を受けて、次のとおり運行の計画を立てた。この計画を立てた運行管理者の判断に関する次の1〜3の記述について、それぞれ「適切」か「適切でない」かを解答しなさい。なお、解答にあたっては、＜運行の計画＞および各選択肢に記載されている事項以外は考慮しないものとする。

（荷主の依頼事項）

A地点から、重量が5,500キログラムの荷物を11時30分までにD地点に運び、その後戻りの便にて、E地点から5,250キログラムの荷物を18時30分までにA地点に運ぶ。

＜運行の計画＞

ア 乗車定員2名で最大積載量6,250キログラム、車両総重量10,930キログラムの中型貨物自動車を使用する。当該運行は、運転者1人乗務とする。

イ 当日の当該運転者の始業時刻は6時00分とし、乗務前点呼後6時30分に営業所を出庫して荷主先のA地点に向かう。A地点にて荷積み後、A地点を出発し、一般道を走行した後、B料金所から高速自動車国道（法令による最低速度を定めない本線車道に該当しないもの。以下「高速道路」という。）に乗り、途中10分の休憩をはさみ、2時間40分運転した後、C料金所にて高速道路を降りる。（B料金所とC料金所の間の距離は240キロメートル）その後、一般道を経由し、D地点には11時00分に到着する。荷下ろし後、休憩施設に向かい、当該施設において11時50分から13時00分まで休憩をとる。

ウ 13時00分に休憩施設を出発してE地点に向かい、荷積みを行う。その後、13時50分にE地点を出発し、一般道を経由し往路と同じ高速道路を走行し、その後、一般道を経由し、荷主先のA地点に18時10分に到着する。荷下ろし後、営業所に18時50分に帰庫する。営業所において乗務後点呼を受け、19時00分に終業する。

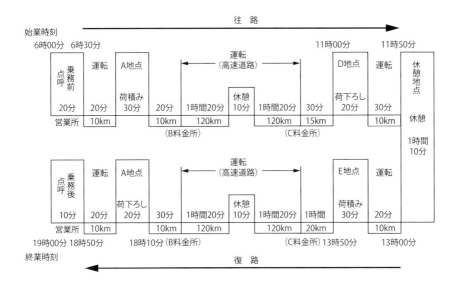

1. B料金所からC料金所までの間の高速道路の運転時間を、制限速度を考慮して2時間40分と設定したこと。

2. 当該運転者は前日の運転時間が9時間00分であり、また、当該運転者の翌日の運転時間を8時間50分とし、当日を特定の日とした場合の2日を平均して1日当たりの運転時間が改善基準告示に違反していないと判断したこと。

3. 当日の運行における連続運転時間の中断方法は改善基準告示に違反していないと判断したこと。

■問12　　　　　　　　　　　　　　　　　　　　　　（平成29年度第2回試験）

　運行管理者は複数の荷主からの運送依頼を受けて、下のとおり4日にわたる2人乗務による運行計画を立てた。この2人乗務を必要とした根拠についての次の1～3の下線部の運行管理者の判断について、正しいものをすべて選びなさい。なお、解答にあたっては、＜4日にわたる運行計画＞に記載されている事項以外は考慮しないものとする。

＜4日にわたる運行計画＞

| 前日 | 当該運行の前日は、この運行を担当する運転者は、休日とする。 |

1日目
始業時刻 6時00分　出庫時刻 6時30分　　到着時刻 20時30分　終業時刻 20時45分

| 乗務前点呼（営業所） | 運転 1時間 | 荷積み 1時間 | 運転 3時間 | 休憩 1時間 | 運転 2時間 | 休憩 30分 | 運転 3時間 | 荷下ろし 1時間30分 | 運転 1時間 | 乗務後点呼等 | 宿泊所 |

2日目
始業時刻 5時00分　出庫時刻 5時15分　　到着時刻 18時15分　終業時刻 18時30分

| 乗務前点呼等 | 運転 1時間 | 荷積み 1時間 | 運転 2時間 | 休憩 15分 | 運転 1時間 | 休憩 15分 | 運転 2時間 | 中間点呼・休憩 1時間 | 運転 2時間 | 荷下ろし 1時間30分 | 運転 1時間 | 乗務後点呼等 | 宿泊所 |

3日目
始業時刻 6時00分　出庫時刻 6時15分　　到着時刻 19時30分　終業時刻 19時45分

| 乗務前点呼等 | 運転 1時間15分 | 荷積み 1時間 | 運転 3時間 | 中間点呼・休憩 1時間 | 運転 2時間 | 休憩 30分 | 運転 2時間 | 荷下ろし 1時間30分 | 運転 1時間 | 乗務後点呼等 | 宿泊所 |

4日目
始業時刻 4時00分　出庫時刻 4時15分　　到着時刻 15時35分　終業時刻 16時05分

| 乗務前点呼等 | 運転 1時間 | 荷積み 1時間 | 運転 2時間 | 休憩 1時間 | 運転 2時間 | 休憩 20分 | 運転 2時間 | 荷下ろし 1時間30分 | 運転 30分 | 乗務後点呼（営業所） |

| 翌日 | 当該運行の翌日は、この運行を担当する運転者は、休日とする。 |

1. 1人乗務とした場合、1日についての最大拘束時間および休息期間が「自動車運転者の労働時間等の改善のための基準」（以下「改善基準」という。）に違反すると判断して、当該運行には交替運転者を配置した。

2. 1人乗務とした場合、すべての日を特定の日とした場合の2日を平均して1日当たりの運転時間が改善基準に違反すると判断して、当該運行には交替運転者を配置した。

3. 1人乗務とした場合、連続運転時間が改善基準に違反すると判断して、当該運行には交替運転者を配置した。

■問13 (令和2年度第1回試験)

　荷主から貨物自動車運送事業者に対し、往路と復路において、それぞれ荷積みと荷下ろしを行うよう運送の依頼があった。これを受けて、運行管理者は次に示す「当日の運行計画」を立てた。

　この事業用自動車の運行に関する次のア〜ウについて解答しなさい。なお、解答にあたっては、「当日の運行計画」および各選択肢に記載されている事項以外は考慮しないものとする。

「当日の運行計画」

往路

○ A営業所を出庫し、30キロメートル離れたB地点まで平均時速30キロメートルで走行する。

○ B地点にて20分間の荷積みを行う。

○ B地点から165キロメートル離れたC地点までの間、一部高速自動車国道を利用し、平均時速55キロメートルで走行して、C地点に12時に到着する。20分間の荷下ろし後、1時間の休憩をとる。

復路

○ C地点にて20分間の荷積みを行い、13時40分に出発し、60キロメートル離れたD地点まで平均時速30キロメートルで走行する。D地点で20分間の休憩をとる。

○ 休憩後、D地点からE地点まで平均時速25キロメートルで走行して、E地点に18時に到着し、20分間の荷下ろしを行う。

○ E地点から20キロメートル離れたA営業所まで平均時速30キロメートルで走行し、19時に帰庫する。

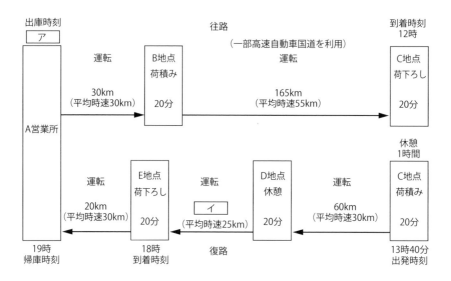

ア　C地点に12時に到着させるためにふさわしいA営業所の出庫時刻 ｜　ア　｜ について、次の①～④の中から正しいものを1つ選びなさい。
　①7時00分　　②7時20分　　③7時40分　　④8時00分

イ　D地点とE地点間の距離 ｜　イ　｜ について、次の①～④の中から正しいものを1つ選びなさい。
　①45キロメートル　　②50キロメートル
　③55キロメートル　　④60キロメートル

ウ　当日の全運行において、連続運転時間は「自動車運転者の労働時間等の改善のための基準」に照らし、違反しているか否かについて、次の①～②の中から正しいものを1つ選びなさい。
　①違反していない　　②違反している

■**問14** 〔平成30年度第2回試験〕

　運行管理者が次の事業用大型トラックの事故報告に基づき、この事故の要因分析を行ったうえで、同種事故の再発を防止するための対策として、最も直接的に有効と考えられる組合せを、下の枠内の選択肢（1～8）から1つ選びなさい。なお、解答にあたっては、【事故の概要】および【事故の推定原因・事故の要因】に記載されている事項以外は考慮しないものとする。

【事故の概要】

　当該運転者は、当日早朝に出勤し運行管理者の電話点呼を受けたのち、貨物の納入先へ向け運行中、信号機のない交差点に差しかかり、前方の普通トラックが当該交差点から約10メートル先の踏切で安全確認のため一時停止したため、それに続いて当該交差点の横断歩道上に停止した。その後前方のトラックが発進したことをうけ、車両前方を母子が横断していることに気付かず発進し、母子と接触し転倒させた。この事故により、母親とベビーカーの子供が重傷を負った。

　なお、当該車両にはフロントガラス下部を覆う高さ約30センチメートルの装飾板が取り付けられていた。

- 事故発生：午前10時20分
- 天候　　：晴れ
- 道路　　：幅員8.0メートル
- 運転者　：45歳　運転歴14年

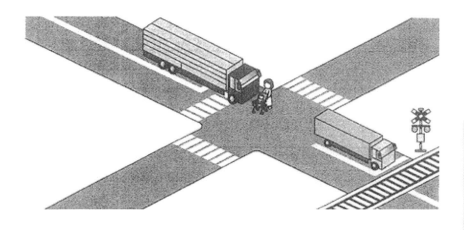

【事故の推定原因・事故の要因】

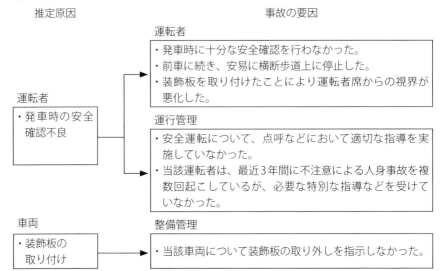

推定原因

運転者
・発車時の安全確認不良

車両
・装飾板の取り付け

事故の要因

運転者
・発車時に十分な安全確認を行わなかった。
・前車に続き、安易に横断歩道上に停止した。
・装飾板を取り付けたことにより運転者席からの視界が悪化した。

運行管理
・安全運転について、点呼などにおいて適切な指導を実施していなかった。
・当該運転者は、最近3年間に不注意による人身事故を複数回起こしているが、必要な特別な指導などを受けていなかった。

整備管理
・当該車両について装飾板の取り外しを指示しなかった。

【事故の再発防止対策】

ア　対面による点呼が行えるよう要員の配置を整備する。

イ　装飾板等により運転者の視界を妨げるものについては、確実に取り外させるとともに、装飾板等取り付けが運転者の死角要因となることを運転者に対して、適切な指導を実施する。

ウ　運転者に対して、交通事故を惹起した場合の社会的影響の大きさや過労が運転に及ぼす危険性を認識させ、疲労や眠気を感じた場合は直ちに運転を中止し、休憩するよう指導を徹底する。

エ　事故惹起運転者に対して、安全運転のための特別な指導を行うとともに、適性診断結果を活用して、運転上の弱点について助言・指導を徹底することにより、安全運転のための基本動作を励行させる。

オ　運転者に対して、運行開始前に直接見ることができない箇所について後写鏡やアンダーミラー等により適切な視野の確保を図ったうえで、発車時には十分な安全確認を行うよう徹底する。

カ　過労運転の防止を図るため、自動車運転者の労働時間等の改善のための基準に違反しない乗務計画を作成し、運転者に対する適切な運行指示を徹底する。

キ　安全運転教育において、横断歩道、交差点などの部分で停止しないよう徹底するとともに、横断歩道に接近する場合および通過する際に、横断しようとする者がいないことを確実に確認するよう徹底する。

ク　運転者に対して、疾病が交通事故の要因となるおそれがあることを正しく理解させ、定期的な健康診断結果に基づき、自ら生活習慣の改善を図るなど、適切な心身の健康管理を行うことの重要性を理解させる。

①ア・イ・オ・ク　　　②ア・イ・カ・キ
③ア・オ・キ・ク　　　④ア・ウ・オ・キ
⑤イ・ウ・エ・カ　　　⑥イ・エ・オ・キ
⑦ウ・エ・キ・ク　　　⑧ウ・エ・オ・カ

解　答　・　解　説

※問題を解くために参考となる参照項目を「☞」の後に記してあります。

■**問1**【正解　適2, 3, 4　不適1】☞「5-1自動車の運転」、「5-4交通事故の防止対策」

1. 適切でない。②が適切ではありません。四輪車を運転する場合、二輪車は速度が実際より遅く感じたり、距離が遠くに見えたりする特性があります。
2. 適切。距離の錯覚について適切な記述です。
3. 適切。前照灯について適切な記述です。
4. 適切。衝突被害軽減ブレーキについて適切な記述です。

■**問2**【正解　適3　不適1, 2, 4】　　　　　　　　☞「3-4交差点等における通行方法」、
「3-8運転者の義務」、「5-1自動車の運転」、「5-6運行管理者の業務上の措置」

1. 適切でない。運行管理者は、異常気象などにより輸送の安全の確保に支障を生ずるおそれがあるときは、乗務員に対する適切な指示その他輸送の安全を確保するために必要な措置を講じなければなりません。本肢のように、運行経路や運送の中断等について、運転者の判断に任せてしまうことは適切ではありません。
2. 適切でない。大地震発生時にやむを得ず自動車を道路上に置いて避難する際は、エンジンを止め、エンジンキーを付けたままにし、ドアをロックしないで避難します。
3. 適切。交通事故の場合の措置として適切です。
4. 適切でない。車両は、進路の前方の車両等の状況により、踏切に入った場合においては踏切内で停止することとなるおそれがあるときは踏切に入ってはなりません。

■**問3**【正解　A①　B②　C①　D②】☞「5-2走行時に生じる諸現象」

ア　路面が水でおおわれているときに高速で走行するとタイヤの排水作用が悪くなり、水上を滑走する状態になって操縦不能になることを（A＝ハイドロプレーニング現象）といいます。

イ　自動車の夜間の走行時において、自車のライトと対向車のライトで、お互いの光が反射し合い、その間にいる歩行者や自転車が見えなくなることを（B＝蒸発現象）といいます。

ウ フット・ブレーキを使い過ぎると、ブレーキ・ドラムやブレーキ・ライニングなどが摩擦のため過熱してその熱がブレーキ液に伝わり、液内に気泡が発生することによりブレーキが正常に作用しなくなり効きが低下することを（C＝ベーパーロック現象）といいます。

エ 運転者が走行中に危険を認知して判断し、ブレーキ操作に至るまでの間に自動車が走り続けた距離を（D＝空走距離）といいます。

■問4 【正解　適1，2　不適3，4】　　☞「4-8安全衛生（健康診断）」、「5-3運転者の健康管理」

1. 適切。健康診断個人票の作成・保存について適切な記述です。
2. 適切。運転者の健康管理について適切な記述です。
3. 適切でない。深夜業務に常時従事する者に対しては、当該業務への配置換えの際および6ヵ月以内ごとに定期健康診断を受診させなければなりません。
4. 適切でない。健康診断では脳そのものの疾患を診る項目は設定されていないため、脳血管疾患を定期健康診断で発見することは容易ではありません。

■問5 【正解　適1，2，4　不適3】　　☞「5-3運転者の健康管理」

1. 適切。運転者の健康管理に関する指導について適切な記述です。
2. 適切。健康診断の受診について適切な記述です。
3. 適切でない。運行管理者は、乗務員の健康状態の把握に努め、疾病等により安全な運転をすることができないおそれがある乗務員を事業用自動車に乗務させてはなりません。本肢の場合、医師から「より軽度な勤務において経過観察することが必要」との所見が出されているにもかかわらず、従来と同様の乗務を続けさせており、適切ではありません。
4. 適切。睡眠時無呼吸症候群について適切な記述です。

■問6 【正解　適2，3，4　不適1】　　☞「5-4交通事故の防止対策」

1. 適切でない。適性診断は、運転者の運転行動や運転態度が安全運転にとって好ましい方向へ変化するように動機付けを行うことにより、運転者自身の安全意識を向上させるためのものであり、運転に適さない者を運転者として選任しないようにするためのものではありません。
2. 適切。ドライブレコーダーについて適切な記述です。

3. 適切。平成28年中の自動車乗車中死者の状況について適切な記述です。なお、この状況は令和元年まで同様です。
4. 適切。交通事故発生の要因について適切な記述です。

■**問7** 【正解　1，2，3】　　☞「3-8 運転者の義務」、「5-1 自動車の運転」、「5-4 交通事故の防止対策」

1. 適切。追越しにかかる時間と距離について適切な記述です。
2. 適切。雪道におけるチェーンの装着について適切な記述です。
3. 適切。運転中の携帯電話等の使用禁止について適切な記述です。
4. 適切でない。平成28年中の事業用貨物自動車が第1当事者となった人身事故の類型別発生状況をみると、「追突」が最も多く、続いて「出会い頭衝突」の順となっています。

■**問8** 【正解　2，3，4】　　☞「1-9 貨物の積載」、「3-8 運転者の義務」、「5-1 自動車の運転」、「5-3 運転者の健康管理」

1. 適切でない。他の自動車に追従して走行するときは、自車の速度と停止距離に留意し、前車との追突等の危険が発生した場合でも安全に停止できるような車間距離を保って運転する必要があります。安全な車間距離の目安は、一般的に「停止距離以上の距離」とされており、「制動距離と同程度の車間距離」では、急ブレーキの際に前車に追突する危険があります。
2. 適切。積載物の転落防止の義務等について適切な記述です。
3. 適切。運転者の視界（視野）について適切な記述です。
4. 適切。アルコールの処理時間について適切な記述です。

■**問9** 【正解　適4　不適1，2，3】　　☞「1-5 点呼」、「5-5 点呼の実施」

1. 適切でない。点呼は、その一部を補助者に行わせることができますが、点呼の一部を補助者に行わせる場合でも、点呼を行うべき総回数の3分の1以上は運行管理者が行わなければなりません。本肢の場合、点呼の総回数の7割を超えた回数の点呼を補助者に実施させており、適切ではありません。
2. 適切でない。乗務前点呼および乗務後点呼は対面で行うのが原則ですが、運行上やむを得ない場合は電話その他の方法により行うことができます。ただし、電話その他の方法で点呼を行うことができる「運行上やむを得ない場合」とは、「遠隔地で乗務が開始または終了するため、運転者の所属営業所で対面点呼が実施できない場合」等をいい、「車庫と営業所が離れている

場合」や「早朝・深夜等において点呼執行者が営業所に出勤していない場合」は該当しないので、電話その他の方法よる点呼を行うことはできません。

3. 適切でない。乗務後点呼では、「乗務に係る事業用自動車、道路および運行の状況」について、異常の有無にかかわらず、報告を求めなければなりません。

4. 適切。酒気帯びの有無の確認について適切な記述です。

■**問10** 【正解　適1，3　不適2，4】☞「1-5点呼」、「5-6運行管理者の業務上の措置」

1. 適切。運行管理者の役割について適切な記述です。

2. 適切でない。乗務前点呼では、「日常点検の実施またはその確認」について報告を求め、および確認を行わなければなりません。したがって、運転者が整備管理者に日常点検の実施について報告した場合でも、運行管理者は、乗務前の点呼において日常点検の実施について確認する必要があります。

3. 適切。運行管理者の役割について適切な記述です。

4. 適切でない。本肢のように、「事業用自動車の定期点検を怠ったこと」が事故の原因であれば、その責任は事業者や整備管理者にあるといえます。したがって、運行管理業務上に一切問題がなければ、運行管理者が責任を負うことはない（＝資格者証の返納を命じられることはない）と考えられます。

■**問11** 【正解　適2　不適1，3】　　　　☞「3-2自動車の種類・速度」、
「4-10労働時間等の改善基準②（運転時間）」、「5-7計算問題のポイント」

1. 適切でない。「B料金所〜C料金所間（240km）を、設定された運転時間（2時間40分）で走行できるか」を考えますが、「車両総重量が8トン以上または最大積載量が5トン以上の貨物自動車」が高速道路を走行する際の最高速度は時速80kmとされており、本運行で使用する自動車も該当します。240kmの距離を時速80kmで走行する場合、少なくとも3時間（240km÷80km/h）かかるので、B料金所〜C料金所間（240km）の運転時間を2時間40分と設定したことは適切ではありません。

2. 適切。運行当日を特定日とした場合の2日を平均した1日当たりの運転時間は、改善基準に違反していない。

　運転時間は、2日を平均し1日当たり9時間を超えてはなりません（※1日の運転時間の考え方については、p.216「●運転時間の考え方」の①を参照のこと）。

本問の場合、運行前日の運転時間が9時間、当日の運転時間を合計すると9時間10分であり、翌日の運転時間は8時間50分なので、運行当日を特定日とすると、「特定日の前日と特定日の運転時間の平均」が（9時間＋9時間10分）÷2＝9時間5分、「特定日と特定日の翌日の運転時間の平均」が（9時間10分＋8時間50分）÷2＝9時間であり、「特定日と特定日の翌日の運転時間の平均」については9時間を超えていないので、改善基準に違反していません。したがって、本肢の内容は適切です。

3. 適切でない。連続運転時間の中断方法は、改善基準に違反している。

連続運転時間は、4時間を超えてはなりません（※連続運転時間の考え方については、p.220「2. トラック運転者の連続運転時間」を参照のこと）。

本運行の往路と復路の運転状況を整理すると以下のようになります。

往路～復路の最初の運転中断（荷積み30分）までは、4時間を超える連続運転は見られないので、改善基準に違反していません、それ以降（復路の2回目の運転以降）の運転状況を見ると、〔運転2時間20分（一般道1時間＋高速道路1時間20分）⇒運転中断10分（休憩）⇒運転1時間50分（高速道路1時間20分＋一般道30分）…〕となり、「30分以上の運転中断」をする前に運転時間の合計が4時間を超えています（＝4時間10分）。したがって、連続運転時間が4時間を超えることになり、改善基準に違反しています。

■問12【正解　2】☞「4-9労働時間等の改善基準①（拘束時間）」、「4-10労働時間等の改善基準②（運転時間）」

1. 誤り。1日の最大拘束時間および休息期間は改善基準に違反していない。

1日の最大拘束時間は、16時間を超えてはならず、また、勤務終了後、継続8時間以上の休息期間を与えなければなりません（※拘束時間・休息期間の考え方については、p.210「3. トラック運転者の1日の拘束時間等」を参照のこと）。

　各日の拘束時間および休息期間は以下のようになります。

＜拘束時間＞

・1日目：6時〜20時45分＋2日目の5時〜6時＝15時間45分

・2日目：5時〜18時30分＝13時間30分

・3日目：6時〜19時45分＋4日目の4時〜6時＝15時間45分

・4日目：4時〜16時5分＝12時間5分

＜休息期間＞

・1日目：終業20時45分〜2日目の始業5時＝8時間15分

・2日目：終業18時30分〜3日目の始業6時＝11時間30分

・3日目：終業19時45分〜4日目の始業4時＝8時間15分

　以上により、いずれの日についても、1日についての最大拘束時間および休息期間は改善基準に違反していません。

2. 正しい。2日目を特定の日とした場合の2日を平均して1日当たりの運転時間が改善基準に違反している。

運転時間は、2日を平均し1日当たり9時間を超えてはなりません（※1日の運転時間の考え方については、p.216「●運転時間の考え方」の①を参照のこと）。

　各日の運転時間の合計はそれぞれ、1日目が10時間、2日目が9時間、3日目が9時間15分、4日目が7時間30分です。

　1日目を特定日とした場合、特定日の前日が休日のため、「特定日の前日と特定日の運転時間の平均」は9時間を超えないので、改善基準に違反していません。

　2日目を特定日とした場合、「特定日の前日（1日目）と特定日（2日目）の運転時間の平均」が（10時間＋9時間）÷2＝9.5時間、「特定日（2日目）と特定日の翌日（3日目）の運転時間の平均」が（9時間＋9時間15分）÷2＝9時間7分30秒であり、「特定日の前日と特定日の運転時間の平均」と「特定日と特定日の翌日の運転時間の平均」のどちらも9時間を超えているので、改善基準に違反しています。

　3日目を特定日とした場合、「特定日の前日（2日目）と特定日（3日目）の運転時間の平均」が（9時間＋9時間15分）÷2＝9時間7分30秒、「特定日（3日目）と特定日の翌日（4日目）の運転時間の平均」が（9時間15分＋7時間30分）÷2＝8時間22分30秒であり、「特定日と特定日の翌日の運転時間の

「平均」については9時間を超えていないので、改善基準に違反していません。

　4日目を特定日とした場合、特定日の翌日が休日のため、「特定日と特定日の翌日の運転時間の平均」は9時間を超えないので、改善基準に違反していません。

3.　誤り。いずれの日も連続運転時間は改善基準に違反していない。

　連続運転時間は、4時間を超えてはなりません（※連続運転時間の考え方については、p.220「2. トラック運転者の連続運転時間」を参照のこと）。

　1日目〜4日目の運転状況を見ると、いずれの日についても連続運転時間は4時間を超えておらず、改善基準に違反していません。

■問13【正解　ア③　イ②　ウ①】　☞「4-10労働時間等の改善基準②（運転時間）」、「5-7計算問題のポイント」

ア　C地点に12時に到着させるためにふさわしいA営業所の出庫時刻

　「C地点に12時に到着させるためにふさわしいA営業所の出庫時刻」を求めるには、「A営業所〜C地点までの所要時間」を求める必要があります。

　運転時間は「距離÷時速」で求めることができるので、A営業所〜B地点までの運転時間が30km÷30km/h＝1時間、B地点〜C地点までの運転時間が165km÷55km/h＝3時間であり、A営業所〜C地点までの所要時間は4時間20分（A営業所〜B地点まで運転1時間＋B地点での荷積み20分＋B地点〜C地点まで運転3時間）です。

　したがって、A営業所の出庫時刻は、C地点到着時刻である12時の4時間20分前であり、7時40分となります。

イ　D地点とE地点間の距離

　「D地点とE地点間の距離」を求めるには、「D地点〜E地点間の運転時間」を求める必要がありますが、そのためには、まず、D地点の出発時刻を求めます。

　C地点の出発時刻が13時40分、C地点〜D地点までの運転時間は60km÷30km/h＝2時間なので、D地点の到着時刻は15時40分です。そして、D地点では20分の休憩をとっているので、D地点の出発時刻は16時です。

　D地点を16時に出発し、E地点への到着時刻が18時なので、D地点〜E地点間の運転時間は2時間です。

　距離は「時速×運転時間」で求めることができるので、D地点〜E地点の

距離は、25km/h × 2 時間＝50km となります。

ウ　連続運転時間の違反の有無

連続運転時間は、4時間を超えてはなりません（※連続運転時間の考え方については、p.220「2. トラック運転者の連続運転時間」を参照のこと）。

設問アおよびイで計算した運転時間を当てはめると、運転状況は以下のようになります。なお、E地点からA営業所までの運転時間は、20km ÷ 30km/h ＝ 2 ／ 3 時間＝40分※です。

※「2 ／ 3 時間＝40分」がわかりづらい場合、「1 時間（60分）を 3 つに分割したうちの 2 つ」とイメージするとよい！

| ← 1時間（60分）→ |
| 20分 | 20分 | 20分 |

	往路				復路					
A営業所	運転1時間	B地点荷積み20分	運転3時間	C地点荷下ろし:20分休憩:1時間荷積み:20分（計1時間40分）	運転2時間	D地点休憩20分	運転2時間	E地点荷下ろし20分	運転40分	A営業所

往路は、運転時間 4 時間（1 時間＋ 3 時間）に対し、合計 2 時間の運転中断（B地点：20分＋C地点：1時間40分）をしているので問題ありません。

復路も、まず運転 4 時間（2 時間＋ 2 時間）に対し、合計 40 分の運転中断（D地点：20分＋E地点：20分）、その後も 40 分の運転後に乗務を終了しているので問題ありません。

したがって、連続運転時間は 4 時間を超えておらず、改善基準に違反していません。

■問14 【正解　⑥】　　　☞「1-7 従業員に対する指導・監督」、「3-4 交差点等における通行方法」

※本問のような「事故の再発を防止する対策として最も直接的に有効なもの」を選ぶ問題は、問題で問われている「最も直接的に有効な内容のもの」を考えるより、逆に「事故の原因とは直接的に関係ない内容のもの」を削除していった方が解答しやすいです！

ア　事故当日は乗務前の点呼を対面で実施していなかったので、本肢のような「対面点呼が行えるよう要員の配置を整備すること」は、業務上の改善策としては適切ですが、本事故は、乗務前の点呼を対面で実施しなかったこと

が直接的な原因で起きた事故ではありません。したがって、同種事故の再発防止対策としては、直接的に有効ではありません。

イ　【事故の推定原因・事故の要因】によると、装飾版を取り付けたことにより運転者席からの視界が悪化したことが事故の要因として挙げられているので、本肢のような指導を行うことは、同種事故の再発防止対策として直接的に有効です。

ウ　本事故は、過労運転や居眠り運転が直接的な原因で起きた事故ではありません。したがって、同種事故の再発防止対策として直接的に有効ではありません。

エ　【事故の推定原因・事故の要因】によると、事故を起こした運転者は、最近3年間に人身事故を複数回起こしており、これは特別な指導の対象となる事故惹起運転者に該当します（p.40「※事故惹起運転者とは…」参照）。したがって、本肢のような指導を行うことは、同種事故の再発防止対策として直接的に有効です。

オ　【事故の推定原因・事故の要因】によると、発車時に十分な安全確認を行っていなかったことが事故の要因として挙げられているので、本肢のような指導を行うことは、同種事故の再発防止対策として直接的に有効です。

カ　本事故は、過労運転や自動車運転者の労働時間等の改善のための基準に違反した乗務計画が直接的な原因で起きた事故ではありません。したがって、同種事故の再発防止対策として直接的に有効ではありません。

キ　車両は、進路の前方の車両等の状況により、横断歩道に入った場合においてはその部分で停止することとなるおそれがあるときは、これらの部分に入ってはなりません（p.141「8. 交差点等への進入禁止」参照）。しかし、事故を起こした車両は、横断歩道上に停止しており、【事故の推定原因・事故の要因】にも、前車に続き、安易に横断歩道上に停止したことが事故の要因として挙げられているので、本肢のような指導を行うことは、同種事故の再発防止対策として直接的に有効です。

ク　本事故は、運転者の疾病が直接的な原因で起きた事故ではありません。したがって、同種事故の再発防止対策として直接的に有効ではありません。

　以上により、同種事故の再発を防止するための対策として、最も直接的に有効と考えられる組合せは、イ・エ・オ・キとなり、肢⑥が正解となります。

運行管理者＜貨物＞
実践模擬試験

（試験時間：90分）

1. 貨物自動車運送事業法関係

問1 一般貨物自動車運送事業に関する次の記述のうち、<u>誤っているものを</u><u>1つ</u>選び、解答用紙の該当する欄にマークしなさい。なお、解答にあたっては、各選択肢に記載されている事項以外は考慮しないものとする。

1. 国土交通大臣は、一般貨物自動車運送事業の許可の申請において、その事業の計画が過労運転の防止、事業用自動車の安全性その他輸送の安全を確保するため適切なものであること等、法令で定める許可の基準に適合していると認めるときでなければ、その許可をしてはならない。

2. 一般貨物自動車運送事業者（以下「事業者」という。）は、「各営業所に配置する事業用自動車の種別ごとの数」の事業計画の変更（当該変更後の事業計画が法令に掲げる基準に適合しないおそれがある場合を除く。）をしたときは、遅滞なくその旨を、国土交通大臣に届け出なければならない。

3. 国土交通大臣が標準運送約款を定めて公示した場合において、事業者が、標準運送約款と同一の運送約款を定め、または現に定めている運送約款を標準運送約款と同一のものに変更したときは、その運送約款については、国土交通大臣の認可を受けたものとみなす。

4. 事業者は、運賃および料金（個人を対象とするものに限る。）、運送約款その他国土交通省令で定める事項を主たる事務所その他の営業所において公衆に見やすいように掲示しなければならない。

問2　貨物自動車運送事業法に定める一般貨物自動車運送事業者（以下「事業者」という。）の輸送の安全等についての次の記述のうち、<u>誤っているものを1つ選び</u>、解答用紙の該当する欄にマークしなさい。なお、解答にあたっては、各選択肢に記載されている事項以外は考慮しないものとする。

1. 事業用自動車（被けん引自動車を除く。）の保有車両数が200両以上の事業者は、安全管理規程を定めて国土交通大臣に届け出なければならない。これを変更しようとするときも、同様とする。

2. 事業者は、事業用自動車の数、荷役その他の事業用自動車の運転に附帯する作業の状況等に応じて必要となる員数の運転者およびその他の従業員の確保、事業用自動車の運転者がその休憩または睡眠のために利用することができる施設の整備および管理、事業用自動車の運転者の適切な勤務時間および乗務時間の設定その他事業用自動車の運転者の過労運転を防止するために必要な事項に関し国土交通省令で定める基準を遵守しなければならない。

3. 事業者は、貨物自動車運送事業法の規定による処分（輸送の安全に係るものに限る。）を受けたときは、遅滞なく、当該処分の内容並びに当該処分に基づき講じた措置および講じようとする措置の内容をインターネットの利用その他の適切な方法により公表しなければならない。

4. 事業者は、毎事業年度の経過後100日以内に、①輸送の安全に関する基本的な方針、②輸送の安全に関する目標およびその達成状況、③選任されている運行管理者の数について、インターネットの利用その他の適切な方法により公表しなければならない。

問3 次の記述のうち、一般貨物自動車運送事業の運行管理者が行わなければならない業務として、正しいものを2つ選び、解答用紙の該当する欄にマークしなさい。なお、解答にあたっては、各選択肢に記載されている事項以外は考慮しないものとする。

1. 運転者が長距離運転または夜間の運転に従事する場合であって、疲労等により安全な運転を継続することができないおそれがあるときは、あらかじめ、当該運転者と交替するための運転者を配置すること。

2. 一般貨物自動車運送事業者により運転者として選任された者以外の者に事業用自動車を運転させないこと。

3. 運行管理者資格者証を有する者または国土交通大臣の認定を受けた基礎講習を修了した者のうちから、運行管理者の業務を補助させるための補助者を選任すること並びにその者に対する指導および監督を行うこと。

4. 事業者に対し、事業用自動車の運行の安全の確保に関して緊急を要する事項に限り、遅滞なく、助言を行うこと。

問4 貨物自動車運送事業の事業用自動車の運転者に対する点呼に関する次の記述のうち、正しいものをすべて選び、解答用紙の該当する欄にマークしなさい。なお、解答にあたっては、各選択肢に記載されている事項以外は考慮しないものとする。

1. 乗務前の点呼においては、酒気帯びの有無および疾病、疲労、睡眠不足その他の理由により安全な運転をすることができないおそれの有無について、運転者に対し報告を求め、および確認しなければならない。ただし、その他の方法により当該報告事項について確認ができる場合にあっては、当該報告を求めないことができる。

2. 乗務前の点呼においては、営業所に備えるアルコール検知器を用いて酒気帯びの有無を確認できる場合であっても、運転者の状態を目視等で確認しなければならない。

3. 貨物自動車運送事業者は、運行上やむを得ない場合は、電話その他の方法により点呼を行うことができるが、営業所と当該営業所の車庫が離れている場合は、運行上やむを得ない場合に該当しないので、対面により点呼を行わなければならない。

4. 乗務前および乗務後の点呼のいずれも対面で行うことができない乗務を行う運転者に対しては、乗務前および乗務後の点呼の他に、当該乗務途中において少なくとも1回電話等により中間点呼を行わなければならない。当該中間点呼においては、乗務する事業用自動車の法令に定める日常点検の実施またはその確認についての報告を求めなくてはならない。

問5 次の自動車事故に関する記述のうち、一般貨物自動車運送事業者が自動車事故報告規則に基づく国土交通大臣への報告を要するものを2つ選び、解答用紙の該当する欄にマークしなさい。なお、解答にあたっては、各選択肢に記載されている事項以外は考慮しないものとする。

1. 事業用自動車が走行中、アクセルを踏んでいるものの速度が徐々に落ち、しばらく走行したところでエンジンが停止して走行が不能となった。再度エンジンを始動させようとしたが、燃料装置の故障によりエンジンを再始動させることができず、運行ができなくなった。

2. 事業用自動車が走行中、運転者がハンドル操作を誤り、当該事業用自動車が道路から0.3メートル下の畑に転落した。

3. 事業用自動車が、高速自動車国道を走行中、前方に事故で停車していた乗用車の発見が遅れたため、当該乗用車に追突した。そこに当該事業用自動車の後続車5台が次々と衝突する多重事故となった。この事故で、当該高速自動車国道が2時間にわたり自動車の通行が禁止となった。

4. 事業用自動車の運転者がハンドル操作を誤り、道路の中央分離帯に衝突したことにより、当該事業用自動車に積載していた消防法に規定する危険物の灯油がタンクから一部漏えいした。

問6 貨物自動車運送事業輸送安全規則に定める貨物自動車運送事業者の過労運転の防止についての次の文中、A、B、C、Dに入るべき字句を下の枠内の選択肢（①〜⑧）から選び、解答用紙の該当する欄にマークしなさい。

1. 一般貨物自動車運送事業者等は、　　A　　に従い業務を行うに　　B　　事業用自動車の運転者を常時選任しておかなければならない。

2. 貨物自動車運送事業者は、乗務員の　　C　　の把握に努め、疾病、疲労、　　D　　その他の理由により安全な運転をし、またはその補助をすることができないおそれがある乗務員を事業用自動車に乗務させてはならない。

①運行計画	②酒気帯び	③事業計画	④必要な資格を有する
⑤睡眠不足	⑥乗務状況	⑦健康状態	⑧必要な員数の

問7 一般貨物自動車運送事業者（以下「事業者」という。）の事業用自動車の運行の安全を確保するために、国土交通省告示等に基づき運転者に対して行なわなければならない指導監督および特定の運転者に対して行わなければならない特別な指導に関する次の記述のうち、誤っているものを1つ選び、解答用紙の該当する欄にマークしなさい。なお、解答にあたっては、各選択肢に記載されている事項以外は考慮しないものとする。

1. 事業者は、事故惹起運転者に対する特別な指導については、やむを得ない事情がある場合または外部の専門的機関における指導講習を受講する予定である場合を除き、当該交通事故を引き起こした後、再度事業用自動車に乗務を開始した後1ヵ月以内に実施する。

2. 事業者は、高齢運転者に対する特別な指導については、国土交通大臣が認定した高齢運転者のための適性診断の結果を踏まえ、個々の運転者の加齢に伴う身体機能の変化の程度に応じた事業用自動車の安全な運転方法等について運転者が自ら考えるよう指導する。この指導は、当該適性診断の結果が判明した後1ヵ月以内に実施する。

3. 特別な指導を要する初任運転者とは、事業用自動車の運転者として常時選任するために新たに雇い入れた者であって、当該事業者において初めて事業用自動車に乗務する前3年間に他の事業者等によって運転者として常時選任されたことがない者をいう。

4. 事業者は、初任運転者等に対し特別な指導を実施した場合は、法令に基づき、指導を実施した年月日および指導の具体的内容を運転者台帳に記載するか、または、指導を実施した年月日を運転者台帳に記載したうえで指導の具体的内容を記録した書面を運転者台帳に添付する。

問8　一般貨物自動車運送事業者（以下「事業者」という。）の運行管理者の選任等に関する次の記述のうち、正しいものを1つ選び、解答用紙の該当する欄にマークしなさい。なお、解答にあたっては、各選択肢に記載されている事項以外は考慮しないものとする。

1. 一の営業所において複数の運行管理者を選任する事業者は、それらの業務を統括する統括運行管理者を選任することができる。

2. 事業者は、事業用自動車（被けん引自動車を除く。）70両を管理する営業所においては、4人以上の運行管理者を選任しなければならない。

3. 事業者は、運行管理者の職務および権限並びに事業用自動車の運行の安全の確保に関する業務の処理基準に関する運行管理規程を定めなければならない。

4. 事業者は、事業用自動車の運行の安全の確保に関する業務について1年以上の実務の経験を有する者または国土交通大臣の認定を受けた基礎講習を修了した者のうちから、運行管理者の業務を補助させるための補助者を選任することができる。

問題

2. 道路運送車両法関係

問9 自動車の登録等についての次の記述のうち、<u>正しいものを2つ</u>選び、解答用紙の該当する欄にマークしなさい。なお、解答にあたっては、各選択肢に記載されている事項以外は考慮しないものとする。

1. 自動車は、自動車登録番号標を国土交通省令で定める位置に、かつ、被覆しないことその他当該自動車登録番号標に記載された自動車登録番号の識別に支障が生じないものとして国土交通省令で定める方法により表示しなければ、運行の用に供してはならない。

2. 登録自動車について所有者の変更があったときは、新所有者は、その事由があった日から15日以内に、国土交通大臣の行う変更登録の申請をしなければならない。

3. 登録自動車の所有者は、当該自動車の使用者が道路運送車両法の規定により自動車の使用の停止を命ぜられ、同法の規定により自動車検査証を返納したときは、その事由があった日から30日以内に、当該自動車登録番号標および封印を取りはずし、自動車登録番号標について国土交通大臣に届け出なければならない。

4. 臨時運行許可証の有効期間が満了したときは、その日から5日以内に、当該臨時運行許可証および臨時運行許可番号標を行政庁に返納しなければならない。

問10　自動車の検査等についての次の記述のうち、<u>誤っているものを1つ選</u>び、解答用紙の該当する欄にマークしなさい。なお、解答にあたっては、各選択肢に記載されている事項以外は考慮しないものとする。

1. 自動車検査証の有効期間の起算日は、当該自動車検査証を交付する日または当該自動車検査証に有効期間を記入する日とする。ただし、自動車検査証の有効期間が満了する日の1ヵ月前から当該期間が満了する日までの間に継続検査を行い、当該自動車検査証に有効期間を記入する場合は、当該自動車検査証の有効期間が満了する日の翌日とする。

2. 初めて自動車検査証の交付を受ける車両総重量7,990キログラムの貨物の運送の用に供する自動車については、当該自動車検査証の有効期間は1年である。

3. 自動車の使用者は、当該自動車が滅失し、解体し（整備または改造のために解体する場合を除く。）、または自動車の用途を廃止したときは、その事由があった日（使用済自動車の解体である場合には解体報告記録がなされたことを知った日）から15日以内に、当該自動車検査証を国土交通大臣に返納しなければならない。

4. 自動車の使用者は、自動車検査証の記載事項について変更があったときは、法令で定める場合を除き、その事由があった日から15日以内に、当該事項の変更について、国土交通大臣が行う自動車検査証の記入を受けなければならない。

問11

道路運送車両法に定める自動車の点検整備等に関する次の文中、A、B、C、Dに入るべき字句としていずれか正しいものを1つ選び、解答用紙の該当する欄にマークしなさい。

ア 地方運輸局長は、自動車が保安基準に適合しなくなるおそれがある状態または適合しない状態にあるとき（同法第54条の2第1項に規定するときを除く。）は、当該自動車の　　A　　に対し、保安基準に適合しなくなるおそれをなくするため、または保安基準に適合させるために必要な整備を行うべきことを　　B　　ことができる。この場合において、地方運輸局長は、保安基準に適合しない状態にある当該自動車の　　A　　に対し、当該自動車が保安基準に適合するに至るまでの間の運行に関し、当該自動車の使用の方法または　　C　　その他の保安上または公害防止その他の環境保全上必要な指示をすることができる。

イ 自動車運送事業の用に供する自動車の日常点検の結果に基づく運行可否の決定は、自動車の使用者より与えられた権限に基づき、　　D　　が行わなければならない。

A ①使用者 　　　②所有者

B ①命ずる 　　　②勧告する

C ①使用の制限 　　②経路の制限

D ①運行管理者 　　②整備管理者

問12 道路運送車両の保安基準およびその細目を定める告示についての次の
記述のうち、正しいものを2つ選び、解答用紙の該当する欄にマーク
しなさい。なお、解答にあたっては、各選択肢に記載されている事項
以外は考慮しないものとする。

1. 停止表示器材は、夜間200メートルの距離から走行用前照灯で照射
   した場合にその反射光を照射位置から確認できるものであることな
   ど告示で定める基準に適合するものでなければならない。

2. 貨物の運送の用に供する普通自動車および車両総重量が8トン以上
   の普通自動車（乗車定員11人以上の自動車およびその形状が乗車定
   員11人以上の自動車の形状に類する自動車を除く。）の両側面には、
   堅ろうであり、かつ、歩行者、自転車の乗車人員等が当該自動車の
   後車輪へ巻き込まれることを有効に防止することができるものとし
   て、強度、形状等に関し告示で定める基準に適合する巻込防止装置
   を備えなければならない。ただし、告示で定める構造の自動車にあ
   っては、この限りでない。

3. 貨物の運送の用に供する普通自動車であって、車両総重量が8トン
   以上または最大積載量が5トン以上のものの原動機には、自動車が
   時速100キロメートルを超えて走行しないよう燃料の供給を調整し、
   かつ、自動車の速度の制御を円滑に行うことができるものとして、
   告示で定める基準に適合する速度抑制装置を備えなければならない。

4. 貨物の運送の用に供する普通自動車であって、車両総重量が5トン
   以上のものの後面には、所定の後部反射器を備えるほか、反射光の
   色、明るさ等に関し告示で定める基準に適合する大型後部反射器を
   備えなければならない。

3. 道路交通法関係

問13 道路交通法に定める用語の意義についての次の記述のうち、<u>正しいもの</u><u>を1つ</u>選び、解答用紙の該当する欄にマークしなさい。なお、解答にあたっては、各選択肢に記載されている事項以外は考慮しないものとする。

1. 路側帯とは、歩行者および自転車の通行の用に供するため、歩道の設けられていない道路または道路の歩道の設けられていない側の路端寄りに設けられた帯状の道路の部分で、道路標示によって区画されたものをいう。

2. 道路標識とは、道路の交通に関し、規制または指示を表示する標示で、路面に描かれた道路鋲、ペイント、石等による線、記号または文字をいう。

3. 駐車とは、車両等が客待ち、荷待ち、貨物の積卸し、故障その他の理由により継続的に停止すること（荷待ちのための停止で5分を超えない時間内のものおよび人の乗降のための停止を除く。）、または車両等が停止し、かつ、当該車両等の運転をする者がその車両等を離れて直ちに運転することができない状態にあることをいう。

4. 道路交通法の規定の適用については、身体障害者用の車椅子または歩行補助車等を通行させている者は、歩行者とする。

問14 道路交通法に定める車両の交通方法等についての次の記述のうち、<u>正しいものを2つ</u>選び、解答用紙の該当する欄にマークしなさい。なお、解答にあたっては、各選択肢に記載されている事項以外は考慮しないものとする。

1. 車両は、車両通行帯の設けられた道路においては、道路の左側端から数えて1番目の車両通行帯を通行しなければならない。ただし、自動車（小型特殊自動車および道路標識等によって指定された自動車を除く。）は、当該道路の左側部分（当該道路が一方通行となっているときは、当該道路）に3以上の車両通行帯が設けられているときは、政令で定めるところにより、その速度に応じ、その最も右側の車両通行帯以外の車両通行帯を通行することができる。

2. 車両は、道路のまがりかど附近、上り坂の頂上附近または勾配の急な下り坂の道路の部分においては、前方が見とおせる場合を除き、他の車両を追い越すため、進路を変更し、または前車の側方を通過してはならない。

3. 車両は、道路の中央から左の部分の幅員が6メートルに満たない道路において、他の車両を追い越そうとするとき（道路の中央から右の部分を見とおすことができ、かつ、反対の方向からの交通を妨げるおそれがない場合に限るものとし、道路標識等により追越しのため道路の中央から右の部分にはみ出して通行することが禁止されている場合を除く。）は、道路の中央から右の部分にその全部または一部をはみ出して通行することができる。

4. 車両は、道路標識等により追越しが禁止されている道路の部分においても、前方を進行している原動機付自転車は追い越すことができる。

問15 車両等の運転者が道路交通法に定める規定に違反した場合等の措置についての次の文中、A、B、C、Dに入るべき字句としていずれか正しいものを1つ選び、解答用紙の該当する欄にマークしなさい。

　車両等の運転者が道路交通法若しくは同法に基づく命令の規定または同法の規定に基づく　A　した場合において、当該違反が当該違反に係る車両等の　B　の業務に関してなされたものであると認めるときは、公安委員会は、内閣府令で定めるところにより、当該車両等の使用者が道路運送法の規定による自動車運送事業者、貨物利用運送事業法の規定による第二種貨物利用運送事業を経営する者であるときは当該事業者および　C　に対し、当該車両等の使用者がこれらの事業者以外の者であるときは当該車両等の使用者に対し、当該　D　を通知するものとする。

A ①処分に違反　　　　　　　②指示に違反
B ①所有者　　　　　　　　②使用者
C ①当該事業を監督する行政庁　②当該事業所の運行管理者
D ①違反の内容　　　　　　②処分の理由

問16 道路交通法に定める運転者の遵守事項等についての次の記述のうち、<u>正しいものを1つ選び</u>、解答用紙の該当する欄にマークしなさい。なお、解答にあたっては、各選択肢に記載されている事項以外は考慮しないものとする。

1. 車両の運転者が左折または右折するときの合図を行う時期は、その行為をしようとする時の3秒前のときである。

2. 道路の左側部分に設けられた安全地帯の側方を通過する場合において、当該安全地帯に歩行者がいるときは、徐行しなければならない。

3. 停留所において乗客の乗降のため停車していた乗合自動車が発進するため進路を変更しようとして手または方向指示器により合図をした場合においては、その後方にある車両は、その速度を急に変更しなければならないこととなる場合にあっても、当該合図をした乗合自動車の進路の変更を妨げてはならない。

4. 下の道路標識が設置されている道路においては、車両総重量が7,980キログラムで最大積載量が4,500キログラムの中型貨物自動車は通行することができない。

「道路標識、区画線および道路標示に関する命令」に定める様式
斜めの帯および枠を赤色、記号を青色、縁および地を白色とする。

問17 貨物自動車に係る道路交通法に定める乗車、積載および過積載（車両に積載をする積載物の重量が法令による制限に係る重量を超える場合における当該積載。以下同じ。）等についての次の記述のうち、<u>誤っているものを1つ</u>選び、解答用紙の該当する欄にマークしなさい。なお、解答にあたっては、各選択肢に記載されている事項以外は考慮しないものとする。

1. 準中型自動車とは、大型自動車、中型自動車、大型特殊自動車、大型自動二輪車、普通自動二輪車および小型特殊自動車以外の自動車で、車両総重量3,500キログラム以上、7,500キログラム未満のものまたは最大積載量2,000キログラム以上4,500キログラム未満のものをいう。

2. 車両（軽車両を除く。）の運転者は、当該車両について政令で定める乗車人員または積載物の重量、大きさ若しくは積載の方法の制限を超えて乗車をさせ、または積載をして車両を運転してはならない。ただし、当該車両の出発地を管轄する警察署長による許可を受けて貨物自動車の荷台に乗車させる場合にあっては、当該制限を超える乗車をさせて運転することができる。

3. 警察官は、過積載をしている自動車の運転者に対し、当該自動車に係る積載が過積載とならないようにするため必要な応急の措置をとることを命ずることができる。

4. 車両の運転者は、当該車両の乗車のために設備された場所以外の場所に乗車させ、または乗車若しくは積載のために設備された場所以外の場所に積載して車両を運転してはならない。ただし、貨物自動車で貨物を積載しているものにあっては、当該貨物を看守するため当該自動車が積載可能な重量までの人員をその荷台に乗車させて運転することができる。

4. 労働基準法関係

問18　労働基準法（以下「法」という。）に定める労働契約等に関する次の記述のうち、誤っているものを1つ選び、解答用紙の該当する欄にマークしなさい。なお、解答にあたっては、各選択肢に記載されている事項以外は考慮しないものとする。

1. 使用者は、労働者の国籍、信条または社会的身分を理由として、賃金、労働時間その他の労働条件について、差別的取扱をしないように努めなければならない。

2. 使用者は、労働者を解雇しようとする場合においては、少くとも30日前にその予告をしなければならない。30日前に予告をしない使用者は、30日分以上の平均賃金を支払わなければならない。ただし、天災事変その他やむを得ない事由のために事業の継続が不可能となった場合または労働者の責に帰すべき事由に基いて解雇する場合においては、この限りではない。

3. 使用者は、労働契約の不履行について違約金を定め、または損害賠償額を予定する契約をしてはならない。

4. 使用者は、労働者が業務上負傷し、または疾病にかかり療養のために休業する期間およびその後30日間並びに産前産後の女性が法第65条（産前産後）の規定によって休業する期間およびその後30日間は、解雇してはならない。

問19　労働基準法（以下「法」という。）に定める労働時間および賃金等に関する次の記述のうち、正しいものを2つ選び、解答用紙の該当する欄にマークしなさい。なお、解答にあたっては、各選択肢に記載されている事項以外は考慮しないものとする。

1. 使用者は、その雇入れの日から起算して6ヵ月間継続勤務し全労働日の7割以上出勤した労働者に対して、継続し、または分割した10労働日の有給休暇を与えなければならない。

2. 使用者は、労働者に、休憩時間を除き1週間について40時間を超えて、労働させてはならない。また、1週間の各日については、労働者に、休憩時間を除き1日について8時間を超えて、労働させてはならない。

3. 使用者が、労働基準法の規定により労働時間を延長し、または休日に労働させた場合においては、その時間またはその日の労働については、通常の労働時間または労働日の賃金の計算額の2割5分以上5割以下の範囲内でそれぞれ政令で定める率以上の率で計算した割増賃金を支払わなければならない。ただし、当該延長して労働させた時間が1ヵ月について60時間を超えた場合においては、その超えた時間の労働については、通常の労働時間の賃金の計算額の5割以上の率で計算した割増賃金を支払わなければならない。

4. 平均賃金とは、これを算定すべき事由の発生した日以前3ヵ月間にその労働者に対し支払われた賃金の総額を、その期間の所定労働日数で除した金額をいう。

問20 「自動車運転者の労働時間等の改善のための基準」等に定める貨物自動車運送事業に従事する自動車運転者（以下「トラック運転者」という。）の拘束時間および運転時間についての次の文中、A、B、C、Dに入るべき字句を下の枠内の選択肢（①～⑧）から選び、解答用紙の該当する欄にマークしなさい。

1. 使用者は、トラック運転者の1日（始業時刻から起算して24時間をいう。）についての拘束時間については、13時間を超えないものとし、当該拘束時間を延長する場合であっても、最大拘束時間は、16時間とすること。この場合において、1日についての拘束時間が　　A　　を超える回数は、1週間について2回以内とすること。

2. 使用者は、業務の必要上、トラック運転者に勤務の終了後継続8時間以上の休息期間を与えることが困難な場合には、当分の間、一定期間における全勤務回数の2分の1を限度に、休息期間を拘束時間の途中および拘束時間の経過直後に分割して与えることができるものとする。この場合において、分割された休息期間は、1日において1回当たり継続4時間以上、合計　　B　　以上でなければならないものとする。

3. 使用者は、業務の必要上やむを得ない場合には、当分の間、トラック運転者を隔日勤務に就かせることができる。この場合、2暦日における拘束時間は、　　C　　を超えないものとする。

4. 連続運転時間（1回が連続　　D　　以上で、かつ、合計が30分以上の運転の中断をすることなく連続して運転する時間をいう。）は、4時間を超えないものとする。

| ①5分 | ②10分 | ③8時間 | ④10時間 |
| ⑤13時間 | ⑥15時間 | ⑦20時間 | ⑧21時間 |

問21　「自動車運転者の労働時間等の改善のための基準」（以下「改善基準」という。）および厚生労働省労働基準局長の定める「一般乗用旅客自動車運送事業以外の事業に従事する自動車運転者の拘束時間および休息期間の特例について」に関する次の記述のうち、正しいものを2つ選び、解答用紙の該当する欄にマークしなさい。なお、解答にあたっては、各選択肢に記載されている事項以外は考慮しないものとする。

1. 使用者は、貨物自動車運送事業に従事する自動車運転者（以下「トラック運転者」という。）の拘束時間については、1ヵ月について293時間を超えないものとすること。ただし、労使協定があるときは、1年のうち6ヵ月までは、1年間についての拘束時間が3,516時間を超えない範囲内において、320時間まで延長することができる。

2. 使用者は、トラック運転者（隔日勤務に就く運転者以外のもの。）が同時に1台の事業用自動車に2人以上乗務する場合（車両内に身体を伸ばして休息することができる設備がある場合に限る。）においては、1日についての最大拘束時間を21時間まで延長することができる。

3. 使用者は、トラック運転者の運転時間は、2日（始業時刻から起算して48時間をいう。）を平均し1日当たり8時間、2週間を平均し1週間当たり40時間を超えないものとする。

4. 使用者は、トラック運転者に労働基準法第35条の休日に労働させる場合は、当該労働させる休日は2週間について1回を超えないものとし、当該休日の労働によって改善基準第4条第1項に定める拘束時間および最大拘束時間の限度を超えないものとする。

問22　下表は、貨物自動車運送事業に従事する自動車運転者の1ヵ月の勤務状況の例を示したものであるが、「自動車運転者の労働時間等の改善のための基準」に定める拘束時間および運転時間に照らし、次の1〜4の中から違反している事項をすべて選び、解答用紙の該当する欄にマークしなさい。なお、1人乗務とし、「1ヵ月についての拘束時間の延長に関する労使協定」があり、下表の1ヵ月は、当該協定により1ヵ月についての拘束時間を延長することができる月に該当するものとする。また、「時間外労働および休日労働に関する労働協定」があるものとする。

第1週		1日	2日	3日	4日	5日	6日	7日	週の合計時間
	各日の運転時間	5	7	9	10	8	5	休日	44
	各日の拘束時間	9	10	13	13	14	8		67

第2週		8日	9日	10日	11日	12日	13日	14日	週の合計時間
	各日の運転時間	6	7	5	8	9	8	休日	43
	各日の拘束時間	9	10	8	15	16	14		72

第3週		15日	16日	17日	18日	19日	20日	21日	週の合計時間
	各日の運転時間	7	8	7	6	9	7	休日	44
	各日の拘束時間	10	13	12	10	13	13		71

第4週		22日	23日	24日	25日	26日	27日	28日	週の合計時間
	各日の運転時間	6	8	10	8	7	6	休日	45
	各日の拘束時間	12	11	15	12	10	11		71

第5週		29日	30日	31日	週の合計時間	1ヵ月の合計時間
	各日の運転時間	8	6	7	21	197
	各日の拘束時間	11	13	13	37	318

（注1）2週間の起算日は1日とする。
（注2）各労働日の始業時刻は午前8時とする。

1. 1ヵ月の拘束時間
2. 当該5週間のすべての日を特定日とした2日を平均した1日当たりの運転時間
3. 1日を起算日とし、2週間を平均した1週間当たりの運転時間
4. 1日についての最大拘束時間

問23　下図は、貨物自動車運送事業に従事する自動車運転者の3日間の勤務状況の例を示したものであるが、「自動車運転者の労働時間等の改善のための基準」（以下「改善基準告示」という。）に定める拘束時間および連続運転時間に関する次の記述のうち、正しいものを2つ選び、解答用紙の該当する欄にマークしなさい。

前日：休日

始業5:00　　　　　　　　　　　　　　　　　　　　　　　　　終業17:05

1日目	乗務前点呼	運転	荷積み	運転	休憩	運転	荷下ろし	運転	休憩	荷積み	運転	休憩	運転	乗務後点呼
	20分	1時間	20分	1時間	15分	1時間30分	20分	1時間	1時間	30分	3時間	10分	1時間10分	30分
	営業所													営業所

始業6:30　　　　　　　　　　　　　　　　　　　　　　　　　終業18:40

2日目	乗務前点呼	運転	休憩	運転	荷積み	運転	休憩	荷下ろし	運転	休憩	運転	休憩	運転	乗務後点呼
	20分	2時間	15分	1時間	20分	1時間30分	1時間	20分	2時間30分	10分	1時間	15分	1時間	30分
	営業所													営業所

始業5:30　　　　　　　　　　　　　　　　　　　　　　　　　終業17:50

3日目	乗務前点呼	運転	休憩	荷下ろし	運転	荷積み	運転	休憩	運転	荷下ろし	運転	休憩	運転	乗務後点呼
	20分	2時間	15分	20分	2時間	30分	1時間	1時間	2時間	20分	1時間	5分	1時間	30分
	営業所													営業所

翌日：休日

1. 各日の拘束時間は、1日目は12時間5分、2日目は12時間10分、3日目は13時間20分である。

2. 各日の拘束時間は、1日目は12時間5分、2日目は13時間10分、3日目は12時間20分である。

3. 連続運転時間が改善基準告示に違反している勤務日は、1日目および2日目であり、3日目は違反していない。

4. 連続運転時間が改善基準告示に違反している勤務日は、2日目および3日目であり、1日目は違反していない。

5. 実務上の知識および能力

問24 運行管理者の日常業務の記録等に関する次の記述のうち、適切なものには解答用紙の「適」の欄に、適切でないものには解答用紙の「不適」の欄にマークしなさい。なお、解答にあたっては、各選択肢に記載されている事項以外は考慮しないものとする。

1. 運行管理者は、事業者が定めた勤務時間および乗務時間の範囲内で、運転者が過労とならないよう十分考慮しながら乗務割を作成している。なお、乗務については、早めに運転者に知らせるため、事前に予定を示している。

2. 運行管理者は、事業用自動車に係る事故が発生した場合には、加害事故であるか被害事故であるかにかかわらず、運転者にその概要と原因を乗務等の記録に記録させ、事故の再発防止に活用している。ただし、事故の被害が人身に及ばない物損事故の場合にあっては記録させていない。

3. 運行管理者は、事業用自動車の運行中に暴風雪等に遭遇した場合、運転者から迅速に状況を報告させるとともに、その状況に応じて、運行休止を含めた具体的な指示を行うこととしている。また、報告を受けた事項や指示した内容については、異常気象時等の措置として、詳細に記録している。

4. 運行管理者は、運転者に法令に基づく運行指示書を携行させ、運行させている途中において、自然災害により運行経路の変更を余儀なくされた。このため、当該運行管理者は、営業所に保管する当該運行指示書の写しにその変更した内容を記載するとともに、当該運転者に対して電話等により変更の指示を行ったが、携行させている運行指示書については帰庫後提出させ、運行管理者自ら当該変更内容を記載のうえ保管し、運行の安全確保を図った。

問25 点呼の実施等に関する次の記述のうち、適切なものには解答用紙の「適」の欄に、適切でないものには解答用紙の「不適」の欄にマークしなさい。なお、解答にあたっては、各選択肢に記載されている事項以外は考慮しないものとする。

1. 以前に運転者が運転免許の効力の停止の処分を受けているにもかかわらず、事業用自動車を運転していた事案が発覚したことがあったため、運行管理規程に乗務前の点呼における実施事項として、運転免許証の提示および確認について明記した。運行管理者は、その後、乗務前の点呼の際の運転免許証の確認は、各自の運転免許証のコピーにより行い、再発防止を図っている。

2. 乗務前の点呼において運転者の健康状態を的確に確認することができるようにするため、健康診断の結果等から異常の所見がある運転者または就業上の措置を講じた運転者が一目で分かるように、個人のプライバシーに配慮しながら点呼記録表の運転者の氏名の横に注意喚起のマークを付記するなどして、これを点呼において活用している。

3. 乗務前の点呼において、運転者に対して酒気帯びの有無を確認しようとしたところ、営業所に設置しているアルコール検知器が停電によりすべて使用できなかったことから、運行管理者は、運転者に携帯させるために営業所に備えてある携帯型アルコール検知器を使用して酒気帯びの有無を確認した。

4. 複数日にわたる事業用トラックの運行で、2日目は乗務前および乗務後の点呼のいずれも対面で行うことができない乗務のため、携帯電話により中間点呼を実施し、その結果特に問題がなかったので点呼記録表に記録しなかった。しかし、乗務後の点呼についてはその結果を点呼記録表に記録した。

問題

問26 事業用自動車の運転者の健康管理および就業における判断・対処に関する次の記述のうち、適切なものには解答用紙の「適」の欄に、適切でないものには解答用紙の「不適」の欄にマークしなさい。なお、解答にあたっては、各選択肢に記載されている事項以外は考慮しないものとする。

1. 近年、脳卒中や心臓病などに起因した運転中の突然死による事故が増加傾向にあるが、これらの病気の要因が生活習慣に関係していることから生活習慣病と呼ばれている。この病気は、暴飲暴食や運動不足などの習慣が積み重なって発病するので、定期的な健康診断の結果に基づいて生活習慣の改善を図るよう運転者に対し呼びかけている。

2. 漫然運転や居眠り運転の原因の一つとして、睡眠時無呼吸症候群（SAS）と呼ばれている病気がある。この病気は、狭心症や心筋梗塞などの合併症を引き起こすおそれがあり、安全運転を続けていくためには早期の治療が不可欠であることから、事業者は、運転者に対しSASの症状などについて理解させるよう指導する必要がある。

3. 運転者が運転中に安全運転の継続が困難となるような体調不良や異常を感じた場合、速やかに安全な場所に事業用自動車を停止させ、運行管理者に連絡し、指示を受けるよう指導している。また、その後の運行再開の可否については、体調の状況を運転者が自ら判断し決定するよう指導している。

4. 常習的な飲酒運転の背景には、アルコール依存症という病気があるといわれている。この病気は専門医による早期の治療をすることにより回復が可能とされているが、一度回復しても飲酒することにより再発することがあるため、事業者は、アルコール依存症から回復した運転者に対しても飲酒に関する指導を行う必要がある。

問27　自動車の運転に関する次の記述のうち、<u>適切なものをすべて</u>選び、解答用紙の該当する欄にマークしなさい。なお、解答にあたっては、各選択肢に記載されている事項以外は考慮しないものとする。

1. 自動車がカーブを走行するとき、自動車の重量およびカーブの半径が同一の場合には、速度が2倍になると遠心力の大きさも2倍になることから、カーブを走行する場合の横転などの危険性について運転者に対し指導する必要がある。

2. 自動車は、運転者が直接見ることが出来ない箇所に対して後写鏡やアンダーミラー等を備えるなどして、構造上の死角が少なくなるよう設計されているが、なお、死角は存在する。その他にも「前走車、対向車など他の交通による死角」、「道路構造、建物、樹木等道路環境による死角」、「夜間走行時の死角」等があるので、これらの死角の特性に十分注意した運転が必要である。

3. 自動車のハンドルを左に切り旋回した場合、左側の後輪が左側の前輪の軌跡に対し内側を通ることとなり、この前後輪の軌跡の差を内輪差という。ホイールベースの長い大型車ほどこの内輪差が大きくなることから、運転者に対し、交差点での左折時には、内輪差による歩行者や自転車等との接触、巻き込み事故に注意するよう指導する必要がある。

4. 時速54キロメートルで走行中の自動車の運転者が、前車との追突の危険を認知しブレーキ操作を行い、ブレーキが効きはじめるまでに要する空走時間を1秒間とし、ブレーキが効きはじめてから停止するまでに走る制動距離を9メートルとすると、当該自動車の停止距離は24メートルとなることを指導している。

問28 交通事故防止対策に関する次の記述のうち、適切なものには解答用紙の「適」の欄に、適切でないものには解答用紙の「不適」の欄にマークしなさい。なお、解答にあたっては、各選択肢に記載されている事項以外は考慮しないものとする。

1. デジタル式運行記録計は、自動車の運行中、交通事故や急ブレーキ、急ハンドルなどにより当該自動車が一定以上の衝撃を受けると、衝突前と衝突後の前後10数秒間の映像などを記録する装置であり、事故防止対策の有効な手段の一つとして活用されている。

2. 交通事故は、そのほとんどが運転者等のヒューマンエラーにより発生するものである。したがって、事故惹起運転者の社内処分および再教育に特化した対策を講ずることが、交通事故の再発を未然に防止するには最も有効である。そのためには、発生した事故の調査や事故原因の分析よりも、事故惹起運転者および運行管理者に対する特別講習を確実に受講させる等、ヒューマンエラーの再発防止を中心とした対策に努めるべきである。

3. 指差呼称は、運転者の錯覚、誤判断、誤操作等を防止するための手段であり、信号や標識などを指で差し、その対象が持つ名称や状態を声に出して確認することをいうが、安全確認に重要な運転者の意識レベルは、個人差があるため有効な交通事故防止対策の手段となっていない。

4. ヒヤリ・ハットとは、運転者が運転中に他の自動車等と衝突または接触するおそれなどがあったと認識した状態をいい、1件の重大な事故（死亡・重傷事故等）が発生する背景には多くのヒヤリ・ハットがあるとされている。

問29 荷主から貨物自動車運送事業者に対し、B地点で荷積みをし、C地点に11時に到着させるよう運送の依頼があった。これを受けて、運行管理者は次に示す「当日の運行計画」を立てた。

「当日の運行計画」
○A営業所を出庫し、36キロメートル離れたB地点まで平均時速36キ

ロメートルで走行する。

○B地点において45分間の荷積みを行う。

○B地点から140キロメートル離れたC地点までの間、一部高速自動車
　国道を利用し、平均時速40キロメートルで走行してC地点に11時
　に到着する。

○荷下ろし後、1時間の休憩をとる。休憩後、A営業所に帰庫するため、
　C地点を13時に出発し、D地点まで平均時速42キロメートルで走行
　する。

○D地点到着後、30分の休憩をとる。

○D地点から30キロメートル離れたA営業所まで平均時速30キロメー
　トルで走行して、A営業所に17時30分に帰庫する。

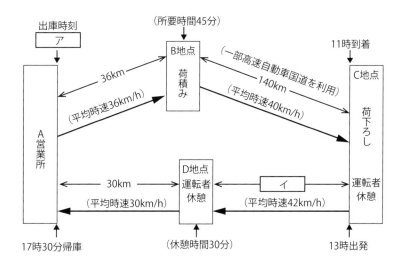

　この場合において、

ア　C地点に11時に到着させるためにふさわしいA営業所の出庫時刻
イ　C地点とD地点の間の距離

について、それぞれ解答用紙の該当する数字の欄にマークして解答し
なさい。

　なお、解答にあたっては、「当日の運行計画」に記載されている事項
以外は考慮しないものとする。

問30 運行管理者が、次の事業用トラックの事故報告に基づき、この事故の要因分析を行ったうえで、<u>同種事故の再発を防止するための対策として、最も直接的に有効と考えられる組合せを、下の枠内の選択肢（①～⑥）から1つ選び</u>、解答用紙の該当する欄にマークしなさい。なお、解答にあたっては、下記に記載されている事項以外は考慮しないものとする。

＜事故の概要＞

　運転者は、6時に運行管理者の点呼を受け、6時30分に車高の高い最大積載量が4,000キログラムのバン型車両で出庫した。荷主先で荷扱いを終え、13時に帰庫するため混雑する国道を避け、慣れない抜け道を3,900キログラムの積荷（家電製品）を荷室に満載した状態で走行中、左カーブにさしかかった際、走行速度が時速65キロメートルと道路標識で指定された最高速度（時速50キロメートル）を超過していることは認識していたが、減速しなくても通過できると判断し、減速しないでカーブに進入したところ、当該自動車が反対車線に飛び出しそうになったため、ブレーキをかけたが車体が右に傾き反対車線上で横転した。

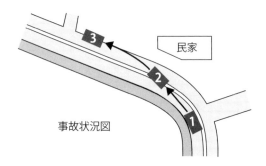

事故状況図

＜事故関連情報＞

A. 事故当時、当該自動車の重心は積荷の関係でかなり高い状態であった。

B. 当該運転者は入社して間もなく、バン型車両の運転経験が浅かったうえに事故を起こした当該道路を通行するのは初めてであった。

C. 当該運転者に対する乗務前の点呼については、出庫時刻まで時間がなかったので、運転者からの所定の報告と、携行品の確認のみを行った。

D. 事故後、運転者から、「事故前夜は睡眠時間が十分取れず、事故当
　時は集中力が低下していた。」との話があった。

＜事故の再発防止策＞

ア　運転者に対し、運行する主な道路および交通の状況をあらかじめ把
　握させるよう指導するとともに、これらの状況を踏まえ、事業用自
　動車を安全に運転するために留意すべき事項を指導する。

イ　過積載に起因する交通事故の実例を説明するなどして、過積載がト
　ラックの制動距離および安定性等に与える影響を運転者に理解させ
　る。

ウ　運転者の健康状態の把握に努め、疲労等の理由により安全な運転が
　できないおそれのある運転者を乗務させないとともに、過労等の生
　理的要因が交通事故を引き起こす可能性があることおよび運転中に
　眠気を感じたときは運転を中止し、休憩等をとるよう運転者に対し
　指導する。

エ　危険が発生した場合でも安全に停止することができるように速度に
　応じた車間距離を保って運転するよう運転者に対し指導する。

オ　消防法等関係法令に基づき運搬する危険物の性状および取扱い方法
　について運転者に理解させる。

カ　積載物を満載したトラックは、積載方法によっては重心が高くなり
　安定性に影響を与えるため横転しやすいこと等当該トラックの構造
　上の特性を運転者に理解させる。

キ　走行速度は、常に道路標識等により指定された最高速度で運転する
　よう運転者に対し指導する。

ク　法令および道路標識等により指定された最高速度を遵守して運転す
　るだけではなく、道路、交通および車両の状況に応じた安全な速度
　と方法で運転するよう運転者に対し指導する。

| ①ア、イ、オ、ク | ②ア、エ、カ、キ | ③ア、ウ、カ、ク |
| ④イ、ウ、カ、ク | ⑤イ、エ、オ、キ | ⑥ウ、エ、オ、キ |

解答・解説

問1 ：2	問12：1, 2	問23：2, 3
問2 ：4	問13：4	問24：適1, 3
問3 ：1, 2	問14：1, 3	不適2, 4
問4 ：2, 3	問15：A① 　B②	問25：適2, 3
問5 ：1, 4	C① 　D①	不適1, 4
問6 ：A③ 　B⑧	問16：2	問26：適1, 2, 4
C⑦ 　D⑤	問17：4	不適3
問7 ：1	問18：1	問27：2, 3, 4
問8 ：3	問19：2, 3	問28：適4
問9 ：1, 4	問20：A⑥ 　B④	不適1, 2, 3
問10：2	C⑧ 　D②	問29：ア　5時45分
問11：A① 　B①	問21：1, 4	イ　126km
C② 　D②	問22：3	問30：3

※問題を解くために参考となる参照項目を「☞」の後に記してあります。

■ **問1** 　【正解　2】　　　　　　　　　　　　　　　☞「1-2貨物自動車運送事業」

1. 正しい。
2. 誤り。「各営業所に配置する事業用自動車の種別ごとの数」の事業計画の変更（変更後の事業計画が法令に掲げる基準に適合しないおそれがある場合を除く）をするときは、国土交通大臣にあらかじめその旨を届け出なければなりません。
3. 正しい。
4. 正しい。

■ **問2** 　【正解　4】　　　　　　　　　　　　　　　　　　☞「1-3輸送の安全」

1. 正しい。
2. 正しい。
3. 正しい。
4. 誤り。事業者が事業年度経過後100日以内に公表しなければならないのは、①輸送の安全に関する基本的な方針、②輸送の安全に関する目標およびその達成状況、③自動車事故報告規則第2条に規定する事故に関する統計です。

340

■ 問3　【正解　1，2】　☞「1-11運行管理者の業務」

1. 正しい。
2. 正しい。
3. 誤り。運行管理者の業務は、「事業者により選任された補助者に対する指導および監督を行うこと」です。「補助者を選任すること」は事業者に課せられた義務であり、運行管理者が行わなければならない業務ではありません。
4. 誤り。運行管理者は、事業者に対し、事業用自動車の運行の安全の確保に関し必要な事項について助言を行うことができます。助言する事項は「緊急を要する事項」に限られるわけではありません。

■ 問4　【正解　2，3】　☞「1-5点呼」、「5-5点呼の実施」

1. 誤り。後半の記述が誤りです。乗務前の点呼では、必ず、運転者から「酒気帯びの有無および疾病、疲労、睡眠不足その他の理由により安全な運転をすることができないおそれの有無」について報告を求めなければなりません。
2. 正しい。
3. 正しい。
4. 誤り。後半の記述が誤りです。「日常点検の実施または確認」については、乗務前の点呼では報告を求めなければなりませんが、中間点呼では報告を求める必要はありません。

■ 問5　【正解　1，4】　☞「1-12事故報告」

1. 報告を要する。本事故は「道路運送車両法に規定する自動車の装置の故障により、自動車が運行できなくなったもの」に該当するので、事故の報告を要します。
2. 報告を要しない。「自動車が転落したもの」に該当する場合には事故の報告が必要ですが、ここでいう「転落」とは、「道路外に転落した場合で、落差が0.5メートル以上のとき」をいうので、本事故は該当しません。
3. 報告を要しない。「10台以上の自動車の衝突または接触を生じたもの」や「高速道路において、3時間以上自動車の通行を禁止させたもの」に該当する場合には事故の報告が必要ですが、本肢の事故はいずれにも該当しません。
4. 報告を要する。本事故は「自動車に積載されていた危険物が漏えいしたもの」に該当するので、事故の報告を要します。

■ **問6** 【**正解　A③　B⑧　C⑦　D⑤**】　　　　☞「1-4 過労運転の防止」

1. 一般貨物自動車運送事業者等は、（A＝事業計画）に従い業務を行うに（B＝必要な員数の）事業用自動車の運転者を常時選任しておかなければならない。

2. 貨物自動車運送事業者は、乗務員の（C＝健康状態）の把握に努め、疾病、疲労、（D＝睡眠不足）その他の理由により安全な運転をし、またはその補助をすることができないおそれがある乗務員を事業用自動車に乗務させてはならない。

■ **問7** 【**正解　1**】　　　　☞「1-7 従業員に対する指導・監督」

1. 誤り。事故惹起運転者に対する特別な指導については、やむを得ない事情がある場合および外部の専門的機関での指導講習を受講する予定である場合を除き、当該交通事故を引き起こした後、再度事業用自動車に乗務する前に実施します。

2. 正しい。

3. 正しい。

4. 正しい。

■ **問8** 【**正解　3**】　　　　☞「1-3 輸送の安全」、「1-10 運行管理者等の選任」

1. 誤り。一の営業所で複数の運行管理者を選任する事業者は、統括運行管理者を選任しなければなりません。「選任することができる」という任意規定ではありません。

2. 誤り。必要な運行管理者の数は、運行を管理する事業用自動車の数（被けん引自動車を除く）÷30＋1（小数点以下は切り捨て）で求めます。したがって、被けん引自動車を除く事業用自動車70両を管理する営業所の場合、70÷30＋1≒3で、3人以上の運行管理者を選任しなければなりません。

3. 正しい。

4. 誤り。補助者は、運行管理者資格者証を有する者または基礎講習を修了した者から選任します。実務経験のみで補助者に選任することはできません。

■ **問9　【正解　1，4】**　　　　　　　　　☞「2-2 自動車の登録」

1. 正しい。

2. 誤り。自動車の所有者に変更があったときは、15日以内に、移転登録の申請をしなければなりません。

3. 誤り。登録自動車の所有者は、当該自動車の使用者が道路運送車両法の規定により自動車の使用の停止を命じられ、自動車検査証を返納したときは、遅滞なく、当該自動車登録番号標および封印を取りはずし、自動車登録番号標について国土交通大臣の領置を受けなければなりません。

4. 正しい。

■ **問10　【正解　2】**　　　　　　　　　　☞「2-3 自動車の検査」

1. 正しい。

2. 誤り。本肢のような「初めて自動車検査証の交付を受ける車両総重量が8トン未満の貨物自動車」の場合、自動車検査証の有効期間は2年となります。

3. 正しい。

4. 正しい。

■ **問11　【正解　A①　B①　C②　D②】**　　☞「2-4 自動車の点検整備」

ア　地方運輸局長は、自動車が保安基準に適合しなくなるおそれがある状態または適合しない状態にあるとき（同法第54条の2第1項に規定するときを除く。）は、当該自動車の（A＝使用者）に対し、保安基準に適合しなくなるおそれをなくするため、または保安基準に適合させるために必要な整備を行うべきことを（B＝命ずる）ことができる。この場合において、地方運輸局長は、保安基準に適合しない状態にある当該自動車の（A＝使用者）に対し、当該自動車が保安基準に適合するに至るまでの間の運行に関し、当該自動車の使用の方法または（C＝経路の制限）その他の保安上または公害防止その他の環境保全上必要な指示をすることができる。

イ　自動車運送事業の用に供する自動車の日常点検の結果に基づく運行可否の決定は、自動車の使用者より与えられた権限に基づき、（D＝整備管理者）が行わなければならない。

■ 問12 【正解 1, 2】

2-5道路運送車両の保安基準①」、「2-6道路運送車両の保安基準②」

1. 正しい。
2. 正しい。
3. 誤り。車両総重量が8トン以上または最大積載量が5トン以上の貨物自動車には、時速90キロメートルを超えて走行しないような性能の速度抑制装置を備えなければなりません。
4. 誤り。大型後部反射器を備えなければならないのは、車両総重量が7トン以上の貨物自動車です。

■ 問13 【正解 4】

☞「3-1法の目的、用語の定義」

1. 誤り。路側帯とは、歩行者の通行の用に供し、または車道の効用を保つためのものであり、「自転車の通行の用に供するためのもの」ではありません。その他の記述は正しいです。
2. 誤り。これは道路標示の説明です。道路標識とは、「道路の交通に関し、規制または指示を表示する標示板」をいいます。
3. 誤り。括弧書き内の記述が誤りです。駐車に該当しないのは、「貨物の積卸しのための停止で5分を超えない時間内のものおよび人の乗降のための停止」です。
4. 正しい。

■ 問14 【正解 1, 3】

☞「3-3車両の交通方法」

1. 正しい。
2. 誤り。車両は、「道路のまがりかど附近」、「上り坂の頂上附近」、「勾配の急な下り坂」の道路の部分では、他の車両（軽車両を除く）を追い越してはなりません。「前方が見とおせる場合を除き」という例外はありません。
3. 正しい。
4. 誤り。道路標識等により追越しが禁止されている道路の部分であっても、前方を進行している「軽車両」については追い越すことができますが、原動機付自転車を追い越すことはできません。

■ 問15　【正解　A① B② C① D①】　☞「3-9使用者の義務」

　車両等の運転者が道路交通法若しくは同法に基づく命令の規定または同法の規定に基づく（A＝処分に違反）した場合において、当該違反が当該違反に係る車両等の（B＝使用者）の業務に関してなされたものであると認めるときは、公安委員会は、内閣府令で定めるところにより、当該車両等の使用者が道路運送法の規定による自動車運送事業者、貨物利用運送事業法の規定による第二種貨物利用運送事業を経営する者であるときは当該事業者および（C＝当該事業を監督する行政庁）に対し、当該車両等の使用者がこれらの事業者以外の者であるときは当該車両等の使用者に対し、当該（D＝違反の内容）を通知するものとする。

■ 問16　【正解　2】　☞「3-3車両の交通方法」、「3-6合図、信号の意味」、
「3-8運転者の義務」、「3-11道路標識」

1. 誤り。左折または右折するときの合図を行う時期は、その行為をしようとする地点から30メートル手前の地点に達したときです。
2. 正しい。
3. 誤り。停留所において乗客の乗降のため停車していた乗合自動車が発進するため進路を変更しようとして方向指示器等により合図をした場合には、その後方にある車両は、その速度または方向を急に変更しなければならないこととなる場合を除き、合図をした乗合自動車の進路の変更を妨げてはなりません。
4. 誤り。これは、車両総重量が8トン以上または最大積載量が5トン以上の貨物自動車等の通行禁止を意味する「大型貨物自動車等通行禁止」の道路標識なので、この基準に達しない大きさの貨物自動車は通行することができます。

■ 問17　【正解　4】　☞「3-2自動車の種類・速度」、「3-7乗車、積載」

1. 正しい。
2. 正しい。
3. 正しい。
4. 誤り。後半の記述が誤りです。貨物を積載している貨物自動車は、当該貨物を看守するため必要な最小限度の人員を荷台に乗車させて運転することができます。「当該自動車が積載可能な重量までの人員」ではありません。

問18 【正解 1】 ☞「4-1 労働条件の原則」、「4-2 労働契約」

1. 誤り。使用者は、労働者の国籍などを理由として、賃金、労働時間その他の労働条件について、差別的取扱をしてはなりません。「努めなければならない」という努力義務ではありません。
2. 正しい。
3. 正しい。
4. 正しい。

問19 【正解 2, 3】 ☞「4-3 賃金」、「4-4 労働時間、休憩、休日、有給休暇」

1. 誤り。使用者は、雇入れの日から6ヵ月間継続勤務し全労働日の8割以上出勤した労働者に対して、10労働日の有給休暇を与えなければなりません。
2. 正しい。
3. 正しい。
4. 誤り。平均賃金とは、算定すべき事由の発生した日以前3ヵ月間に支払われた賃金の総額を、その期間の総日数で除した金額をいいます。

問20 【正解 A⑥ B④ C⑧ D②】 ☞「4-9 労働時間等の改善基準①（拘束時間）」、「4-10 労働時間等の改善基準②（運転時間）」、「4-11 労働時間等の改善基準③（その他）」

1. 使用者は、トラック運転者の1日（始業時刻から起算して24時間をいう。）についての拘束時間については、13時間を超えないものとし、当該拘束時間を延長する場合であっても、最大拘束時間は、16時間とすること。この場合において、1日についての拘束時間が（A＝15時間）を超える回数は、1週間について2回以内とすること。
2. 使用者は、業務の必要上、トラック運転者に勤務の終了後継続8時間以上の休息期間を与えることが困難な場合には、当分の間、一定期間における全勤務回数の2分の1を限度に、休息期間を拘束時間の途中および拘束時間の経過直後に分割して与えることができるものとする。この場合において、分割された休息期間は、1日において1回当たり継続4時間以上、合計（B＝10時間）以上でなければならないものとする。

3. 使用者は、業務の必要上やむを得ない場合には、当分の間、トラック運転者を隔日勤務に就かせることができる。この場合、2暦日における拘束時間は、（C＝21時間）を超えないものとする。

4. 連続運転時間（1回が連続（D＝10分）以上で、かつ、合計が30分以上の運転の中断をすることなく連続して運転する時間をいう。）は、4時間を超えないものとする。

■ 問21　【正解　1，4】
☞「4-9労働時間等の改善基準①（拘束時間）」、「4-10労働時間等の改善基準②（運転時間）」、「4-11労働時間等の改善基準③（その他）」

1. 正しい。

2. 誤り。同時に1台の事業用自動車に2人以上乗務する場合においては、1日についての最大拘束時間を20時間まで延長することができます。

3. 誤り。運転時間は、2日を平均し1日当たり9時間、2週間を平均し1週間当たり44時間を超えてはなりません。

4. 正しい。

■ 問22　【正解　3】
☞「4-9労働時間等の改善基準①（拘束時間）」、「4-10労働時間等の改善基準②（運転時間）」

1. 違反していない。1ヵ月の拘束時間の合計は320時間を超えていない（318時間）ので、「1ヵ月の拘束時間」は改善基準に違反していません。

2. 違反していない。いずれの日を特定日としても、「特定日の前日と特定日の運転時間の平均」と「特定日と特定日の翌日の運転時間の平均」がともに9時間を超えている日はないので、「当該5週間のすべての日を特定日とした2日を平均した1日当たりの運転時間」は改善基準に違反していません。

3. 違反している。「第3週と第4週の運転時間の平均」が、（44時間＋45時間）÷2＝44.5時間であり、44時間を超えているため、「1日を起算日とし、2週間を平均した1週間当たりの運転時間」は改善基準に違反しています。

4. 違反していない。拘束時間が16時間を超えている日はないので、「1日についての最大拘束時間」は改善基準に違反していません。

解答・解説

☞「4-9労働時間等の改善基準①（拘束時間）」、
「4-10労働時間等の改善基準②（運転時間）」

(1) 各日の拘束時間について

各日の拘束時間は以下の通りです。

[1日目]：始業5:00 ～終業17:05 ＝ 12時間5分

[2日目]：始業6:30 ～終業18:40 ＋ 3日目の5:30 ～ 6:30 ＝ 13時間10分

[3日目]：始業5:30 ～終業17:50 ＝ 12時間20分

(2) 連続運転時間について

[1日目]

前半（最初の休憩：15分まで）は、運転時間4時間以内（1回目：1時間＋2回目：1時間＝2時間）に対し、合計30分以上の運転中断（荷積み：20分＋休憩：15分＝35分）をしているので問題ありません。

中間（3回目の運転～2回目の荷積みまで）も、運転時間4時間以内（3回目：1時間30分＋4回目：1時間＝2時間30分）に対し、合計30分以上の運転中断（荷下ろし：20分＋休憩：1時間＋荷積み：30分＝1時間50分）をしているので問題ありません。

しかし、後半（5回目の運転以降）を見ると、〔運転3時間⇒休憩10分⇒運転1時間10分〕という運転状況であり、「30分以上の運転中断」をする前に運転時間の合計が4時間を超えています（＝4時間10分）。したがって、連続運転時間が4時間を超えることになり、改善基準に違反しています。

[2日目]

前半（荷積み：20分まで）は、運転時間4時間以内（1回目：2時間＋2回目：1時間＝3時間）に対し、合計30分以上の運転中断（休憩：15分＋荷積み：20分＝35分）をしているので問題ありません。

中間（3回目の運転以降）も、1時間30分の運転後に合計30分以上の運転中断（休憩：1時間＋荷下ろし：20分＝1時間20分）をしているので問題ありません。

しかし、後半（4回目の運転以降）を見ると、〔運転2時間30分⇒休憩10分⇒運転1時間⇒休憩15分⇒運転1時間〕という運転状況であり、「30分以上の運転中断」をする前に運転時間の合計が4時間を超えています（＝4時間30分）。したがって、連続運転時間が4時間を超えることになり、改善基準に違反しています。

[3日目]

前半（2回目の休憩：1時間まで）は、まず2時間の運転後に合計30分以上の運転中断（休憩：15分＋荷下ろし：20分＝35分）をしているので問題なく、次も2時間の運転後に30分の運転中断（荷積み）をしているので問題なく、その後も1時間の運転後に1時間の運転中断（休憩）をしているので問題ありません。

後半（4回目の運転以降）の10分未満の休憩（＝最後の休憩：5分）は、運転中断の時間として扱われませんが、それでも、運転状況は〔運転2時間⇒荷下ろし20分⇒運転2時間（運転1時間＋運転1時間）⇒乗務終了〕となり、運転時間の合計が4時間で乗務を終了しているので問題ありません。

問24　【正解　適1, 3　不適2, 4】　　☞「1-6運行に係る記録」、
「1-11運行管理者の業務」、「5-6運行管理者の業務上の措置」

1. 適切。「事業者が定めた勤務時間および乗務時間の範囲内において乗務割を作成すること」は運行管理者の業務であり、本肢は適切です。

2. 適切でない。「乗務等の記録」に記録しなければならない「事故」とは、車両等の交通による人の死傷若しくは物の損壊があったもの（死傷事故、物損事故）または自動車事故報告規則第2条に規定する事故をいいます。したがって、物損事故も記録しなければなりません。

3. 適切。「異常気象等により輸送の安全の確保に支障を生ずるおそれがある場合に、乗務員に対する適切な指示その他輸送の安全を確保するために必要な措置を講じること」は運行管理者の業務であり、本肢は適切です。

4. 適切でない。運行管理者は、運転者が運行指示書を携行した運行の途中において運行経路に変更が生じた場合には、運行指示書の写しに変更内容を記載し、これにより運転者に対し変更内容について適切な指示を行い、運転者が携行している運行指示書に変更内容を記載させなければなりません。したがって、運転者に携行させていた運行指示書を帰庫後提出させ、運行管理者が変更内容を記載することは適切ではありません。

■ 問25 【正解　適2，3　不適1，4】　　☞「1-5点呼」、「5-5点呼の実施」

1. 適切でない。「点呼時の運転免許証の提示・確認」は、法令上義務付けられ
ている事項ではありませんが、運行管理規程へ明記して実施事項とするこ
とは道路交通法違反などを防ぐ手段として有効かつ適切です。しかし、本
肢の場合、運行管理規程に明記したものの、その後の点呼で「運転免許証の
コピー」による確認しか行っておらず、適切ではありません。

2. 適切。点呼の実施について適切な記述です。プライバシーに配慮しつつ、
運転者の健康状態を把握しておくことが重要です。

3. 適切。点呼の実施について適切な記述です。事業者は、アルコール検知器
を営業所ごとに備え、常時有効に保持し、酒気帯びの有無について確認を
行う場合には、営業所に備えられたアルコール検知器により行わなければ
なりません。

　本肢の場合、停電という不可抗力でアルコール検知器が使用できなくなっ
たので、「アルコール検知器を常時有効に保持すること」に違反していると
はいえず、また、「営業所に備えられたアルコール検知器」とは、①営業所
に設置されているもの、②車庫に設置されているもの、③営業所に備え置
かれたもの（携帯型のものなど）、④事業用自動車に設置（車載）されている
ものをいうので、営業所に備えてある携帯型アルコール検知器を使用して
酒気帯びの有無を確認したことも適切です。

4. 適切でない。点呼を実施したときは、点呼の結果に問題があるかどうかを
問わず、点呼記録表に所定の事項を記録しなければなりません。これは、
中間点呼の場合も同様であり、本肢の内容は適切ではありません。

問26　【正解　適1，2，4　不適3】

☞「5-3運転者の健康管理」、「5-6運行管理者の業務上の措置」

1. 適切。生活習慣病について適切な記述です。
2. 適切。睡眠時無呼吸症候群について適切な記述です。睡眠時無呼吸症候群は、狭心症や心筋梗塞などの合併症を引き起こすおそれがあります。
3. 適切でない。運行管理者は、乗務員の健康状態の把握に努め、疾病等により安全な運転をすることができないおそれがある乗務員を事業用自動車に乗務させてはなりません。本記述のような場合、運行再開の可否については、運転者の体調を考慮した上で運行管理者が判断すべきであり、運転者自らの判断で運行を再開するよう指示したことは適切ではありません。
4. 適切。アルコール依存症について適切な記述です。アルコール依存症は、一度回復しても飲酒することにより再発することがあります。

問27　【正解　2，3，4】

☞「5-1自動車の運転」、「5-7計算問題のポイント」

1. 適切でない。自動車の重量およびカーブの半径が同一の場合、遠心力は「速度の2乗」に比例して大きくなります。したがって、速度が2倍になると遠心力は4倍になります。
2. 適切。死角について適切な記述です。
3. 適切。内輪差について適切な記述です。
4. 適切。停止距離とは「危険を認知してから停止するまでに走行した距離」のことをいい、空走距離＋制動距離で求めることができます。
   空走距離とは「危険を認知しブレーキ操作を行い、ブレーキが効きはじめるまでに要する時間（＝空走時間）の間に走行する距離」のことをいい、本問では空走時間が1秒間なので「空走距離＝1秒間に走行する距離」となります。時速54kmで走行中の自動車の場合、1時間（＝3,600秒）で54km（＝54,000m）の距離を走行することになるので、空走距離は、54,000m÷3,600秒＝15mとなります。
   制動距離は問題文にあるように9mなので、停止距離は、空走距離15m＋制動距離9m＝24mとなり、本肢は適切です。

■ 問28 　【正解　適4　不適1，2，3】　　　　☞「5-4交通事故の防止対策」

1. 適切でない。これはドライブレコーダーの説明です。デジタル式運行記録計は、アナログ式運行記録計と同様の運行データ（瞬間速度、運行時間、運行距離）に加え、広域な運行データを電子情報として記録する装置です。

2. 適切でない。たしかに運転者の運転操作ミスや交通違反等のヒューマンエラー（人的要因）により発生している交通事故は多いですが、事故防止を着実に推進するためには、事故の調査や事故原因の分析が重要です。したがって、「発生した事故の調査や事故原因の分析よりもヒューマンエラーの再発防止を中心とした対策に努めること」は適切ではありません。

3. 適切でない。指差呼称は、安全確認に重要な運転者の意識レベルを高めるなど交通事故防止対策に有効な手段の一つとして活用されています。

4. 適切。ヒヤリ・ハットについて適切な記述です。

■ 問29 　【正解　ア 5時45分　イ 126km】　　　　☞「5-7計算問題のポイント」

ア 「C地点に11時に到着させるためにふさわしいA営業所の出庫時刻」を求めるには、「A営業所～C地点までの所要時間」を求める必要があります。運転時間は「距離÷時速」で求めることができるので、A営業所～B地点までの運転時間が36km÷36km/h＝1時間、B地点～C地点までの運転時間が140km÷40km/h＝3.5時間（＝3時間30分）であり、A営業所～C地点までの所要時間は5時間15分（A営業所～B地点まで運転1時間＋B地点での荷積み45分＋B地点～C地点まで運転3時間30分）であることがわかります。

したがって、A営業所の出庫時刻は、C地点到着時刻である11時の5時間15分前であり、5時45分となります。

イ 「C地点とD地点の間の距離」を求めるには、「C地点～D地点までの運転時間」を求める必要があります。

D地点～A営業所までの運転時間は30km÷30km/h＝1時間なので、A営業所の帰庫時刻17時30分の1時間前である16時30分がD地点の出発時刻となり、D地点では到着後に30分の休憩をとっているので、D地点の到着時刻は16時であることがわかります。

したがって、C地点の出発時刻は13時、D地点の到着時刻が16時なので、C地点からD地点までの運転時間は3時間であり、距離は「時速×運転時間」

で求めることができるので、C地点〜D地点の距離は42km/h×3時間＝126kmとなります。

■ **問30　【正解　3】**

ア　事故関連情報Bに関連しており、同種の事故の再発を防止する対策として、直接的に有効です。

イ　本事故は過積載が原因で生じた事故ではないので、同種の事故の再発を防止する対策として、直接的に有効であるとはいえません。

ウ　事故関連情報CおよびDに関連しており、同種の事故の再発を防止する対策として、直接的に有効です。

エ　本事故は適切な車間距離を保たなかったことが原因で生じた事故ではないので、同種の事故の再発を防止する対策として、直接的に有効であるとはいえません。

オ　本事故は運搬する危険物が原因で生じた事故ではないので、同種の事故の再発を防止する対策として、直接的に有効であるとはいえません。

カ　事故関連情報Aに関連しており、同種の事故の再発を防止する対策として、直接的に有効です。

キ　走行速度は、常に道路標識等により指定された最高速度で運転するのではなく、道路、交通および車両の状況に応じた安全な速度で運転する必要があります。したがって、そもそも、指導内容として適切ではありません。

ク　本事故の原因の一つとして、道路標識で指定された最高速度を超過していることが挙げられるので、同種の事故の再発を防止する対策として、直接的に有効です。

　以上により、同種の事故の再発を防止する対策として、直接的に有効なものは、ア、ウ、カ、クとなり、肢3が正解となります。

運行管理者【貨物】実践模擬試験　解答用紙

問	1	2	3	4	5	6 A	6 B	6 C	6 D	7	8	9	10	11 A	11 B	11 C	11 D
解答欄	①②③④	①②③④	①②③④	①②③④	①②③④	①②③④⑤⑥⑦⑧	①②③④⑤⑥⑦⑧	①②③④⑤⑥⑦⑧	①②③④⑤⑥⑦⑧	①②③④	①②③④	①②③④	①②③④	①②	①②	①	①②

問	12	13	14	15 A	15 B	15 C	15 D	16	17	18	19	20 A	20 B	20 C	20 D	21	22
解答欄	①②③④	①②③④	①②③④	①②	①②	①②	①②	①②③④	①②③④	①②③④	①②③④	①②③④⑤⑥⑦⑧	①②③④⑤⑥⑦⑧	①②③④⑤⑥⑦⑧	①②③④⑤⑥⑦⑧	①②③④	①②③④

問	23	24 適	24 不適	25 適	25 不適	26 適	26 不適	27	28 適	28 不適	29-ア 一位	29-ア 十位	29-ア 一位	29-イ 百位	29-イ 十位	29-イ 一位	30
解答欄	①②③④	①②③④	①②③④	①②③④	①②③④	①②③④	①②③④	①②③④	①②③④	①②③④	①②③④⑤⑥⑦⑧⑨⓪	①②③④⑤⑥⑦⑧⑨⓪	①②③④⑤⑥⑦⑧⑨⓪	①②③④⑤⑥⑦⑧⑨⓪	①②③④⑤⑥⑦⑧⑨⓪	①②③④⑤⑥⑦⑧⑨⓪	①②③④⑤⑥
											時	分			km		

さくいん

さくいん

■参考資料

①［運行管理業務と安全］マニュアル

②トラックドライバーのための運行管理に関するポイント

③トラックドライバーのための安全運転の基礎知識

④トラック事業者のための労働法のポイント

⑤事業用貨物自動車の交通事故の発生状況

⑥運行管理者基礎講習用テキスト

⑦交通安全白書

※ 資料の作成元：①〜⑤公益社団法人 全日本トラック協会、
　⑥独立行政法人 自動車事故対策機構、⑦内閣府

■参考URL

- 公益財団法人 運行管理者試験センター
  https://www.unkan.or.jp/
- 公益社団法人 全日本トラック協会
  https://www.jta.or.jp/
- 独立行政法人 自動車事故対策機構
  https://www.nasva.go.jp/
- 国土交通省
  https://www.mlit.go.jp/
- 内閣府（交通安全対策）
  https://www8.cao.go.jp/koutu/

CBT試験ソフトDEKIDAS-Webについて

　本書の読者の方の購入特典として、DEKIDAS-Webを利用できます。DEKIDAS-Webは、パソコンやスマートフォンからアクセスできる、問題演習用のWebアプリです。DEKIDAS-Webの詳細についてはp.12をご覧ください。

ダウンロードについて

　下記のURLからIDとパスワードを入力し、ダウンロードしてください。

　　http://gihyo.jp/book/2021/978-4-297-12175-4/support/
　　ID：kamotsu2021　　password：TS457121

　ファイル形式はPDFです。PDFを開くときに下記のパスワードを入力してください。

　　　　　password：TS457121

注意！ ─────────────────────────────

- このサービスはインターネットのみの提供となります。著者および出版社は印刷物として提供していません。各自の責任でダウンロードし、印刷してご使用ください。
- このサービスは予告なく終了することもございますので、あらかじめご了承ください。

■著者略歴

高橋　幸也 (たかはし　ゆきや)
行政書士高橋幸也うめさと駅前事務所　代表
昭和50年3月29日、神奈川県に生まれる。
物流倉庫で約10年間勤務したのち、平成21年に千葉県野田市に
て行政書士事務所を開業。各種許認可業務や著作権保護業務を中心
に精力的な活動を行っている。また、運行管理者試験対策の第一人
者としてeラーニングや対策講座の開催などにも力を入れている。

資格：行政書士、運行管理者 (貨物・旅客)、個人情報保護士、知的財産管理技能士、日本
　　　行政書士会連合会認定著作権相談員　など多数
運営サイト：行政書士高橋幸也うめさと駅前事務所 (https://www.umesato-office.com/)
　　　　　　運行管理者試験対策.net (https://www.unkan-net.com/)
　　　　　　運行管理者試験対策講座 (https://www.unkan-net.com/lecture/)

カバーデザイン　　　●木内 豊
カバー・本文イラスト●浅田 弥彦
本文デザイン・DTP　●藤田 順

第4版 運行管理者試験＜貨物＞合格教本

2013年　5月25日　初　版　第1刷発行
2021年　7月14日　第4版　第1刷発行

著　者　　高橋　幸也
発行者　　片岡　巌
発行所　　株式会社技術評論社
　　　　　東京都新宿区市谷左内町21-13
　　　　　電話　03-3513-6150 販売促進部
　　　　　　　　03-3513-6166 書籍編集部
印刷／製本　昭和情報プロセス株式会社

定価はカバーに表示してあります。

ISBN978-4-297-12175-4 C2036
Printed in Japan

■お問い合わせについて
　お問い合わせの前にp.2の「注意」をご確認くだ
さい。
　本書に関するご質問は、FAXか書面でお願いし
ます。電話での直接のお問い合わせにはお答えで
きませんので、あらかじめご了承ください。また、
下記のWebサイトでも質問用のフォームを用意し
ておりますので、ご利用ください。
　ご質問の際には、書名と該当ページ、返信先を
明記してください。e-mailをお使いになられる方は、
メールアドレスの併記をお願いします。
　お送りいただいた質問は、場合によっては回答に
お時間をいただくこともございます。なお、ご質問
は本書に書いてあるもののみとさせていただきます。
■お問い合わせ先
〒162-0846
東京都新宿区市谷左内町21-13
株式会社技術評論社　書籍編集部
「第4版 運行管理者試験＜貨物＞合格教本」係
FAX：03-3513-6183
Web：https://gihyo.jp/book